विजय या वीरगति

1965 युद्ध के दिलेरों की कहानियाँ

विजय या वीरगति

1965 युद्ध के दिलेरों की कहानियाँ

लेफ्टिनेंट कर्नल रोहित अग्रवाल (रिटायर्ड)

BLOOMSBURY
NEW DELHI • LONDON • OXFORD • NEW YORK • SYDNEY

First Published, 2015

BLOOMSBURY PUBLISHING INDIA PVT. LTD.
New Delhi London Oxford New York Sydney

ISBN: 978-93-85436-81-9

10 9 8 7 6 5 4 3 2 1

Published by Bloomsbury Publishing India Pvt. Ltd.
DDA Complex LSC, Building No. 4, 2nd Floor
Pocket 6 & 7, Sector C
Vasant Kunj, New Delhi 110070

Printed at Sanat Printers, Haryana

The Centre for Land Warfare Studies (CLAWS), New Delhi, is an autonomous think tank dealing with contemporary issues of national security and conceptual aspects of land warfare, including conventional and sub-conventional conflicts and terrorism. CLAWS conducts research that is futuristic in outlook and policy-oriented in approach.

Centre for Land Warfare Studies
RPSO Complex, Parade Road, Delhi Cantt, New Delhi 110010
Tel: +91.11.25691308 Fax: +91.11.25692347
Email: landwarfare@gmail.com Website: www.claws.in

समर्पण

उन सभी बहादुर जवानों को जिन्होंने
इस युद्ध में हिस्सा लिया और
जिनके नाम इन पन्नों में दर्ज नहीं हैं।

विषय-वस्तु

आभार

अपने बहादुर और वीर जवानों की गाथा लिखने में भारतीय सेना के सेवानिवृत्त एवं सेवारत योद्धाओं के सहयोग का तहेदिल से आभार व्यक्त करता हूं। मैं जनरल शंकर रॉयचौधरी, पीवीएसएम (सेवानिवृत्त), ब्रिगेडियर डीपी नायर (सेवानिवृत्त), कर्नल कंवलजीत सिंह (सेवानिवृत्त), लेफ्टि. जनरल एएस संधू (सेवानिवृत्त), लेफ्टि. जनरल बीएस नागल (सेवानिवृत्त), ब्रिगेडियर शमशेर सिंह (सेवानिवृत्त), मेजर जनरल दुबे (सेवानिवृत्त), ब्रिगेडियर कंवलजीत सिंह (सेवानिवृत्त), मेजर अब्दुल हाफिज (सेवानिवृत्त), मेजर जनरल भट्टी (सेवानिवृत्त), मेजर परमिंदर सिंह (सेवानिवृत्त), कर्नल सुखविंदर सिंह (सेवानिवृत्त), ब्रिगेडियर रवि मल्होत्रा (सेवानिवृत्त), कर्नल आरपी जोशी (सेवानिवृत्त), ब्रिगेडियर एचएस चौधरी (सेवानिवृत्त), ब्रिगेडियर अरविंदर सिंह बैचर (सेवानिवृत्त), कर्नल जेएस बिंद्रा (सेवानिवृत्त), ब्रिगेडियर एसएस सोहल (सेवानिवृत्त), कर्नल डीएस शेखावत (सेवानिवृत्त), कर्नल एचके झा (सेवानिवृत्त), कर्नल विजय काला, मेजर सतीश खन्ना (सेवानिवृत्त), सूबेदार मेजर अमर सिंह (सेवानिवृत्त), रिसलदार मेजर दरयाव सिंह (सेवानिवृत्त), सूबेदार दर्शन सिंह (सेवानिवृत्त) और सूबेदार नरंजन सिंह (सेवानिवृत्त) के प्रति विशेष रूप से कृतज्ञ हूं।

लोकसभा में विपक्ष के उपनेता और पंजाब के पूर्व मुख्यमंत्री माननीय कैप्टन अमरिंदर सिंह (सेवानिवृत्त), 2 सिख का विशेष आभारी हूं जिन्होंने अपने शोध का मेरे साथ बड़ी उदारता से साझा किया। युद्ध और मशहूर हस्तियों के बारे में जुटाई गई उनकी व्यक्तिगत जानकारी से मुझे इस गाथा में कई पहेलियां हल करने में मदद मिली। मैं श्रीमती नीरा रॉय का भी आभारी हूं जिन्होंने दून स्कूल पत्रिका में मूल रूप से प्रकाशित मेजर भास्कर रॉय की तीन कहानियों को दोबारा प्रकाशित करने की इजाजत दी।

मैं मेजर जनरल शौकीन चौहान, एसएम, वीएसएम, एडीजी पीआई के सहयोग और प्रोत्साहन तथा वॉर हिस्ट्री सेल ऑफ एडजुटेंट जनरल ब्रांच की अथक सहायता के प्रति भी गहरी कृतज्ञता व्यक्त करता हूं। कर्नल गजेंद्र सांखलान (सेवानिवृत्त) ने महत्वपूर्ण शोध सामग्री और मानचित्र जुटाने में अमूल्य योगदान किया।

लेफ्टि कर्नल डीई हेड और 3 जाट के नायकों की गाथा लिखने में सहयोग के लिए मैं लेफ्टि जनरल बलराज नांगल, पीवीएसएम, एवीएसएम, एसएम (सेवानिवृत्त) का भी आभार व्यक्त करना चाहूंगा जो जाट रेजिमेंट के पूर्व कर्नल हैं। उनके निरंतर मार्गदर्शन और सामर्थ्य के कारण ही यह पुस्तक लेखन संभव हो पाया। मैं क्लाउज (सीएलएडब्ल्यूएस) के पूर्व और वर्तमान उपनिदेशकों ब्रिगेडियर विवेक वर्मा और कर्नल दीपक इंदुराज के निरंतर सहयोग के लिए भी उनका आभार व्यक्त करना चाहूंगा। ब्रिगेडियर विवेक वर्मा का मैं विशेष आभार व्यक्त करता हूं जिन्होंने 'एक योद्धा का जज्बा' कहानी के लिए अपने अनुभवों का साझा किया। क्लाउज में बतौर पब्लिकेशंस मैनेजर गीतिका कस्तूरी के धैर्य और दृढ़निश्चय की भी दाद देना चाहता हूं जिन्होंने अनगिनत उलझी फाइलों को खंगाला और व्यवस्थित करते हुए यह पुस्तक लेखन एवं संपादन के लिए सहयोग किया।

इतना ही नहीं, ब्लूम्सबरी में कार्यरत पॉल विनय कुमार, सुश्री ज्योति महरोत्रा और सुश्री दीपाली का मैं तहेदिल से शुक्रिया अदा करना चाहूंगा जिन्होंने पुस्तक के साकार होने से पहले तक कई बार तथा कभी–कभी तो अस्त–व्यस्तता की स्थिति में भी समीक्षा एवं पुनर्समीक्षा के लिए कभी अपना धैर्य नहीं खोया।

प्रस्तावना

किसी राष्ट्र की सशस्त्र सेना द्वारा लड़े गए युद्ध वहां की इतिहास की गाथाओं में लिप्त होकर अमर हो जाते हैं। युद्ध जीतने के लिए अपनी सेनाओं का नेतृत्व करने वाले तेजवीर कमांडरों का गुणगान कई पीढ़ियों तक चलता रहता है क्योंकि ये वही योद्धा होते हैं जिनका शौर्य और पराक्रम इतिहासकारों की कल्पनाशक्ति को प्रभावित कर जाता है। ऐसे शूरवीर श्रद्धांजलि और सम्मान पाने के सच्चे हकदार हैं और वह राष्ट्र उन्हें सम्मानित करने का ऋणी होता है। दूसरे विश्व युद्ध में जॉर्ज एस. पैटन, एरविन रोमेल, जॉर्जी झुकोव और बर्नाड मांटगोमरी जैसे योद्धाओं की पहचान उनकी प्रतिभा, कुशाग्रता और सैन्य नेतृत्व के रूप में हुई और कई भारतीय योद्धा विक्टोरिया क्रॉस से सम्मानित किए गए जिनमें लेफ्टि. जनरल पीएस भगत शामिल थे।

लेकिन अनगिनत ऐसे भी योद्धा हैं जिन्होंने अपनी आखिरी सांस और अपने खून के अंतिम कतरे तक बहादुरी से मुकाबला किया लेकिन दर्ज इतिहास की मोटी–मोटी पुस्तकों में उनकी वीरता को या तो पूरी तरह भुला दिया गया या फिर फुटनोट्स तक ही सीमित कर दिया गया या उनकी वीरगाथा सरकारी स्मृति चिह्न में ही सिमट कर रह गई।

ऐसा नहीं है कि राष्ट्र ऐसे शूरवीरों के प्रति किसी मायने में कम ऋणी है, इतिहास की पुस्तकों में उनके लिए फुटनोट्स जितनी जगह ही उपलब्ध हो पाती है। यह पुस्तक फुटनोट्स और स्मृति चिह्नों में दर्ज ऐसे ही शूरवीरों की संक्षिप्त गाथा बयां करने तथा उन्हें उनके यथोचित स्थान दिलाने का एक प्रयास है।

इन गाथाओं को पिरोने में आधिकारिक इतिहासों, युद्ध डायरियों, पूर्व प्रकाशित पुस्तकों तथा दस्तावेजों और युद्ध में हिस्सा लेने वाले कई सैनिकों की आपबीतियों का संकलन किया गया है। इतनी सारी गाथाएं बयां करने के बाद भी कई गाथाएं अनसुनी ही रह जाएंगी क्योंकि 50 वर्षों की लंबी अवधि बीत जाने के बाद उन्हें सुनाने के लिए कोई जीवित नहीं रह गया है। लिहाजा, 1965 का भारत–पाकिस्तान युद्ध लड़ने वाले प्रत्येक योद्धा को इसी क्रम में श्रद्धांजलि देना उचित होगा, चाहे उनका नाम इन पन्नों में दर्ज न भी हो सका हो।

कागजों पर युद्ध के मैदानों के दृश्य, आवाज और बारूदों के गंध को बयां नहीं किया जा सकता। युद्ध के मैदान में आसपास से निकलने वाली गोलियां और फटने वाले बम के गोलों को देखकर सैनिकों की भावनाएं जिस तरह उबल रही होती हैं या जो खौफनाक अहसास होता है, उसे भी बयां नहीं किया जा सकता। एक लेखक सिर्फ कहानी ही बयां कर सकता है और इस तरह की भावनाओं की परिकल्पना का दायित्व पाठकों पर छोड़ देता है।

युद्ध की समीक्षा

युद्ध के लिए कभी कोई उचित वक्त नहीं होता। यहां तक कि 1965 का युद्ध भी भारत के लिए विशेष रूप से प्रतिकूल था क्योंकि तीन साल पहले ही हमारी सेना को चीन के हाथों पराजय झेलनी पड़ी थी और राष्ट्र अपमानित महसूस कर रहा था। राख से पुनर्जीवित होने वाले फीनिक्स पक्षी की तरह इस हार से उबरने का प्रयास करते हुए भारतीय सेना 1965 में अपने आधुनिकीकरण और सैन्य शक्ति बढ़ाने के दौर में थी तभी दोबारा उस पर यह युद्ध थोप दिया गया। स्वभाव से लड़ाकू और अवसरवादी, अपने अतिआत्मविश्वास पर इतरा रहा पाकिस्तान अपने सैन्य साधनों और मनोबल में खुद को श्रेष्ठ मानने के प्रति आश्वस्त था इसके बावजूद हमने उसे मुंहतोड़ जवाब दिया।

सन 1965 का भारत–पाक युद्ध भारतीय सेना के लिए कई मायनों में महत्वपूर्ण था। इसमें कई सारी पहल की गईं। आज़ादी के बाद हुई इससे पहले की लड़ाइयां दूरदराज के पहाड़ी इलाकों तक ही सीमित रही थीं लेकिन यह पहला मौका था कि इस युद्ध के कारण भारत और पाकिस्तान दोनों के रिहाइशी इलाकों को भारी नुकसान उठाना पड़ा। यह लड़ाई संपूर्ण पश्चिमी सीमा पर लड़ी गई और दोनों देशों के इसी हिस्से में ज्यादातर लड़ाइयां हुईं। यह पहला मौका था कि इस महाद्वीप में हुए व्यापक स्तर के युद्ध में टैंकों का इस्तेमाल किया गया और पहली बार ही दूसरे विश्व युद्ध के बाद इसी युद्ध में टैंकों का इस्तेमाल हुआ।

पाकिस्तान आशंकित था कि भारत तेजी से सेना का आधुनिकीकरण कर रहा है। यह संपन्न हो जाने पर उसकी प्रौद्योगिकी तीक्ष्णता मंद पड़ जाती, जिसे उसने अपने अधिक संख्या वाले दुश्मन देश की सेना पर हावी होने के लिए हासिल किया था। लिहाजा उसे भारत के कब्जे से कश्मीर छीनने की कार्यवाही को जितनी जल्दी हो सके अंजाम देना था। उसका अनुमान था कि 1962 की लड़ाई में हारने के बाद भारतीय सेना का हौसला पस्त हो चुका होगा इसलिए भारत, कश्मीर की लड़ाई से बचना चाहेगा। उसका एक और (गलत) आकलन प्रधानमंत्री लाल बहादुर शास्त्री के नेतृत्व और संकल्प को कमतर आंकने को लेकर था। पंडित जवाहरलाल नेहरू की सन 1964 में मृत्यु के बाद उनके जैसे कद्दावर नेता के नक्शेकदम पर चलने

के बावजूद पाकिस्तान उन्हें मामूली नेता समझने की भूल कर बैठा। राष्ट्रीय सुरक्षा पर पाकिस्तानी तंत्र के खतरे को भांपते हुए छोटे कद के हमारे प्रधानमंत्री ने जब दृढ़तापूर्वक और निर्णायक ढंग से निपटने की पहल की, तब भी पाकिस्तान ने अपने ऊपर मंडराते संकट को बहुत हल्के में लिया।

पाकिस्तान ने जब से अप्रैल 1965 में कच्छ के रण में भारत की प्रतिक्रिया का अंदाज़ लगाया, तभी से युद्ध के बादल मंडराने लगे थे। पाकिस्तान को यही लग रहा था कि यह लड़ाई रण में ही सिमट कर रह जाएगी और जब तक विदेशी शक्तियां संघर्षविराम के लिए हस्तक्षेप करने की पहल करेंगी, उससे पहले वह कश्मीर में त्वरित अभियान चलाते हुए उसे जीत लेगा और कम लागत में ही उसे पसंदीदा इनाम मिल जाएगा। इस तरह उसने ऑपरेशन जिब्राल्टर शुरू किया जिसमें हमले की कार्ययोजना सन 1947–48 में चलाए गए अभियान से मिलती–जुलती थी। कबाइली छापामारों और सैनिकों के मिले–जुले दलों की मदद से कई जगह सीएफएल पार कर श्रीनगर की तरफ तेजी से बढ़ने की कोशिश की गई। उन्हें उम्मीद थी कि भारतीय सेना द्वारा जब तक जवाबी कार्यवाही की जाएगी, उससे पहले ही कश्मीर पर कब्जा कर उसे आज़ाद घोषित कर दिया जाएगा।

गड़ेरियों द्वारा समय से पहले पहचान, स्थानीय लोगों का उत्साहजनक सहयोग और भारतीय सेना द्वारा तीव्र जवाबी कार्यवाही से दुश्मन की योजना पूरी तरह विफल हो गई। प्रवेश मार्ग बंद कर देने तथा घुसपैठियों की सप्लाई बाधित करने के लिए भारतीय सेना ने महत्वपूर्ण स्थानों पर कब्जा करने के उद्देश्य से कुछ आक्रामक कार्यवाही शुरू की और अपने मोर्चों को भी दुरुस्त किया। इन स्थानों में एक महत्वपूर्ण स्थान हाजीपीर दर्रे पर वीरतापूर्वक कब्जा पाना था जो भारत की तरफ से घाटी एवं श्रीनगर में प्रवेश करने का एक वैकल्पिक और छोटा रास्ता था।

पाकिस्तान रणनीतिक रूप से महत्वपूर्ण हाजीपीर को गंवा देने से बौखला गया और इसके जवाब में भारत के असुरक्षित छम्ब–जौरियन सेक्टर पर आक्रमण के लिए ऑपरेशन ग्रैंड स्लैम शुरू किया। उसकी इस कार्यवाही से सेना पूरी तरह अनजान तो नहीं थी लेकिन दुश्मन के तेजी से आगे बढ़ने के कारण थोड़ा–बहुत नुकसान तो हुआ ही और इससे भारतीय सेना थोड़े समय के लिए विचलित भी हो गई। सौभाग्य से पाकिस्तान अपने शुरुआती लाभ के जरिये आगे बढ़ने में विफल रह गया और उसकी सेना आक्रमण करने वाली टुकड़ी की कमान बदलने में लगभग पूरा दिन गंवा बैठी। इससे भारतीय सेना को वापस संतुलन बनाने तथा रक्षा पंक्तियां संगठित करने का मौका मिल गया।

दुश्मन जम्मू–श्रीनगर का महत्वपूर्ण संचार लिंक काटने की धमकी देते हुए इस सेक्टर में घुस आए। पाकिस्तान को अपनी सुरक्षित सेना की इस्तमाल शुरुआती

सफलता अर्जित करने की आज़ादी को रोकने के लिए भारत ने उसकी हृदयस्थली पर पलटकर हमला करने की योजना बनाई। ग्रांड ट्रैंक (जीटी) रोड के दोनों तरफ कई दिशाओं से तेजी से आगे बढ़ने तथा पाकिस्तान के सबसे प्रतिष्ठित और कमजोर निशाने लाहौर को धमकाने का लक्ष्य रखते हुए ऑपरेशन रिडल पाकिस्तान के पंजाब प्रांत में शुरू किया गया।

भारत को शुरुआती अभियान में अनपेक्षित सफलता मिली लेकिन संचार संपर्क टूट जाने के कारण सफलता का फायदा नहीं उठाया जा सका। हालांकि लाहौर की तरफ भारत का आक्रमक दबाव पाकिस्तान को अखनूर सेक्टर में सफलता पाने से रोकने में कामयाब रहा। शुरुआती सफलता के बाद भारतीय सेना जब तीन दिशाओं से आक्रामक हो गई तो पाकिस्तान ने कसूर–खेम करण सेक्टर में संभलने के बाद भारत पर व्यापक जवाबी हमला शुरू कर दिया।

पंजाब के गन्ने के खेतों में ज़बरदस्त युद्ध हुआ क्योंकि पाकिस्तान सेना के बख्तरबंद जवान अमृतसर के पूर्व में जीटी रोड तथा जांडियाला गुरु पर बने व्यास नदी के पुल की ओर बढ़ते हुए हमला करने का प्रयास कर रहे थे। योजना दुस्साहसिक जरूर थी लेकिन भारत की खुशकिस्मती रही कि उतने ही दुस्साहस से उसे अंजाम नहीं दिया गया। बख्तरबंद पाकिस्तानी सेना का आक्रमण अंतरराष्ट्रीय सीमा (आईबी) के कुछेक किलोमीटर अंदर ही रोककर ध्वस्त कर दिया गया। भारतीय इंफेंट्री और बख्तरबंद जवानों ने बड़ी दिलेरी और दृढ़निश्चय के साथ पाकिस्तानी सेना के आक्रमण को ध्वस्त कर दिया और आखिरकार पाकिस्तानी टैंक की टुकड़ी कई सारे चालू पैटन टैंक छोड़कर भाग खड़ी हुई, इन सभी टैंकों को जिस जगह एकत्रित कर रखा गया, उसे अब 'पैटॉन नगर' के नाम से जाना जाता है।

इसी बीच, भारतीय सेना का हमला सियालकोट सेक्टर की सीमा के नजदीक शुरू कर दिया गया। पाकिस्तानी सेना के मुकाबले बेहतर तरीके से आगे बढ़ते हुए हमले की योजना बनाई और संयुक्त राष्ट्र की संघर्ष विराम वार्ता के बावजूद चाविंडा या मराला–रावी लिंक नहर के नजदीक पहुंचे। 10 जनवरी 1966 का ताशकंद घोषणापत्र शांति प्रक्रिया का चरम था जिसमें भारत और पाकिस्तान 5 अगस्त 1965 को कब्जाए गए स्थानों से वापस लौटने और युद्धबंदियों की अदला–बदली के लिए सहमत हुए थे।

युद्ध समाप्त हो गया लेकिन दोनों पक्ष युद्धस्थितियों की समाप्ति के बाद अपनी युद्ध क्षमता में पूरी तरह कमजोर नहीं हुए थे। हालांकि हताहतों की संख्या और एक–दूसरे की कब्जाई गई जमीन के लिहाज से स्पष्ट संकेत मिलता है कि भारत ने ही इसमें बाजी मारी थी। भारतीय सेना के 2,862 जवान मारे गए थे जबकि

पाकिस्तानी सेना में सभी रैंक के कुल 5,800 जवान हताहत हुए थे। संयुक्त राष्ट्र के मध्यस्थों ने संघर्षविराम की अपील की और 23 सितंबर को युद्ध समाप्त करने की घोषणा की गई, तब तक भारत ने पाकिस्तान की 1,920 किलोमीटर जमीन पर कब्जा जमा लिया जबकि भारत की 540 किलोमीटर जमीन पाकिस्तान के कब्जे में चली गई।

युद्ध में किस पक्ष की स्थिति बेहतर रही, इस पर किसी तरह का संदेह दूर करने के लिए युद्ध के दौरान पाकिस्तान के डायरेक्टर मिलिट्री ऑपरेशन की कमान संभालने वाले पाकिस्तानी सेना के तत्कालीन कमांडर–इन–चीफ लेफ्टि जनरल गुल हसन खान, जनरल खान ने अपनी स्मृतियों (जो 1993 में प्रकाशित हुई थी) से स्पष्ट कर दीः

> *हम आत्ममुग्ध थे कि भारत के साथ 1965 की लड़ाई में हम विजयी रहे– लेकिन हकीकत इससे बिल्कुल जुदा थी। हमने जो कुछ देखा, उससे तो यही स्पष्ट होता है कि हमारी प्रतिकूल स्थिति किसी मायने में शेखी बघारने लायक नहीं है और यह सिर्फ खुद को दिलासा देने का एक कमजोर बहाना है।*

खूनखराबे और कठिन परिश्रम के जरिये जमीन के जिन टुकड़ों और पहाड़ियों पर भीषण युद्ध लड़ा गया, वे सब आखिरकार एक–दूसरे को सौंप दिए गए। यह खुशकिस्मती है कि योद्धा जिस जमीन के लिए लड़ाई लड़ रहा होता है, उसे उसकी अहमियत पर ध्यान देने की आदत नहीं होती। उस योद्धा के लिए एकमात्र उद्‌देश्य उस जमीन पर कब्जा पाना या उसकी रक्षा करना होता है। उसे अपनी जान की कीमत पर भी अपना कर्तव्य निभाना होता है, यूनिट की इज्जत तथा देश का कर्तव्य एवं आत्मसम्मान के लिए उसे यह सब करना पड़ता है।

'द बैटल ऑफ डोगराई' के लेखक ब्रिगेडियर कहते हैं, 'युद्ध में योद्धा को अपने रेजीमेंट से सम्मान के सिवा कोई पुरस्कार नहीं मिलता और वह क्यों लड़ रहा है, इस बारे में वह केवल इतना ही जानता है कि उस अदृश्य रस्सी को उसे खींचकर रखना है।'[1]

बेहतर साजो–सामान से लैंस पाकिस्तानी सेना पर भारत ने अपने वर्चस्व को स्पष्ट रूप से साबित कर दिया। सन 1962 में चीन से पराजय झेलने की व्यथा से उभरकर इसने एक बार फिर से अपना गौरव और मनोबल को वापस पा लिया। साथ ही छह साल के कम अंतराल में ही इसके प्रति सुस्त रवैये की आशंकाएं भी दूर हो गईं, जब इसने 1971 में निर्णायक जीत हासिल कर ली और पूर्व पाकिस्तान में पाकिस्तानी सेना को औपचारिक रूप से समर्पण के लिए बाध्य कर दिया तथा एक स्वतंत्र राष्ट्र बांग्लादेश का निर्माण कराया।

---

[1] ब्रिगेडियर डेसमंड ई हेड, द *बैटल ऑफ डोगराई*।

प्रस्तावना

एक योद्धा की आत्मा

मेजर बलजीत सिंह रंधावा – कारगिल, प्वाइंट 13,620

कारगिल के पास एक पहाड़ी चोटी पर भारतीय सैन्य चौकी की तरफ सैनिकों का एक छोटा समूह तेजी से बढ़ रहा था, इस भारतीय सीमा चौकी को 'प्वाइंट 13,620' के नाम से जाना जाता है जो दरअसल इस पहाड़ की ऊंचाई है। एक युवा अफसर इन सैनिकों की अगुवाई कर रहे थे और उनके दल के पीछे खच्चरों की एक कतार चल रही थी। इन पर लाद कर चौकी में तैनात सिपाहियों के लिए रसद ले जायी जा रही थी और वह अधिकारी इलाके में मौजूद सभी चौकियों के परिचायक दौरे पर थे। यह शांतिकाल में किया जाने वाला साधारण अभियान था, तब कोई युद्ध नहीं हो रहा था – यह साल था 1993 का और कारगिल युद्ध में अभी छह साल का वक्त बाकी था। सैन्य टुकड़ी की अगुवाई करते उस अधिकारी कैप्टन वर्मा को अचानक टुकड़ी की पिछली तरफ से कुछ हलचल सी महसूस हुई।

खच्चरों की देखभाल करने वाले संचालकों का ध्यान शायद भटक गया था, और इस बात का फायदा उठाते हुए ये पशु पगडंडी से इधर–उधर भटकने लगे। स्वाभाविक रूप से ये खच्चर हरी घासों की ओर ललच कर जाने लगे, जो सर्दी के मौसम में जमी बर्फ के कहर से बचकर अभी भी हरी–भरी थीं। पलक झपकते ही वातावरण विस्फोटों की आवाज़ से गूंज उठा, और देखते ही देखते कई खच्चरों की मौत हो गई और खून से सने उनके क्षत–विक्षत शव जमीन पर पड़े थे। तब कैप्टन वर्मा को शिविर में मद्रास बटालियन के एक वरिष्ठ अधिकारी की ओर से उन्हें दी गई चेतावनी बरबस याद आ गई, जिसमें उन्होंने कहा था, 'पहाड़ी के ऊपर जाते हुए पगडंडी से कभी मत भटकना। वहां हर तरफ बारूदी सुरंगें (माइंस) बिछी हुई है वह पगडंडी ट्रैक ही एकमात्र सुरक्षित रास्ता है।' दुर्भाग्य से निरीह खच्चर इस सूचना से अनजान थे और जैसे ही उन्होंने वहां कदम रखा, जमीन के अंदर छोटे छोटे प्लास्टिक कंटेनरों में भरकर रखे गए विस्फोटक फट गए – दुश्मन सेना द्वारा बिछाई गई माइंस इस पहाड़ पर लड़े गए युद्ध की निशानी है। ये माइंस वहां

पाकिस्तानी सैनिकों द्वारा बिछाए गए थे, जो एक समय यहां तैनात थे। अक्सर बर्फ के पिघलने और गिरने की वजह से माइंस अपनी मूल जगह से हट जाते थे।

चूंकि अब खच्चर किसी प्रकार की मदद से परे थे, इस सैन्य दल के पास अपना सफर जारी रखने के अलावा कोई चारा नहीं था। इसलिए दिल को दहला देने वाले इस दृश्य के कारण बोझिल मन से उन्होंने अपने रास्ते पर आगे बढ़ना जारी रखा। शिखर पर पहुंचकर ये सैनिक अपनी थकान मिटाने के लिए थककर बैठ गए, जबकि जूनियर कमिशंड अधिकारी (जेसीओ), पोस्ट कमांडर ने अधिकारियों का स्वागत किया और उन्हें पीने के लिए चाय दी जो उस वक्त उन्हें अमृत समान लग रही थी। बातचीत शुरू होते ही कैप्टन वर्मा ने पोस्ट कमांडर से इन माइंस के बारे में पूछा जो कि अब तक हटाई नहीं गई थी।

जेसीओ ने तब एक अद्‌भुत कहानी बताई जो किसी लोकगाथा जैसी प्रतीत होती थी, उसने कैप्टन वर्मा को बताया, 'सर, यह चौकी 1965 में पाकिस्तानियों के कब्जे में थी। उन्होंने पहले यहां ये माइंस बिछाए थे। तब हमारी सेना ने इस पर कब्जा किया। 4 राजपूत के मेजर रंधावा ने इस चौकी पर कब्ज़ा करते हुए शहादत प्राप्त की। यहां तक कि हम आज भी इस चौकी पर मेजर रंधावा की मौजूदगी को महसूस कर सकते हैं।'

युवा कैप्टन को थोडा संशय हुआ, लेकिन जेसीओ ने अपनी बात जारी रखी। उसने कहा, 'कुछ ही दिनों पहले जब रात में पहरा दे रहा एक संतरी सो रहा था तभी उसे लगा कि किसी ने उसे ज़ोर से तमाचा मारा है और उसकी नींद खुल गई। उसने आस पास देखा लेकिन वहां कोई नहीं था। कहा जाता है कि मेजर रंधावा किसी को भी इस चौकी पर ड्यूटी के दौरान सोने नहीं देते।' कैप्टन वर्मा की प्रतिक्रियाओं में संशय जानकर जेसीओ ने विस्तार से बताते हुए कहा, 'देखिए, ऐसी परंपरा रही है कि इस चौकी पर किसी भी अधिकारी की तैनाती नहीं होती। वे कहते हैं कि मेजर रंधावा की आत्मा के रहते यहां किसी अधिकारी की जरूरत नहीं। और जब भी यहां किसी अधिकारी ने रात बिताने की कोशिश की उसे रात से पहले यहां से जाना पड़ा। या तो वह बीमार पड़ गया या फिर उसे हटना पड़ा या उसे कहीं भी किसी जरूरी काम को लेकर नीचे बुला लिया गया।'

युवा कैप्टन अभी भी जेसीओ की कहानी से पूरी तरह आश्वस्त नहीं हुआ था, लेकिन मन ही मन वह खैर मना रहा था कि उसका इस चौकी पर रात नहीं बितानी थी। उसने चौकी की अपनी यात्रा पूरी की और थोड़ा समय बिताने के बाद उसने कारगिल की ओर वापस जाना शुरू कर दिया। लेकिन, उसने मेजर रंधावा और प्वाइंट लड़ाई के की 13,620 बारे में और जानकारी हासिल करने की ठान ली। उसने अपनी इस तलाश में साहस और दृढ़संकल्प की अद्‌भुत कहानी पाई।

पाकिस्तान 1965 की शुरुआत से ही भारत के धैर्य की परीक्षा ले रहा था। अप्रैल 1965 कच्छ के रण में इसकी दुर्गति ऐसी ही एक उकसावे का परिणाम थी। जम्मू कश्मीर में छोटी–मोटी घटनाएं करके संघर्ष को पाकिस्तान जारी रखने की कोशिश कर रहा था यह एक और खीझ पैदा करने वाले कारण बना। अस्थिर संघर्ष विराम रेखा (सीएफएल) जिसे आजकल नियंत्रण रेखा (एलओसी) के तौर पर जाना जाता है, का पाकिस्तान बराबर उल्लंघन करता रहा। लेकिन, 1965 में ये घटनाएं काफी बढ़ गईं।

भारतीय सेना ने संकल्प किया कि अब वह इन सब उकसावों को मूक दर्शक बनकर नहीं देखेगा। इस संबंध में भारत के संकल्प को दिखाने के लिए मई में एक सीमित जवाबी कार्यवाही शुरू करने का फैसला लिया गया ताकि सीएफएल के पास पाकिस्तान के हमला करने और उससे इन्कार करने की उसकी प्रवृत्ति का पलटकर जवाब दिया जा सके। इस कार्यवाही के लिए बुलंद पहाड़ियों की पृष्ठभूमि चुनी गयी, जिनमें से एक था 'प्वाइंट 13,620' जहां कैप्टन वर्मा दौरे पर आए थे और इसकी एक और अन्य सटी हुई श्रृंखला 'ब्लैक रॉक्स' थी। इन पर पाकिस्तान का कब्जा था और वहां तैनात सैनिक कारगिल में ब्रिगेड हेडक्वार्टर सहित भारतीय मोर्चे पर प्रभुत्व कायम करना चाहते थे ताकि यहां तैनात सैनिक न केवल भारतीय सैनिकों की सभी गतिविधियों पर नजर रख सकें बल्कि कई किलोमीटर पीछे से गोलीबारी कर सकें और अपने लंबी दूरी से वार करने वाली तोपों का निशाना साधने में मदद कर सकें। महत्वपूर्ण श्रीनगर–कारगिल–लेह मार्ग जो उन इलाकों में तैनात सैनिकों के लिए जीवनरेखा थी पर वह यातायात को भी बाधित कर सकें। इतनी ऊंचाई पर कब्जा करने से एक विरोधी सैनिकों के खिलाफ भारत के रुख को जताने के दोहरे उद्देश्य की पूर्ति होती और इस महत्वपूर्ण संचार रेखा को सुरक्षित किया जा सकता था।

इन दोनों मोर्चों से दुश्मन को हटाने का कार्य '4 राजपूत' को सौंपा गया जो कारगिल में तैनात '121 इंडिपेंडेंट इंफैंट्री ब्रिगेड ग्रुप' का हिस्सा था। मई की एक सुबह '4 राजपूत' के कमांडिंग ऑफिसर (सीओ) लेफ्टिनेंट कर्नल सुदर्शन सिंह को ब्रिगेडियर वीके घई द्वारा ब्रिगेड हेडक्वार्टर तलब किया गया। ब्रिगेडियर घई ने उन्हें कहा, 'मैं चाहता हूं कि आप 13620 और ब्लैक रॉक्स से दुश्मन को हटाएं। मैं जानता हूं कि समय कम है लेकिन यह हमारे लिए फायदेमंद भी होगा क्योंकि हम दुश्मन को पूरी तरह से चौंका देंगे।'

यह हमला 16 मई की रात में होना था, इसलिए सीओ के पास अपनी योजना पर काम करने और अपनी बटालियन को इस विशाल कार्य के बारे में बताने तथा उन्हें इसके लिए तैयार करने के लिए मुश्किल से तीन दिन का वक्त था। इतने कम

समय में उन्हें मकसद का पता लगाना था, अपनी योजना को प्रतिपादित करना था, अपने कंपनी कमांडर के बीच कार्य का बंटवारा करना था और उन्हें स्वयं टोह लेने के लिए भी समय देना था। साथ ही, इस तरह के अभियान के लिए जिस तरह की अनगिनत विस्तृत जानकारी की तैयारी की जरूरत थी, जैसे कि तोपों के साथ गोली चलाने की योजना में तालमेल, हथियारों की सफाई और तैयारी, लडाई के लिए व्यवस्था – इन सभी बातों का ध्यान रखा जाना था। सीएफएल की प्रवेशी प्रकृति और इसके परिणास्वरूप गांव के अंदर संदिग्ध दुश्मन के एजेंटों की लगातार मौजूदगी के कारण अभियान छेड़ने की सूचना लीक नहीं होने देने की सुनिश्चितता भी महत्वपूर्ण थी।

इससे परेशानियां बढ़ सकती थीं क्योंकि इसका मतलब यह था कि असैन्य कूलियों और आम तौर पर सैनिकों को भारमुक्त करने के लिए भारी बोझ ढ़ोने के लिए प्रयोग में लाए जाने वाले टट्टुओं को बहाल नहीं किया जा सकता था और यह संशय भी 9 बॉर्डर रोड्स टास्क फोर्स[2] की वजह से सुलझ गया, जिसने गोलाबारूद, रसद और भंडार को ढ़ोने के लिए कर्मी दिए।[3]

अपने उद्देश्यों पर करीब से नजर रखने के लिए सबसे बढ़िया जगह राजपूतों की अग्रिम मोर्चे थे, जिसे पोस्ट संख्या 8 कहा जाता था। कर्नल सुदर्शन सिंह अपनी दूरबीन की मदद से इस चौकी से प्वाइंट 13620 पर नजर रख रहे थे और ऊंचाई पर दुश्मनों की गतिविधियों को समझ रहे थे। यह एक बहुत ही पथरीला, पहाड़नुमा रास्ता था और इसकी चोटी की चढ़ाई कुछ सौ मीटरों तक बहुत खड़ी थी। यह शिखर दुश्मनों की चौकी थी जो आस पास की चट्टानों में किसी पिरामिड की तरह दिख रही थी। इस पिरामिड की चोटी पर पाकिस्तानी खुद को बिना उजागर किए हमला करने के मकसद से बंकर बनाने के लिए पत्थरों और चट्टानों का इस्तेमाल करते थे। अपने मोर्चे के पास उन्होंने पत्थरों की पांच फुट ऊंची दीवार की घेराबंदी भी तैयार कर ली थी। उन्होंने देखा कि चोटी पर पहुंचने का एकमात्र रास्ता एक संकरे 'पुनः प्रवेशी'[4] से होकर जाता था जो इस पिरामिडनुमा आकृति से बाईं ओर निकल रहा था।

---

[2] सीमा सड़क संगठन के तहत आने वाली यूनिट, जिसमें मुख्य रूप से असैन्यकर्मी ही होते हैं और उन्हें सीमा से लगी सड़कों की मरम्मत तथा रखरखाव का काम दिया जाता है।

[3] एसएन प्रसाद एवं यूपी थपलियाल, *द इंडो–पाकिस्तान वॉर ऑफ 1965: ए हिस्ट्री*, देहरादून, नई दिल्ली, नेताजी पब्लिशर्स, पृष्ठ संख्या 50।

[4] किसी पहाड़ी या पर्वत की ढ़लान से पास के टीले से एक रास्ता निकलता था। इसकी चोटी से एक या अधिक छोटे–छोटे हो सकते थे। इन रास्तों के बीच का क्षेत्र 'पुनः प्रवेशी' कहलाता है। इस पुनः प्रवेशी मार्ग से पहाड़ की चोटी पर पहुंचना वास्तविक रूप से असंभव है, यही वजह है कि इन्हीं छोटे–छोटे रास्तों का इस्तेमाल किया जाता है।

दुश्मन संभवतः इस संभावित मार्ग के बारे में जानते होंगे और बचाव कर रहे सैनिकों को यह सुनिश्चित करना था कि कि अधितकतर गोलियां नीचे की तरफ किसी भी ऐसे व्यक्ति को निशाना बनाकर चलाई जाए जो ऊपर की तरह उकसावे का प्रयास करे। इसलिए आश्चर्यजनक रूप से राजपूत हमले की सफलता के लिए भी यह महत्वपूर्ण होगी। यह मौका तभी बन पाता जब वे दुश्मन को बिना सचेत किए चोटी के बेहद करीब बढ़ने में सक्षम होंगे और तभी कम से कम समय में वे गोलियां बरसा पाएंगे। अपने उद्देश्य के लिए शुरूआती कदम उठाते के बाद और हमले की सर्वश्रेष्ठ रूपरेखा अपने दिमाग में बनाने के बाद सीओ ने अपने कंपनी कमांडरों को सूचित किया।

मेजर (बाद में ब्रिगेडियर) डीपी नैयर अल्फा (ए) कंपनी और मेजर बलजीत सिंह रंधावा ब्रावो (बी) कंपनी की कमान संभाले हुए थे। मेजर रंधावा और उनकी कंपनी को प्वाइंट 13620 को कब्जा करने और मेजर नैयर को ब्लैक रॉक्स पर कब्जा करने का जिम्मा सौंपा गया था (मानचित्र 1)। चार्ली (सी) कंपनी के साथ मेजर बिक्रम सिंह छत्री को रिजर्व रखा गया था। जैसे ही बटालियन को जवाबी कार्यवाही के लिए तैनात किया गया जिसे मानवरहित नहीं छोड़ा जा सकता था, चौथी डेल्टा (डी) कंपनी को पीछे रहना था और बटालियन की सुरक्षा करनी थी।

जब बटालियन हमले की तैयारियों में जुटा था तब युवा अधिकारियों को जिन्हें इस गतिविधि से अलग रखा गया था थोड़े बहुत बदलाव का एहसास हुआ। कैप्टन (अब कर्नल सेवानिवृत्त) रणबीर सिंह और कैप्टन उपकार सिंह अहलुवालिया ने अलग अलग सीओ से यह अनुरोध करने के लिए संपर्क किया कि उन्हें भी इस लड़ाई का हिस्सा बनने की इजाजत दी जाए। सीओ ने कैप्टन अहलुवालिया के अनुरोध को खारिज जबकि उनकी डी कंपनी ने 13 किलोमीटर के दायरे में लड़ी गई लड़ाई में महत्वपूर्ण भूमिका निभाई थी। अति उत्सुक कैप्टन रणबीर के जोर देने और इस दलील के गवाह रहे आर्टिलरी रेजिमेंट के सीओ के समर्थन पर सीओ बी (रणबीर की पुरानी कंपनी) को नेतृत्वकर्ता प्लाटून कमांडर के तौर पर साथ लेने पर राजी हो गए।

युवा मेजर रंधावा ने गाजा में बटालियन के साथ सेवा दी थी और उन्होंने गोवा की आज़ादी के अभियान में भी हिस्सा लिया था। अधिकारियों और अपने जैसे सहयोगी सैन्यकर्मियों में लोकप्रिय रंधावा को एक बेहद साधारण, मेहनतकश अधिकारी जिसने कभी 'ना' नहीं कहा हो, के तौर पर जाना जाता था। बेहद खुशमिज़ाज और शारीरिक शौष्ठव वाले रंधावा हॉकी खेलकर और अपने साथी अधिकारियों के साथ पंजाबी लोकगीत गीत गाकर बहुत खुश होते थे। उन्हें हाल में एक पुत्र रत्न की प्राप्ति हुई थी। उस समय वह जंग के मैदान में एक कंपनी

की कमान संभालने को लेकर बहुत उत्साहित थे और सलाह के लिए उन्होंने मेजर नैयर से संपर्क किया था। वह न केवल डी कंपनी कमांडर सीनियर थे बल्कि उन्होंने गोवा अभियान के दौरान बी कंपनी का भी नेतृत्व किया था। नैयर ने रंधावा को आश्वस्त किया कि 'बी कंपनी के गुज्जर सैनिक सबसे बेहतरीन हैं और जितना मैं आपको जानता हूं, मैं यह सुनिश्चित करना चाहता हूं कि आप उनका नेतृत्व कर विजय और गौरव दिलाएंगे।'

15 मई की रात हमलावर कंपनी रात के घुप्प अंधेरे में उसी पोस्ट नं. 8 से आगे बढ़ी जहां से सीओ ने अपनी टोह की शुरूआत की थी। 16 मई की सुबह मेजर रंधावा और उनके प्लाटून कमांडरों ने छुपकर अपने लक्ष्य के उतने करीब चले गए जितना कि वे जा सकते थे और जिसका उन्हें उस रात इंतजार था। अपने छिपने की जगह से वे दुश्मन सैनिकों को आराम करते, सिगरेट पीते हुए देख सकते थे। मेजर रंधावा ने मजाकिया अंदाज में कहा, 'उड़ा लो आनंद जितना अब तक उठा सकते हो, क्योंकि हम आज रात तुम्हें सबक सिखाने आ रहे हैं।'

मेजर रंधावा ने 'क्रूक्ड फिंगर' नाम के एक फीचर को फॉर्मिंग अप प्लेस (एफयूपी) के तौर पर चुना, जिसमें उनकी कंपनी उस रात के अंतिम हमले के लिए खुद को व्यवस्थित कर सकती थी। एफयूपी से अंतिम लक्ष्य तक पहुंचने का रास्ता लगभग सीधा और बिल्कुल संकरा था। इसका अर्थ यह था कि हमलावर सैनिकों को इसके लिए एक संकरे मोर्चे से जाना होगा, जिससे दुश्मन को उनकी गोलीबारी पर ध्यान केंद्रित करने का मौका मिल जाएगा। पूरा इलाका बर्फ से ढ़का था, जिसने भारतीयों की मुश्किलें बढ़ा दी और जिसके कारण खड़ी ढ़ाल पर उन्हें अपनी चढ़ाई की अपनी गति धीमी करनी पड़ी। उनकी चढ़ाई मुश्किल से 10,000 फुट से 14,000 फुट तक हो पाई – एक किलोमीटर की दूरी की यह खड़ी चढ़ाई लगभग 4,000 फुट थी। दुश्मन की संगीनों के बीच हरेक सैन्यकर्मी ने 20 किलोग्राम वजन के हथियार और उपकरण उठा रखे थे। इतनी ऊंचाई पर जहां महज एक पैर भी आगे बढ़ाना मुश्किल था वहीं दूसरी ओर एक सपाट टुकड़े पर चलना मुश्किल से सांस लेने के बराबर था। मेजर रंधावा यह जानते थे कि अपने लक्ष्य को पाने के लिए यह सभी में निष्ठा और साहस को भरेगा।

रात के अभियान के लिए एक स्पष्ट विचार आने के बाद वे एफयूपी पर नजर रखने के लिए सैनिकों को लेफ्टिनेंट चट्टोपाध्याय के मातहत छोड़कर अपनी पिकेट की ओर लौट आए। बाकी का दिन निकट जंग को देखते बेहद व्यस्त और बेचैनी भरा बीता, जिसके लिए सैनिकों को प्रायः सख्त आराम की जरूरत होती है।

रात ठीक आठ बजे मेजर रंधावा और उनकी कंपनी ने पिकेट से मार्च करना शुरू किया। चांदनी रात थी, बहरहाल इस तरह के अभियान के लिए यह कोई

उपयुक्त समय नहीं था, क्योंकि उनकी हरे रंग की वर्दी को सचेत दुश्मन सैनिक सफेद चमकती बर्फ में पहचान सकते थे। एफयूपी की ओर मार्च करते हुए मेजर रंधावा ने यह महसूस किया कि एक फरनुमा कोई आकृति सैनिकों की ओर बड़े धीरे–धीरे चुपके–चुपके बढ़ी आ रही है। यह चौकी में पाला गया एक श्वान (कुत्ता) कालू था जिसने अपने मालिकों की मदद करने का फैसला किया था। इस आशंका से कि कहीं कालू के भौंकने की आवाज से दुश्मन सचेत न हो जाए, वे कालू को वहां से भेजने की कोशिश करने लगे लेकिन उसकी वफादारी की भावना उसे डिगा नहीं पाई। इस बात का उसे श्रेय देना होगा कि पूरी कार्यवाही के दौरान कालू बिल्कुल भी नहीं बोला।

कंपनी एफयूपी में तैयार थी और अपने मिलने के स्थान होटल ('एच') ऑवर जाने के लिए तत्पर थे, अथवा वह समय जिस समय हमला किया जाना था यानी रात के ढ़ाई बजे। मेजर रंधावा समय नहीं गंवाना चाहते थे, खतरों को भांपना जानते थे और सैन्यकर्मियों को धीरज रखने एवं शांत रहने को कह रहे थे। उन्होंने तय समय से पहले हमला करने का फैसला किया। रात दो बजे अपने होठों पर मूक प्रार्थना के साथ 4 राजपूत की ब्रावो कंपनी 'स्टार्ट लाइन' (एसएल)[5] को क्रॉस कर गई। मूक प्रार्थना बाद में भीषण युद्ध चीतकार में बदल गई जो इस तरह के अवसरों के लिए नियम की तरह होता है क्योंकि यह एक 'मूक हमला' था। 'शोरगुल वाले हमले' की तुलना में जिसमें दुश्मन की जगह पर तोप से हमला शुरू करने के लिए उस वक्त उन्हें अपना सिर नीचे की ओर रखता होता है जबकि मूक हमले में दुश्मन को चकित करने के लिए जितना संभव हो सके उतना शांत रहना जरूरी होता है। यह तभी संभव होगा जब हमलावर सैनिक खड़ी चढ़ाई करते वक्त उतनी ही बात करते जितना जरूरी था ताकि दुश्मन के सचेत होने से पहले वे उसके मोर्चे पर धावा बोल सकें।

हालांकि चकित करने वाला यह प्रयास बहुत कम समय के लिए रहा क्योंकि जैसे ही उन्होंने 150 मीटर की चढ़ाई की दुश्मन सचेत हो गए जो संभवतः एक सचेत पहरेदार के कारण हुआ। मानो जैसे कहर टूट पड़ा हो, राजपूत सैनिक जिस संकरे रास्ते से आ रहे थे दुश्मन सेना ने अपने हथियारों से उन पर गोलियां बरसानी शुरू कर दीं। मातृभूमि को गले लगाकर बहादुर सैन्यकर्मियों ने मशीन से हो रही गोलियों की बौछार और मोर्टार दागे जाने का डटकर सामना किया। मेजर

---

[5] एफयूपी का अगला छोर आरंभिक रेखा (एसएल) के लिए निर्दिष्ट है। होटल काल (एच मतलब आवर) सटीक समय होता है जब हमलावर टुकड़ियां एसएल पार कर रही होती हैं। हमले का समन्वय स्थापित करने के लिए अन्य हमलावर टुकड़ियों के साथ, इससे भी महत्वपूर्ण तोपों से गोलाबारी करने के लिए परिशुद्धता जरूरी होती है।

रंधावा चट्टान से चट्टान आगे बढ़ रहे थे और मशीन गन की गोलियों से बचते हुए आगे बढ़ रहे थे। वह आक्रमण को थमने नहीं दे रहे थे और अपने सैनिकों से आगे बढ़ने का अनुरोध कर रहे थे। अपने जीवन को खतरे में डालते हुए वह स्वयं भी नेतृत्व करते हुए उनके सामने एक उदाहरण पेश कर रहे थे।

चूंकि अब यह हमला मूक हमले से कोसों दूर था ऐसे में 'बोल बजरंग बली की जय' (राजपूत सैनिकों का युद्ध के समय जयघोष) की गूंज गुंजायमान होने लगी जिसने सैनिकों में जोश भरने का काम किया और उन्हें आगे बढ़ने के लिए प्रेरित किया। रात सवा तीन बजे तक राजपूतों ने दुश्मन सैनिकों के गढ़ को ध्वस्त कर दिया और परिधि के चारों ओर आक्रमण करने लगे तथा राजपूत दुश्मन सैनिकों को उनके बंकरों एवं खोह से बाहर निकालने लगे। मेजर रंधावा सबसे आगे अपने सैनिकों का नेतृत्व करते हुए उनका मार्गदर्शन कर रहे थे। मशीन गनों की गोलियों की धड़–धड़, तड़–तड़ की आवाज में और हवा में उड़ाए जा रहे विस्फोटक ग्रेनेड की गूंज में उनसे उड़ते धुएं के कारण दृश्यता पहले से ही कम हो गई थी जिसके कारण दुश्मनों के बंकर नजरों से ओझल हो गए थे।

पत्थर के बंकर ढ़के हुए संचार के खोहों के पास जुड़े थे जिसके कारण दुश्मन छिप सकें और अचानक दूसरी जगह से गोलियां बरसा सकें। राजपूतों ने इन केंद्रों को बंद कर दिया, सभी बंकरों पर अंधाधुंध गोलियां बरसाकर उन्हें ध्वस्त कर दिया और फिर इनमें घुसने से पहले इन पर ग्रेनेड बरसाकर उसके अंदर मौजूद किसी व्यक्ति को जिंदा नहीं छोड़ा। ऐसे सभी बंकर जिन्हें खाली करा लिया गया था उन्हें अब दुश्मनों के उसके अंदर रेंगने से बचाने की जरूरत थी।

मेजर रंधावा ने कैप्टन रणबीर को देखा, जो एक बंकर को ध्वस्त करने के दौरान जख्मी हो गए थे। उनके सिर से खून बह रहा था। उस वक्त उन्होंने कहा, 'आप पीछे जाइए और अपने जख्मों पर मरहम लगवाइए', लेकिन कैप्टन रणबीर अपने प्लाटून के साथ रहने के लिए जोर देने लगे।

रात तीन बजकर पचास मिनट पर मेजर रंधावा को यह महसूस हुआ कि अब भोर होने वाली थी। उन्हें हमला बढ़ाने की जरूरत थी और वहां से दुश्मनों के मोर्चे को नेस्तनाबूत करने की जरूरत थी क्योंकि खुले में ये सैनिक बचे हुए पाकिस्तानी सैनिकों के तोपों का आसानी से निशाना बन सकते थे। एक विशेष बंकर था जिससे स्वचालित मशीन गनों से निशाना बनाया जा रहा था, मेजर रंधावा ने इस बंकर से खुद निपटने का फैसला किया। वह बिना सोचे समझे उड़ती गोलियों के बीच उसकी ओर बढ़ने लगे और जैसे ही उसके अंदर प्रवेश किया उन्होंने गोलियां बरसानी शुरू कर दी। उनके इस कृत्य ने उन्हें दुश्मन सैनिक के जेसीओ के बिल्कुल आमने सामने ला खड़ा कर दिया और दोनों ने एक–दूसरे पर गोली

चलाई। रंधावा की गोली लगने से दुश्मन जेसीओ की वहीं मौत हो गई लेकिन इससे पहले उसने मेजर रंधावा के सीने पर भी गोली दाग दी थी।

बुरी तरह घायल होने के बावजूद मेजर रंधावा जानते थे कि जीत और हार के बीच एक आखिरी सुनिश्चित हमले का फासला था। उन्होंने मैदान छोड़ने से इनकार कर दिया, अपने जवानों को आखिरी सांस तक आगे बढ़ते रहने के लिए प्रोत्साहित करते रहे, उनके शरीर की सहनशक्ति जवाब दे चुकी थी और वह बेहोश होकर गिर पड़े। तभी सीओ उस लक्ष्य की ओर बढ़े और उन्होंने कैप्टन रणबीर को कंपनी की कमान संभालने को कहा और हमले को अंजाम तक पहुंचाया। सुबह सवा चार बजे तक जब दिन का उजाला बिल्कुल साफ दिखने वाला था तब दुश्मनों ने आखिरकार उसे छोड़ दिया और बचने के लिए अपने मोर्चे को छोड़ उल्टी दिशा में भागने लगे। राजपूतों ने उनका नीचे ढलान तक पीछा किया और जैसे ही 17 मई 1965 की सुबह हुई, प्वाइंट 13620 का पुरस्कार उनके हाथों में था। मेजर रंधावा को उनकी बहादुरी के लिए मरणोपरांत महावीर चक्र (एमवीसी) से सम्मानित किया गया।

बहरहाल, उनके दाहिनी ओर बटालियन का दूसरा जत्था पहले ही अपने लक्ष्य ब्लैक रॉक्स पर कब्जे का शुभारंभ कर चुका था। वहां भी जबर्दस्त लड़ाई हुई। मेजर डीपी नैयर की अगुवाई में ए कंपनी ने अपने एफयूपी तक पहुंचने के लिए ब्लैक रॉक्स के पथरीले, आंशिक तौर पर बर्फ से अटी पहाड़ियों पर समान रूप से दुर्लभ चढ़ाई की। हालांकि, उन्हें अपना हमला शुरू करने से पहले प्वाइंट 13620 के कब्जे की प्रतीक्षा करनी थी। उन्होंने वहां से गोली चलने की आवाज सुनी, इसी कारण मेजर नैयर ने एक जोखिम उठाने का फैसला किया और दूसरी तरफ हमला शुरू किया। उनका तर्क था कि अब दुश्मन को चकित करने का मौका हम किसी भी हालत में गंवा चुके हैं और आगे इंतजार करने से कुछ नहीं मिलने वाला।

लक्ष्य की टोह के दौरान मेजर नैयर ने खुद ब्लैक रॉक्स के पीछे दो और टीलों को देखा, जिन्हें भारतीय मोर्चे से नहीं देखा जा सकता था। उन्होंने इनके नाम दिए – पीक (चोटी) 1 और पीक (चोटी) 2 और इनके कारण उनकी योजना में बदलाव लाना पड़ा क्योंकि ब्लैक रॉक्स की चोटी पर हमला करने से पहले इन दोनों पर कब्जा करना जरूरी था। ए कंपनी ने अब सेकंड लेफ्टिनेंट हरभगवंत सिंह की अगुवाई में नं. 1 प्लाटून से पीक 1 और सूबेदार रणजीत सिंह की अगुवाई में पीक 2 पर एक साथ हमला शुरू किया। एक संक्षिप्त लेकिन जबर्दस्त लड़ाई के बाद दोनों चोटियों को दुश्मन के कब्जे से छीन लिया गया – और फिर कैप्टन एस. एन. भटनागर की अगुवाई में नं. 3 प्लाटून ब्लैक रॉक्स के लिए चढ़ाई करने लगी।

मेजर नैयर इस प्लाटून का बेहद करीब से अनुकरण कर रहे थे और जल्द ही उन्हें यह अहसास हुआ कि दोनों चोटियों के बीच का क्षेत्र और ब्लैक रॉक्स एक मौत का जाल था, जिसे वह एक कटोरा कहते थे। वहां घुटनों तक बर्फ थी और इसे ब्लैक रॉक्स की चोटी पर बैठे दुश्मन के लिए 'मौत की भूमि' के तौर पर इस्तेमाल किया जा सकता था। इसके बाद उन्होंने कैप्टन भटनागर को ब्लैक रॉक्स से बाईं ओर जाने को कहा, जबकि सैनिकों का सिर पीक 1 पर दुश्मन की बंदूकों के नीचे था। इसे साथ उन्होंने ब्लैक रॉक्स पर दागने के लिए तोप और मोर्टार मंगाए। विपरीत दिशा में जा रहे सैनिकों को कठिनाई तो हुई लेकिन इसका नतीजा किसी पुरस्कार के समान था। अविश्वसनीय रूप से विपरीत दिशा से सैनिकों को आता देख दुश्मन सेना चकित रह गई और बेहद कम समय के अंदर ब्लैक रॉक्स पर कब्जा कर लिया गया।

इस तरह 4 राजपूत ने अपने दोनों लक्ष्यों पर कब्जा जमा लिया, लेकिन इस जीत की कीमत कम नहीं थी। बटालियन के जो जवान शहीद हुए, उनमें एक अधिकारी, एक जेसीओ, 13 ओआर शामिल हैं जबकि दो अधिकारी, एक जेसीओ और 15 अन्य पद के (ओआर) जख्मी हुए।

बहरहाल, प्वाइंट 13620 की कहानी यहीं खत्म नहीं होती। मेजर रंधावा के बाद कई बार उस पर अधिकार बदले। एक महीना से भी कम समय बाद इसे संयुक्त राष्ट्र (यूएन) के दखल और पाकिस्तान का आश्वासन कि वह संघर्षविराम का उल्लंघन नहीं करेगा, के बाद पाकिस्तान को सौंप दिया गया। अगस्त 1965 में एक बार फिर भारत ने इस पर कब्जा कर लिया और 1966 के ताशकंद समझौत के तहत इसे फिर से लौटा दिया गया। 1971 में इस पर एक बार फिर से कब्जा किया गया और पिछली घटनाओं से सबक लेते हुए यह भारत के पास ही सुरक्षित रहा, यही कारण था कि कैप्टन वर्मा 1993 में वहां की यात्रा पर गए थे।

ऑपरेशन जिब्राल्टर

नाकाम कोशिश

गुलमर्ग के पास स्थित दारा कासी नाम के एक छोटे से गांव के युवा गड़ेरिये मोहम्मद दीन के लिए 5 अगस्त 1965 की सुबह अन्य दिन की भांति ही थी। तड़के ही वे अपनी भेड़ों के झुंड को गांव से थोड़ी दूर एक चारागाह में हांकते हुए ले गया। वहां पहुंच कर उसने भेड़ों को चरने छोड़ दिया और रोज की तरह अपने पसंदीदा छायादार पेड़ के नीचे बैठ ख़्यालों में खो गया। उसकी एक नजर अपने पशुओं पर भी थी। वह नहीं चाहता था कि उनमें से कोई जानवर चरते–चरते उसकी आंखों से ओझल हो जाए और घर लौटते वक्त उन्हें ढूढ़ने में समय खपाना पड़ जाए। एकाध घंटे बाद ख्याल भंग हुआ तो उसने देखा कि हरी सलवार–कमीज पहने दो व्यक्ति उसकी तरफ बढ़ रहे हैं। लंबे, सांवले और खतरनाक दिखने वाली राइफलों से लैस वे दोनों निश्चित रूप से स्थानीय तो नहीं लग रहे थे। उनमें से एक ने जब आवाज लगाकर पुकारा तो वह थोड़ा घबरा गया और एक मन आया कि वहां से भाग खड़ा हो। लेकिन अपने पशुओं को छोड़ वह कहां जाता, अतः डरते–डरते वह उसके पास गया। 'तुम्हारा नाम क्या है?' अजनबी ने घबराए लड़के से पूछा, जिसने लड़खड़ाती ज़ुबान से अपना नाम बता दिया, मोहम्मद। क्या तुमने आसपास कोई फौजी यूनिट देखी है?' इंकार में सिर हिलाते हुए मोहम्मद का संदेह इन दोनों व्यक्तियों और उनके इरादों को लेकर और बढ़ गया। दूसरे व्यक्ति ने पूछा, 'क्या तुम बता सकते हो कि यहां का सबसे नजदीकी फौजी यूनिट किधर है?' हम तुम्हें 400 रुपये देंगे, यदि तुम हमें यूनिट तक पहुंचाने में मदद करोगे।'

उस गरीब गड़ेरिये के लिए यह बहुत बड़ी रकम थी। इतने पैसे तो उसने अपनी ज़िन्दगी में कभी नहीं देखे थे। लेकिन उसका अंतर्मन कहता था कि जरूर इन लोगों में कुछ बड़ी गड़बड़ी है। घबराहट के बावजूद उसने सूझबूझ से जवाब दिया, 'मैं खुद तो नहीं जानता लेकिन आपकी मदद के लिए मैं गांव के दूसरे लोगों का इंतजाम कर सकता हूं। यदि आप यहां इंतजार करें तो मैं अपने साथ दूसरे व्यक्ति को लेकर आऊंगा और तब आप मुझे वह रकम दे सकते हैं।' इस बात से दोनों अजनबी तैयार हो गए और उसने बड़ी तेजी से अपनी भेड़ों को एक जगह जमा किया और गांव की ओर तेज कदम बढ़ाने लगा। अपने सभी जानवरों को

गांव में छोड़कर वह तंगमार्ग के नजदीकी पुलिस थाने की ओर भागा और वहां अजनबियों से मुलाकात की अपनी दास्तां पुलिस वालों को बता दी।

ऐसी ही घटना यहां से करीब सौ किलोमीटर दूर मेंढ़र के पास देखने को मिली और वहां इसी तरह के अजनबियों को धाब्रोट गांव के युवा चरवाहे वजीर मोहम्मद ने देखा। वह अपनी मवेशी चरा रहा था जब अजनबियों की यह टोली उसके पास आई और इसी तरह की पेशकश की। वजीर ने भी अजनबियों को संदेह की नजर से देखा और उनके धन के लालच में नहीं पड़ा। उसने इसकी खबर पास की फौजी चौकी में दे दी। इस प्रकार जम्मू–कश्मीर के विभिन्न हिस्सों से बड़े पैमाने पर घुसपैठ की खबर आने लगी।

यह सूचना पाते ही दोनों स्थानों पर क्रमशः 161 इंफेंट्री ब्रिगेड और 12 इंफेंट्री इन घुसपैठियों की तलाश में सघन गश्त करने में जुट गई। गुलमर्ग क्षेत्र में 7 बिहार की टुकड़ी घुसपैठियों का पीछा करने लगी लेकिन वे घने जंगलों में गायब हो गए लेकिन अपने पीछे काफी सारे हथियार छोड़ गए।

मेंढर में 2 गढ़वाल रेजीमेंट के कैप्टन चंदर नारायण सिंह 120 इंफेंट्री ब्रिगेड मुख्यालय में अटैच थे और उन्हें घुसपैठियों से निपटने के लिए ब्रिग्रेड मुख्यालय के सैनिकों की एक प्लाटून के साथ भेजा गया। संभवतः घुसपैठियों को इस आकस्मिक घटना का अंदेशा हो गया था क्योंकि जहां उन्होंने मोर्चा संभाल रखा था, वह एक पहाड़ी थी और वे वहां पर मजबूत आक्रामक स्थिति बना चुके थे। गश्ती दल जब वहां पहुंचा तो उस पर मशीनगन और मोर्टार से ताबड़तोड़ गोलाबारी शुरू हो गई जिसमें एक सैनिक शहीद भी हो गया।

कैप्टन चंदर ने अपने गश्ती दल को पोजिशन संभालने का आदेश दिया और वे जवाबी फायर करने लगे। गश्तीदल को यह निर्देश देकर कि वे तब तक गोलीबारी जारी रखें जब तक कि दुश्मन को मार गिरा न दिया जाए कैप्टन चंदर दूसरी तरफ से धीरे–धीरे पहाड़ी की ओर बढ़ें। सधे हुए निशाने से उन्होंने पहाड़ की चोटी पर से गोलियां दाग रही एक मशीनगन को शांत कर दिया। अपनी टुकड़ी पर हो रही गोलीबारी की वर्षा होती देख कैप्टन चंदर समझ गए कि दुश्मन की स्थिति इतनी मजबूत है कि दिन के वक्त उन पर कब्जा करना मुश्किल है। लिहाजा उन्होंने रात के वक्त हमला करने की योजना बनाई और इसी मुताबिक अपने गश्ती दल को कार्यवाही करने को कहा। रात होते ही कैप्टन चंदर ने अपने आसपास हो रही गोलियों की बौछारों के बावजूद साहसपूर्ण नेतृत्व किया। एक झटके में ही आधी चढ़ाई कर लेने के बाद वे फिर से संगठित होने के लिए ठहर गए। अपने दल के आधे जवानों को गोलीबारी के लिए तैनात करते हुए उन्होंने दुश्मन के ठिकाने पर एक तरफ से हमला करने वाली आधी टुकड़ी का नेतृत्व किया। यह हमला सफल

पकड़े गए घुसपैठियों की गोलबंदी

कश्मीर में पकड़े गए घुसपैठियों को जेल भेजने की तैयारी

रहा लेकिन चोटी पर पहुंचते ही कैप्टन चंदर दुश्मन की मशीनगन की गोलियों से शहीद हो गए। दुश्मन वहां छह शव और कई घायल साथियों के अलावा बड़ी मात्रा में हथियार, गोला–बारूद और उपकरण छोड़कर भाग खड़े हुए। कैप्टन चंदर नारायण को इस बहादुरी के लिए महावीर चक्र से नवाजा गया।

अगले कुछ दिनों में राज्य के विभिन्न हिस्सों में घुसपैठियों के आने तथा उनके साथ मुठभेड़ की खबरें आने लगीं। विभिन्न क्षेत्रों के कैदियों से पूछताछ और इन घटनाक्रमों को जोड़ने के बाद पाकिस्तान की कुटिल साजिश का जल्द ही पर्दाफाश हो गया और सभी जगह की सैन्य टुकड़ियों को हाई अलर्ट कर दिया गया। बड़े पैमाने पर घुसपैठ के जरिये छापेमारी की खबरें कालाकोट (राजौरी के पास), मागम (गुलमर्ग और श्रीनगर के बीच), हाजी पीर, डोडा तथा छम्ब से भी आने लगीं। पूरे राज्य में छापेमारी, उपद्रव और मुठभेड़ की घटनाएं होने लगीं। आठ अगस्त

जम्मू–कश्मीर में पाकिस्तान की घुसपैठ
अगस्त 1965

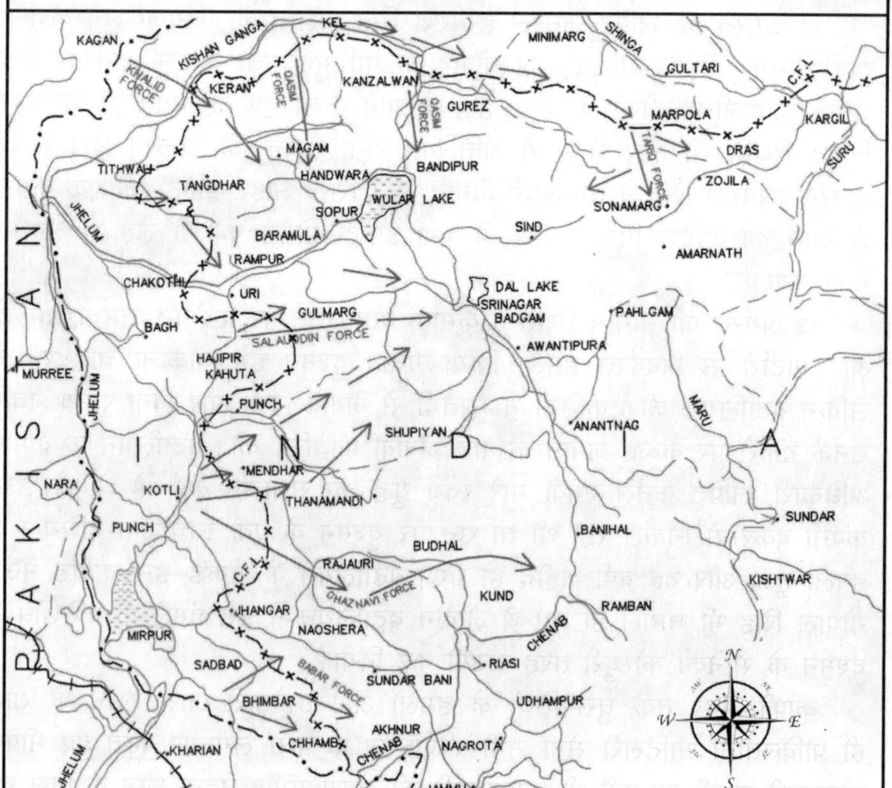

तक बड़ी तादाद में घुसपैठिये श्रीनगर के उपनगरीय इलाकों में घुस आए थे और श्रीनगर हवाई अड्डे के करीब तक पहुंच गए थे जिससे एक खतरनाक स्थिति पैदा हो गई थी। 8 जम्मू–कश्मीर मिलिशिया की एक कंपनी और सेंट्रल इंडियन हॉर्स के टैंकों की दो टुकड़ियां हवाई अड्डे की रक्षा के लिए तैनात कर दी गई।

घुसपैठ का तौर–तरीका और कैदियों से मिली जानकारी यही संकेत देते थे कि सभी समूह चुनिंदा स्थानों से संघर्ष विराम रेखा (सीएफएल) पार करते हुए अलग–अलग दिशाओं से श्रीनगर की ओर बढ़ रहे थे। रास्ते में वे अलग–थलग पिकेट और निर्जन प्रशासनिक केंद्रों पर छापेमारी का कोई मौका नहीं चूकते थे तथा पुलों, टेलीफोन एवं अन्य संचार साधनों को ध्वस्त करते हुए संचार संपर्क तोड़ने की कोशिश कर रहे थे। इसी बीच पाकिस्तानी प्रेस और रेडियो प्रसारण सेवा दुष्प्रचार का जहर उगलने लगे कि कैसे कश्मीर की जनता भारत के खिलाफ विद्रोह पर उतारू हो गई है। निश्चित रूप से जमीनी हकीकत बिल्कुल अलग थी जैसाकि दो गड़ेरियों ने जानकारी दी थी और सभी जगह स्थानीय लोगों ने भी जिस तरह घुसपैठियों का डटकर सामना किया था।

11 अगस्त को लेफ्टि जनरल हरबख्श सिंह हालात का जायजा लेने के लिए खुद श्रीनगर पहुंचे। सांसद और पंजाब के पूर्व मुख्यमंत्री कैप्टन अमरिंदर सिंह उनके तत्कालीन एडीसी थे; उस दौर को याद करते हुए वह बताते हैं कि बहुत विकट स्थिति थी और घाटी में अतिरिक्त सेना भेजने की जरूरत थी। लेफ्टि जनरल हरबख्श सिंह ने तब अपने विमान से 4 सिख लाइट इंफेंट्री की एक कंपनी ले जाने का आदेश दिया। साथ ही 163 इंफेंट्री ब्रिगेड को भी लेह से श्रीनगर भेजा गया।

13 अगस्त को नौगाम स्थित 8 कुमाऊं बटालियन पर ब्रेन गन, तमंचों, रॉकेटों और मोर्टारों से जबर्दस्त हमला किया गया। दुश्मन हमें चौंकाना चाह रहे थे लेकिन बटालियन की टुकड़ियों ने मुस्तैदी से जवाब दिया और बिना समय गंवाए उनके बंकरों पर कब्जा जमाने के बाद जवाबी फायरिंग की। बटालियन के कमान अधिकारी, लेफ्टि कर्नल एमवी गोरे स्वयं युद्ध का संचालन कर रहे थे और जब कंपनी बंकर से निकल रही थी तो उन पर दुश्मन के एक स्वचालित हथियार से हमला हुआ और वह वहीं शहीद हो गए। बटालियन के सेकंड–इन–कमांड मेजर गोपाल सिंह भी घायल हो गए थे लेकिन बटालियन ने इस हमले के प्रतिशोध में दुश्मन के सैनिकों को बुरी तरह जख्मी कर दिया।

काफी अंदर तक घुसपैठियों के हमलों और छापेमारी जारी रखने के साथ ही पाकिस्तानी आर्टिलरी सेना सभी सीएफएल के पास लगातार बढ़ते हुए भीषण गोलाबारी करती जा रही थी। गोलाबारी की सबसे गंभीर घटना छम्ब के पास हुई

जिसमें 191 इंफेंट्री ब्रिगेड के कमांडर ब्रिगेडियर बीएफ मास्टर्स और ब्रिगेड स्टॉफ के कई अफसर मारे गए। इस भीषण क्षति के बावजूद भारतीय सेना तब तक घुसपैठियों पर बहुत हद तक काबू पा चुकी थी और राज्य के सभी हिस्सों में उनकी तलाश करने, पीछा करने और उनका नाश करने के लिए आक्रामक कार्यवाही जारी रखी हुई थी। भारतीय सेना ने जब सीएफएल के दूसरी तरफ पाकिस्तान से युद्ध करने का फैसला किया तब तक स्थिति पूरी तरह पलट चुकी थी जिसका वर्णन अगले अध्याय में किया गया है।

हाजीपीर
ऑपरेशन बक्शी

1947–48 में कश्मीर युद्ध के बाद के युद्ध विराम ने सीएफएल के पार भारतीय पक्ष की ओर एक नासूर छोड़ दिया था। पुंछ और राजौरी के बीचों बीच पाकिस्तानी कब्ज़े वाली जमीन का इस टुकड़े में हाजी पीर पास (दर्रा) और उसके आस–पास का इलाका शामिल था, जिसे पाकिस्तानी घुसपैठिए एक उपयुक्त लांच पैड के तौर पर इस्तेमाल करते थे। स्वतंत्रता से पहले जम्मू से श्रीनगर की ओर जाने वाला सबसे छोटा मार्ग पुंछ होते हुए इस इलाके में स्थित हाजी पीर पास के उपर से उरी के रास्ते जाता था। किवंदंतियों के अनुसार, एक बार मुगल शासक शाहजहां रावलपिंडी से श्रीनगर जा रहे थे और जिस दिन उनके काफिले को इस पास से होकर गुजरना था, उससे पहली रात उन्हें यह स्वप्न आया कि एक महान पीर (संत) की मजार[1] इसी पास पर है। हैरान करने वाली बात यह थी कि उन्हें वह मजार वहीं मिली जैसा उन्होंने सपने में देखा था और शहंशाह शाहजहां वह पहले व्यक्ति थे जिन्होंने उस मजार पर सजदा किया था।[2] इस पास के ऊपर पाकिस्तानी कब्जा होने का मतलब था कि पुंछ से श्रीनगर जाने वाले वाहनों को बनिहाल पास (बाद में सुरंग) के लंबे मार्ग से होकर जाना होता, जिससे दूरी काफी बढ़ जाती।

पाकिस्तान ने अगस्त 1965 के पहले सप्ताह में ऑपरेशन जिब्राल्टर को अंजाम देना शुरू किया और फिर जम्मू कश्मीर के विभिन्न हिस्सों से बड़े पैमाने पर घुसपैठ की खबरें आनी शुरू हो गईं। लेकिन पाकिस्तानी षड्यंत्र के सामने आने से बहुत पहले ही आर्मी कमांडर (जीओसी–इन–सी) वेस्टर्न कमांड लेफ्टिनेंट जनरल हरबक्श सिंह ने सीएफएल के पार पाकिस्तानी दुस्साहस से निपटने के लिए भारतीय सेना की तैनाती और रणनीति में फेरबदल का प्रस्ताव किया था। उनकी योजना का सार सेना की छोटी–छोटी टुकड़ियों को पूरी सीएफएल पर निगरानी रखने के लिए तैनात करने के बजाय महत्वपूर्ण इलाकों पर उनको तैनात करना और घुसपैठ से निपटने के लिए पर्याप्त बल रिजर्व में रखना था। उन्होंने सीएफएल के पास घुसपैठ के लिए लांच पैड के तौर पर इस्तेमाल किए जाने वाले इलाकों को कब्जे में करने के लिए सीमित आक्रामक रवैया अपनाने का भी प्रस्ताव रखा। हाजी पीर का इलाका कब्जा करे जाने वाली जगहों की इस सूची में सबसे ऊपर था।

---

[1] मकबरा।

[2] अमरिंदर सिंह, *लेस्ट वी फॉरगेट*, पृष्ठ संख्या 345–46।

5 और 8 अगस्त के बीच की घटनाओं से घुसपैठी अभियान की विस्तृतता का आभास होने लगा था, और जम्मू कश्मीर की राज्य सरकार चिंतित थी। आठ अगस्त को मुख्यमंत्री ने यहां तक अनुशंसा की कि राज्य को सेना के हवाले कर दिया जाए और वहां मार्शल कानून लागू कर दिया जाए। लेफ्टिनेंट जनरल हरबक्श सिंह ने ऐसे कदमों के खिलाफ थलसेनाध्यक्ष (सीओएएस) को कड़ाई से सलाह दी और यही सलाह थल सेना अध्यक्ष ने केन्द्रीय सरकार को दी। उन्होंने सलाह दी कि ऐसा करने से सैन्य शक्ति का इस्तेमाल घुसपैठियों को रोकने की बजाए कानून और व्यवस्था बहाल करने के लिए करना पड़ेगा। इसके अलावा, अंतरराष्ट्रीय समुदाय का ध्यान कश्मीर की ओर आकर्षित करने की पाकिस्तान की कोशिश इस कार्यवाही से सफल हो जाएगी। उनके सुझाव के अनुसार मार्शल कानून लगाने के बजाय घाटी में अतिरिक्त बटालियन भेजकर दुश्मन का सामना करने की क्षमता को बढ़ाया गया और लगातार आ रहे घुसपैठियों पर रोक लगाकर स्थिति को शीघ्र ही काबू में लाया गया।

11 अगस्त तक हालात इस हद तक काबू में हो गए थे कि हाजी पीर के कब्जे के लिए आक्रामक कार्यवाही के आदेश दिये जा सके। इसका दायित्व ब्रिगेडियर (बाद में लेफ्टि जनरल) जेडसी (जोरू) बक्शी की कमान में 68 इन्फैंट्री ब्रिगेड को सौंपा गया। ब्रिगेडियर बक्शी एक अनुभवी कमांडर थे और उन्होंने द्वितीय विश्वयुद्ध के दौरान बर्मा में जापानी सेना का सामना किया था। 18 अगस्त को अभियान के लिए औपचारिक आदेश दे दिए गए जिसका कोड नाम 68 इन्फैंट्री ब्रिगेड कमांडर के नाम पर 'बक्शी' रखा गया था। साथ ही साथ दक्षिण में पुंछ की तरफ से एक–दूसरे ऑपरेशन, जिसका नाम ऑपरेशन फौलाद रखा गया, के आदेश दे दिये गए जिसके तहत यहां से एक दूसरी ब्रिगेड ने हाजी पीर की ओर बढ़ते हुए रास्ते में तैनात दुश्मन का सफाया करते हुए 68 ब्रिगेड से वास्ता कायम करना था। इस तरह दो तरफे हमले में पूरा हाजी पीर का इलाका दुश्मन से आज़ाद करने का इरादा था।

हाजी पीर पास पर कब्जे के लिए ब्रिगेडियर बक्शी की योजना दो छोरों से अपने बटालियनों को भेजना था। 1 पैरा को दाहिनी तरफ (पश्चिम) भाग में आक्रमण करना था और तीन लगातार जगहों – प्वाइंट 9591 के नाम से मशहूर सैंक, सर और लेदवाली गली पर कब्जा करना था जबकि 19 पंजाब को बाईं ओर (पूर्व) दिशा में बढ़ना था और हाजी पीर पास के पूर्व में स्थित बेदोरी नाम की एक महत्वपूर्ण पहाड़ी पर कब्जा करना था। इन सब जगहों पर कब्जा होने के बाद 4 राजपूत को इसके बाद हाजी पीर पास को कब्जे में लेना था। लेकिन, जैसी कि पुरानी कहावत है 'युद्ध शुरू होने पर सबसे पहले घायल युद्ध की योजना ही होती है'।

दुस्साहस में सुरक्षा

मेजर रणजीत सिंह दयाल – हाजी पीर

मेजर रणजीत सिंह दयाल का तबादला हाल ही में 50 पैरा ब्रिगेड, जहां वह ब्रिगेड मेजर[3] (बीएम) के तौर पर नियुक्त थे, से कश्मीर घाटी में तैनात 1 पैराशूट (पैरा) बटालियन में बतौर सेकंड–इन–कमांड (2 आईसी) हुआ था। 1 पैरा के कमांडिंग ऑफिसर लेफ्टि कर्नल प्रभजिंदर सिंह ने भी 68वीं इनफेंट्री ब्रिगेड द्वारा उरी और पुंछ के बीच हाजी पीर पास (Haji Pir Pass) पर कब्जा पाने के लिए शुरू किए गए ऑपरेशन बक्शी से महज 20 दिन पहले कमान संभाली थी। लेकिन दोनों अफसर अपनी बटालियनों और सैनिकों से भली–भांति परिचित थे। अपनी लगभग 20 वर्षों की सेवा में मेजर दयाल सन 1947–48 के दौरान कश्मीर युद्ध और उत्तर–पूर्वी सीमांत एजेंसी (एनईएफए) में उग्रपंथियों के खिलाफ अभियान में भी बटालियन के साथ हिस्सा ले चुके थे।

कुरुक्षेत्र में तुकर गांव के जांबाज सैनिक मेजर दयाल सैन्य सेवा की शानदार परंपरा रखने वाले एक परिवार से संबंधित थे। आज़ादी से पहले उनके भाई इंडियन डिस्टिंग्विशड् सर्विस मेडल (आईडीएसएन) से सम्मानित हुए थे। मेजर दयाल ने जालंधर के किंग जॉर्ज रॉयल मिलिट्री कॉलेज (अब चहल मिलिट्री स्कूल) से पढ़ाई की थी। छोटे कद के और गठीले शरीर वाले अधिकारी मेजर दयाल को उनकी कड़ी कार्यप्रणाली के लिए जाना जाता था। उनकी निष्पक्षता और मजाकिया स्वभाव के कारण उनके सैनिक उनसे बहुत प्यार करते थे। हालांकि, बटालियन के अभियान के दौरान सेकंड इन कमांड की भूमिका अक्सर सीमित हो जाती है और मेजर दयाल अलग मिजाज के थे। उन्होंने कार्यवाही के दौरान आगे रहने के लिए सीओ से आग्रह भी किया। अभियान के महत्व और ए कंपनी के कमांडर मेजर हर्ष

[3] ब्रिगेड मेजर किसी ब्रिगेड में अभियानों की निगरानी रखने वाले वरिष्ठ स्टॉफ ऑफिसर के लिए इस्तेमाल किया जाता था। इस पद पर अब बतौर लेफ्टि कर्नल की नियुक्ति होती है जिन्हें जीएसओ 1 कहा जाता है।

मेजर रंजीत सिंह दयाल

यादव के छुट्टी पर जाने तथा उन्हें समय रहते ऑपरेशन से पहले वापस बुलाने में असमर्थता को देखते हुए मेजर दयाल के अनुरोध को तुरंत स्वीकार लिया गया। मेजर दयाल जैसे एक अनुभवी शख्सियत की अगुवाई से ऐसी विकट परिस्थिति में काफी बदलाव आए, जहां आदेश की प्रतीक्षा करने के बजाय तुरंत फैसले लेने के लिए एक कमांडर की जरूरत थी।

1 पैरा उरी सेक्टर में तैनात थी और वहां उसका कार्यभार किसी अन्य बटालियन के संभालने के बाद 24 अगस्त को ऑपरेशन बक्शी की शुरुआत होनी थी। हालांकि भारी बारिश के कारण इस राहत में थोड़ी देरी हुई और इसी कारण ऑपरेशन को भी एक दिन मुल्तवी करना पड़ा। आखिरकार ऑपरेशन की शुरुआत 25 अगस्त को हुई और पहले प्वाइंट 9591, सावन पथरी और अगिवास पर संदिग्ध दुश्मन के मोर्चों पर भारी तोपों से गोलाबारी की गयी, जिसके बाद 1 पैरा ने बिना किसी बाधा के उन पर कब्जा कर लिया। ऑपरेशन के देर से शुरू होने की वजह से गंवाए हुए समय की पूर्ति करने पर तत्पर मेजर दयाल ने फैसला लिया कि अपने अगले लक्ष्य की ओर बिना समय गंवाए कूच करेंगे। लिहाजा उन्होंने दो कंपनियों ए और सी के साथ संक (Sank) पर तड़के आक्रमण के आदेश दे दिये।

वे जानते थे कि यह एक जोखिम भरा फैसला था, क्योंकि तड़के आक्रमण करने पर वास्तविक लक्ष्य पर दुश्मन के साथ होने वाली भयंकर लड़ाई रात के सुरक्षित माहौल में नहीं बल्कि दिन के उजाले में होने की संभावना थी। ऐसे में दुश्मन को अपने सुरक्षित बंकरों और टोहों से हमलावर सैनिकों पर लक्षित गोलीबारी करने का फायदा होगा – लेकिन यदि यह दांव सफल होता तो इससे ऑपरेशन में एक दिन की तेजी आ जाती और दुश्मन पूरी तरह से असंतुलित हो जाता। दुर्भाग्य से दुश्मन चौकन्ना था, और दिन की रोशनी उसे सहायक थी। ऐसे में उसे हमला करते हुए 1 पैरा के सिपाहियों पर चुन–चुन कर गोलाबारी करने का मौका मिल गया। पिछले दिनों हुई लगातार बारिश के कारण तीव्र चढ़ाई और भी फिसलन भरी हो गई थी जिसने हमलावरों की कठिनाई बढ़ा दी थी। इस वक्त सुबह के साढ़े नौ बज रहे थे और हताहतों की संख्या बढ़ती जा रही थी। मेजर दयाल ने स्थिति का आकलन किया। दिन के उजाले में सफलता की संभावना बहुत कम थी और पीछे जाने का मतलब था अस्थाई तौर पर ही सही विफलता को स्वीकार कर लेना। महज अपनी प्रतिष्ठा बचाने के लिए अपने सिपाहियों की व्यर्थ आहुती देने के बजाय मेजर दयाल ने कुछ समय के लिए पीछे जाने का फैसला किया। दुस्साहस भरे फैसले हमेशा सफल नहीं होते और एक अच्छा कमांडर यह अच्छी तरह जानता है कब डटे रहना है और कब उपयुक्त समय के इंतजार में कुछ देर के लिए पीछे हटना बेहतर है।

1 पैरा के सैनिक दुश्मन से सम्पर्क तोड़ अपने पूर्ववर्ती कब्जे वाले लक्ष्य पर वापस चले गए। उन्होंने पूरा दिन संक पर दुश्मन के मोर्चों का आकलन करते हुए बिताया और अगले दिन हमले की तैयारी करने लगे। मेजर दयाल बहुत व्याकुल थे, हमले के लिए रात का इंतजार कर रहे थे ताकि वह ऑपरेशन फिर से शुरू कर सकें। अपनी बढ़ती अधीरता और अपने मन पर काबू रखने के लिए वे दोनों कंपनी में गए और सैनिकों से बात की। उनके साथ हंसी–मजाक किया, उन्हें आश्वासन दिया जिससे लगातार दूसरी रात हमला करते हुए भी उनका आत्मबल मजबूत रहे।

26 अगस्त को रात साढ़े दस बजे 1 पैरा बटालियन ने मेजर दयाल की सम्पूर्ण अगुवाई में संक पर दोबारा आक्रमण किया, इस बार अन्य दो कंपनियों के साथ यानी कि बी और डी के साथ। दुश्मन तो उनकी ताक में बैठा था, और पिछली रात में हमले की विफलता ने दुश्मन का मनोबल और बढ़ा दिया था। हमलावरों को आगे बढ़ते देख वे अपनी टोह से बाहर निकल–निकल कर अपनी स्वचालित बंदूकों और मशीनगनों से गोलियां दागने लगे। लेकिन 1 पैरा के वीर सैनिक अपने चारों ओर से दनदनाती गोलियों से बेपरवाह आगे बढ़ते रहे। मेजर दयाल लड़ाई के बीचोंबीच मुंह से आग उगलते हुए अपने सैनिकों को आगे बढ़ने के लिए प्रोत्साहित करते रहे। धीरे–धीरे लेकिन निश्चित तौर पर वे दुश्मन के पांव उखाड़ने लगे। सुबह साढ़े चार बजे तक बहादुर पैरा सिपाही दुश्मन के मोर्चों तक जा पहुंचे थे। मेजर दयाल ने स्थिति का जायजा लिया और उन्हें अहसास हुआ कि कुछ बंकरों में से मीडियम मशीनगनों (एमएमजी) और लाइट मशीनगन (एलएमजी) के लगातार फायर की वजह से आक्रमणकारियों को आगे बढ़ने में बाधा आ रही थी। उन्होंने एक प्लाटून को हमले के लिए तैयार किया और एक साहसिक हमले में खुद उनकी अगुवाई करते हुए दुश्मन के बंकरों को नेस्तेनाबूत कर दिया। हमलावर को अपने इतने पास पाकर और अपनी स्वचालित मशीनगनों को बर्बाद होते देख दुश्मन का मनोबल टूट गया और वे अपने हथियार डाल, अपने 16 मृत सैनिकों के शव वहीं छोड़ भाग खड़े हुए।

27 अगस्त की सुबह, संक 1 पैरा के कब्जे में था। लेकिन, मेजर दयाल और उनके सैनिकों के पास अभी आराम करना और जीत का जश्न मनाने का वक्त नहीं था। मेजर दयाल अच्छी तरह जानते थे कि हालांकि दुश्मन अपने मोर्चे छोड़ पीछे हट गया है, वह किसी भी समय लौट कर जवाबी हमला कर सकता है, जैसा कि पाकिस्तानी अक्सर किया करते थे। उन्होंने बी और सी कंपनियों को संक के आसपास के उन इलाकों पर कब्जा करने का आदेश दिया जहां पर दुश्मन फिर से एकत्रित हो संक पर हमला कर सकता था।यह कार्यवाही शाम तक पूरी हो गई। अपनी स्थिति को मजबूत करने के लिए जिन जगहों पर उन्होंने कब्जा किया था

उनमें से एक लेदीवाली गली थी, जहां खड़े होकर मेजर दयाल ने अपनी दूरबीन की मदद से हाजी पीर पास[4] का जायजा किया। पास या दर्रा दो ऊंची पहाड़ियों के बीच का निचला हिस्सा होता है जहां से होकर सड़क या रास्ता गुजरता हो। किसी भी पास पर अपना कब्जा बनाए रखने के लिए सैनिकों को उसकी दोनों तरफ की पहाड़ियों या ऊंचे हिस्से पर मोर्चे संभालने पड़ते हैं ताकि वे उनके बीच निकलती हुई सड़क पर निगरानी रख सकें और दुश्मन की किसी भी गतिविधियों का जवाब गोली से दे सकें। मेजर दयाल ने दूरबीन से हाजी पीर पास के दोनों तरफ की ऊंचाइयों का ध्यान से निरीक्षण किया तो पाया कि दोनों में किसी पर भी दुश्मन की गतिविधि नहीं दिख रही थी। यद्यपि वहां बंकर और तैनाती के चिन्ह नज़र आ रहे थे, यह साफ था कि वहां अधिक संख्या में सैनिक उपस्थित नहीं थे।

हाजी पीर दर्रा

1 पैरा अपने शुरुआती लक्ष्यों पर कब्जा करने में सफल रही थी लेकिन उधर दूसरी ओर मामला कुछ और था। बेदोरी पर पाकिस्तानियों की बहुत मजबूत पकड़ थी और 19 पंजाब के लगातार हमलों के बाद भी अभी तक दुश्मन वहां डटा हुआ था। बेदोरी और हाजी पीर पास पर कब्जा करने और उसके बाद उस पर मजबूत पकड़ रखने के लिए बहुत ज़रूरी था इसलिए उस पर हमले की नाकामी ने

[4] यह दर्रा असल में दो ऊंचे स्थलों, जिन्हें दर्रे का कंधा कहा जाता है, के बीच निचले तल का अंतर है और इधर से ही एक मार्ग निकलता है।

ब्रिगेडियर बक्शी को संशय में डाल दिया था। उनकी परियोजना के अनुसार हाजी पीर पर हमला बेदोरी पर कब्जे के बाद उस तरफ से होना था। लेकिन अपने आप को हाजी पीर के इतने नजदीक पाकर मेजर दयाल ने अपनी कंपनियों के साथ इस कार्य को स्वयं करने की प्रस्तावना रखी, यद्यपि वे दो रातों से लगातार जंग लड़ रहे थे। वह और ब्रिगेडियर बक्शी दोनों ही यह जानते थे कि ऑपरेशन में पल–पल की देरी से पाकिस्तानी सैनिकों को पास पर मजबूत पकड़ बनाने के लिए और समय दे रहा था, जिससे पहले से ही कठिन काम और दुष्कर बन सकता था।

इसलिए जब लेदीवली गली पर से उनके आकलन ने मेजर दयाल को इस निष्कर्ष पर पहुंचाया कि पास पर फिलहाल दुश्मन की पकड़ हल्की है, तब उन्होंने अपने सीओ पर रात की प्रतीक्षा किए बगैर तुरंत इसी वक्त पास की ओर कूच करने की आज्ञा के लिए दबाव डाला। ऐसा करने का अभिप्राय था पूरी ब्रिगेड की, बल्कि पूरे डिविजन की, आगे की योजनाओं में फेरबदल। हालांकि बेदोरी के दुश्मन के कब्जे में रहते हाजी पीर पास पर हमला कर उसे पकड़े रखना बहुत जोखिम भरा था, लेकिन ब्रिगेडियर बक्शी और मेजर दयाल दोनों यह जानते थे कि अगर वे ऐसा करने में कामयाब हो जाएं तो पूरा ऑपरेशन बहुत जल्दी निपटाया जा सकता था।

मेजर दयाल बेसब्री से हमले के हुक्म का इंतजार कर रहे थे, और ब्रिगेडियर बक्शी योजना में इस फेरबदल के लिए डिव मुख्यालय से अनुमति का। वहीं ए और बी कंपनियों के सैनिक भी आतुरता से हाजी पीर के पुरुस्कार को हासिल करने का इंतज़ार कर रहे थे, जो कि उनको अपनी मुट्ठी में दिख रहा था।

आखिरकार उन्हें अनुमति मिल गई और दिन में तीन बजे मेजर वासवानी और डी कंपनी के साथ मेजर दयाल लेदीवाली गली से हाजी पीर की ओर चल पड़े। लेदीवाली गली और हाजी पीर के बीच एक नाला था जो हैदराबाद नाला कहलाता था, जिसे पार करके वे आगे बढ़े। कुछ देर से थमी बारिश फिर से शुरू हो गई थी जिसके कारण फिसलन भरे मार्गों पर उनकी चढ़ाई बहुत कठिन हो गई थी। इसके अलावा हाजी पीर स्थित दुश्मन उन्हें बढ़ते हुए देख सकता था जिसने खतरा और बढ़ा दिया था। थोड़ी ही देर में 1 पैरा के जवानों पर पाकिस्तानियों की नजर पड़ गयी और उन्होंने एमएमजी और 81 एमएम मोर्टार से गोले दागने शुरू कर दिए। यह उनके हथियारों के जखीरे में मात्र वह हथियार था जो उतनी दूरी तक भी वार करने में प्रभावी रहते। इस फाइरिंग की परवाह न करते हुए, अदम्य साहस, समर्पित ताकत और दृढ़ता के साथ वे बहादुर सिपाही कीचड़ और गाद के बीच कदम बढ़ाते रहे।

1 पैरा जिस जगह पर कब्जा कर चुकी थी उससे सटी हुई जगहों से भागते हुए पाकिस्तानी सैनिकों की एक टुकड़ी ने भी उन्हें देख लिया और बेहद करीब

से उन पर फायर करने लगी। नए खतरे से निपटने के लिए अपने अभियान को रोक कर वह इसमें और अधिक देरी नहीं करना चाहते थे और न ही गोलियों की आवाज से अपनी मुख्य टुकड़ी की प्रगति की तिलांजलि देना चाहते थे। सैनिकों को इन टुकड़ी से निपटने के लिए मेजर दयाल ने सूबेदार अर्जुन सिंह के साथ एक प्लाटून भेजा जबकि शेष पैराट्रूपर्स ने हाजी पीर की ओर कदम बढ़ाना जारी रखा।

जब तक वे लोग हैदराबाद नाला पहुंचे अंधेरा हो चला था और लगातार बारिश ने उनके जतन को और कठिन एवं दुष्कर बना दिया था। उन्होंने खुद को आगे आने वाली खड़ी चढ़ाई के लिए मन ही मन तैयार किया। रात होने के बाद चढ़ाई करने का मतलब था कि पहाड़ की फिसलन भरी ढ़लान पर वे यह भी नहीं देख सकते थे कि वे जा कहां रहे थे।

बिना किसी संभावित आपूर्ति के उन्हें लंबी लड़ाई के लिए तैयार रहना था। उन्होंने अपने हथियार, व्यक्तिगत सामान के अलावा भी अतिरिक्त हथियार, मोर्टार बम और संचार के साधनों को रखा था जिनके अतिरिक्त भार के कारण यात्रा की गति थोड़ी धीमी हो गई थी। मेजर दयाल टुकड़ी का नेतृत्व कर आगे–आगे तेज गति से चल रहे थे, और पीछे आने वालों के लिए गति निर्धारित कर रहे थे। चढ़ाई में अभी कुछ वक्त और था कि अचानक उन्हें लकड़ी जलने की महक आई जिससे वह रूक गए। उन्होंने बड़ी सावधानी से एक खाली पड़े मिट्टी के घर पहुंचकर उसका दरवाजा खटखटाया जहां पर आग जल रही थी। उन्होंने झोपड़ी को चारों ओर से घेरने का आदेश दिया और कुछ जवानों को साथ लेकर उसमें घुस गए। उन्होंने पाया कि वहां पाकिस्तान के आजाद कश्मीर बल से 22 पठान अपने मोर्चे से यहां इसी झोपड़ी में बारिश से शरण लिए हुए थे। उन्होंने लड़े बगैर आत्मसमर्पण कर दिया और जिनसे बाद में आक्रमणकारी सैनिकों ने भारी वजन उठवाने में आगे मदद ली।

अतिरिक्त भार से मुक्त होने के बाद भी रास्ता तय करना सहज नहीं था, पहाड़ की ओर खड़ी चढ़ाई के कारण उनकी गति धीमी और थका देने वाली थी। कई जगहों पर सैनिकों को फिसलन से बचने के लिए रेंगना पड़ता था। लगभग पूरी रात की चढ़ाई के बाद वे लोग सुबह साढ़े चार बजे पुराने पुंछ–उरी मार्ग पर पहुंच गए। ये सैनिक पिछले तीन दिनों से लगातार कार्यवाही कर रहे थे और इस पूरे दरम्यान उन्हें गर्म भोजन तक नहीं मिला, वे केवल 'शक्कर पारे' और पुड़ियों पर जी रहे थे जो कि सैनिकों का आपातकालीन भोजन होता है। अब तक यह अल्प राशन भी खत्म हो गया था।

मेजर दयाल जानते थे कि चोटी पर मौजूद पाकिस्तानी सैनिकों पर हमले के लिए सैनिकों को उनकी सारी ताकत और सूझबूझ की जरूरत पड़ेगी। इसलिए

28 अगस्त 1965 को युद्ध जीतने के बाद हाजी पीर दर्रे पर तिरंगा फहराते भारतीय जवान

हाजी पीर के बहादुर पाराट्रूपर

हाजी पीर में जनरल हरबख्श की अगवानी करते मेजर दयाल

हाजी पीर के दौरे पर पहुंचीं तत्कालीन सूचना एवं प्रसारण मंत्री श्रीमती इंदिरा गांधी

भारत के राष्ट्रपति से महावीर चक्र प्राप्त करते मेजर दयाल

उन्होंने आक्रमण से पहले अपने सैनिकों को कुछ देर विश्राम देने का फैसला किया। विराम का हुक्म पाकर थके हुए सिपाही जमीन पर अपने बरसाती बिछाकर कुछ देर सुस्ताने लगे। इस संक्षिप्त आराम ने उनके जोश को बढ़ावा देने और अपने गंतव्य के लिए नई दृढ़ता के साथ मार्च करने के लिए नया जोश भरने में जादू का सा काम किया। तकरीबन दो घंटे आराम करने के बाद वे फिर चल पड़े और साढ़े नौ बजे तक वे पास पर पहुँच गए थे। यकायक उन्हें अपने सामने पाकर दुश्मन भौचक्का रह गया, क्योंकि पिछली शाम ही उसने उन्हें लेदिवली गली पर देखा था। उसे इस बात का अनुमान नहीं था की वे घनी रात में और मूसलाधार बारिश के बावजूद इतनी जल्दी यह दुर्गम रास्ता पार कर उन पर आक्रमण कर देंगे।

मेजर दयाल ने तुरंत दुश्मन तैनाती का जायजा लिया। पास के पश्चिमी छोर से एमएमजी, एलएमजी और छोटे हथगोलों के हमले किए जा रहे थे और संक्षिप्त लड़ाई के बाद पाकिस्तानी वहां से भाग खड़े हुए। 28 अगस्त को दस बजे तक मेजर दयाल ने ब्रिगेड को खबर दी कि हाजी पीर पास पर कब्जा हो गया है।

सभी मुश्किलों के खिलाफ इस अभूतपूर्व सफलता की खबर जैसे ही मिली, ब्रिगेड मुख्यालय में चारों ओर जश्न का माहौल छा गया। लेकिन, जश्न में शरीक होने से पहले मेजर दयाल और उनके सैनिक अभी भी काम कर रहे थे ताकि वे इस कड़ी लड़ाई के बाद मिली जीत का आनंद उठा सकें। उन्होंने जवाबी हमले की आशंका को लेकर सभी जगहों को फिर से देखा जहां से लड़ाई लड़ी जा रही थी। पहरेदारों को विस्तार से बताने के बाद उन्होंने आखिरकार आराम किया।

हाजी पीर पर फतह ने ऑपनेशन बक्शी के सफल अंजाम को तीव्रता देने का काम किया। अगले ही दिन बेदोरी पर भी फतह पा ली गयी, और इस पूरे इलाके पर भारतीय कब्जे से सीमापार से आ रहे घुसपैठियों के अभियान पर रोक लग गयी। इस साहसिक अभियान में 1 पैरा के एक अफसर और ग्यारह जवान शहीद हो गए और दो अफसर, दो जेसीओ ओर 68 जवान घायल। अपनी हिम्मत, अदम्य साहस और नेतृत्व के लिए मेजर दयाल को महावीर चक्र से सम्मानित किया गया। कुछ ही दिनों में उन्होने पदोन्नति पश्चात 1 पैरा की कमान संभाली। आगे चलकर वे लेफ्टि जनरल और आर्मी कमांडर बने, और सेवानिवृत्ति के बाद भी अंडमान और पांडिचेरी के गवर्नर के रूप में उन्होंने देश की सेवा की।

इस जाबाज़ अफसर ने अपनी आखिरी लड़ाई कैंसर के साथ लड़ी, और अंतः 29 जनवरी 2012 को वे इसके शिकार हो गए।

विपत्ति से जीत

लेफ्टिनेंट कर्नल संपूर्ण सिंह – बिदूरी

ब्रिगेडियर जोरू बख्शी ने 12,355 की ऊंचाई पर स्थित बिदूरी पर कब्जे के लिए 19 पंजाब को बांयी ओर अर्थात एक पैरा के पूर्व में जाने का निर्देश दिया। एक पैरा जहां संक पर हमले के लिए तैयारी कर रही थी वहीं 19 पंजाब के सीओ लेफ्टि संपूर्ण सिंह हमले के लिए उरी से 30 किलोमीटर मार्च कर अपने फारवर्ड एसेंबली एरिया 'एफएए' की ओर बढ़ते हुए अपने बटालियन की अगुवाई कर रहे थे। वे सभी 24 अगस्त की शाम एफएए पर पहुंच गए और रात भर रुककर वहां इंतजार किया।[5] मूसलाधार बारिश की वजह से उनकी दायीं ओर 1 पैरा को हमला शुरू करने में देरी हो रही थी। बारिश से बचने के लिए उनके पास अपनी हिफाजत के लिए बरसातियां काफी नहीं थीं। हमले की तैयारी और लक्ष्य की तलाश के बीच कर्नल सम्पूर्ण सिंह अपनी टुकड़ी का मनोबल बढ़ाने के लिए वहां गए और उनसे बातचीत करने लगे। उन्होंने आगे बढ़ने को लेकर उन्हें अंदर खलबली मची हुई थी।

बटालियन में सीओ कर्नल संपूर्ण सिंह का खौफ था लेकिन वह उनसे उतना ही प्यार भी करती थी। वह एक कड़क मिजाज के अधिकारी थे और एक ऐसी शख्सियत थे जो बिना किसी मलाल के अपने सैनिकों का नेतृत्व कर सकते थे क्योंकि वह उनके हर कठिन दौर में उनके साथ डटे रहते थे। अगर सैनिक बारिश में भीग रहे थे तो उनके सीओ उनके साथ बारिश में भीग रहे थे।

आखिरकार 25 अगस्त को दोपहर दो बजे इंतजार कर रही बटालियन को आदेश मिल गया। बारिश जारी थी इसलिए उनकी चाल धीमी पड़ गई थी और उन्हें आगे बढ़ने में बाधाएं आ रही थीं। फिर भी वे अपने रास्ते पर आगे बढ़े चले जा रहे थे। इस तरह हमलों में हिस्सा लेने वाले सैनिक आम तौर पर बचे रहने के लिए

---

[5] फॉरवर्ड अप प्लेस (एफयूपी) के हमले के लिए कूच करने से पहले फॉरवर्ड एसेंबली एरिया पर आम तौर पर हमलावर सेना कुछ ही घंटों के लिए कब्जा करती है – और तब तक टुकड़ियां युद्ध के लिए मानसिक रूप से मजबूत हो जाती हैं।

अपनी लड़ाई में मददगार रहने वाली वस्तुओं को साथ लेकर चलते हैं। प्रशासनिक चीजें पीछे रह जाती है और जंग के बाद फिर आगे बढ़ने की तैयारी रहती है। लेकिन वे जानते थे कि इस घाटी में तुरंत आगे बढ़ना संभव नहीं हो सकता, शुरूआती कार्यवाही के लिए उन्हें आत्मसंयमित रहने की जरूरत थी। इसका नतीजा था कि हर एक सैनिक को राशन, हथियारों का अतिरिक्त भार उठाकर चलना पड़ा जिसकी बदौलत वो अपना गुजारा चला पाते और लक्ष्य पर कब्जा करते।

योजना के मुताबिक उन्हें अपने मुख्य लक्ष्य बिदूरी पर कब्जे से पहले प्वाइंट 8336 (रिंग कंटूर)[6] पर अधिपत्य जमाना था। दुश्मन की मुख्य सेना से मुकाबले से पहले इस तरह के आब्जरवेशन पोस्ट (ओपी), लिस्टेनिंग पोस्ट (एलपी) या प्रोटैक्टिव पेट्रोलस (पीपी) को कब्जे से छुड़ाना था। ये सैनिक अमूमन आमने सामने की लड़ाई नहीं लड़ते लेकिन दुश्मन के रूख के बारे में पहले आगाह करते हैं। साथ ही अगर मुमकिन हो तो मुख्य सेना को मुकाबले के प्रति तैयार करने का थोड़ा समय देना होता है। इस तरह इन शुरूआती लक्ष्यों से थोड़ी ही चुनौती मिलती है।

रिंग कंटूर की ओर बढ़ने पर बटालियन को हाथलंगा नाला पार करना था। नक्शे पर यह महत्वपूर्ण नहीं था और छोटी धारा के तौर पर था लेकिन पिछले कुछ दिनों से भारी बारिश के कारण इसका बहाव तेज हो गया था। आगे तैनात सैनिकों ने जब इस स्थिति के बारे में बताया तो कर्नल संपूर्ण खुद ही जायजा लेने के लिए आगे बढ़े। उन्होंने फैसला किया कि इस महत्वहीन नाले को अपने मंसूबे में हस्तक्षेप नहीं करने देंगे और अपने सैनिकों को इसे पार करने को कहा। तमाम कोशिशों के बावजूद बटालियन के उस पार पहुंचने से पहले तीन सैनिक नाला के तेज प्रवाह में बह गए। पार करने पर आधी रात को अपना एफयूपी हासिल कर लिया और बिना देरी किये रिंग कंटूर पर हमला शुरू कर दिया। जैसा कि अंदाजा था 19 पंजाब के हमले से दुश्मनों को वहां से निकलना पड़ा। दो बजे वे अपने पहले लक्ष्य पर कब्जा जमा चुके थे।

फिर से संगठित होने के लिए कर्नल सम्पूर्ण सिंह मुश्किल से अपनी बटालियन को बिदुरी की ओर जाने के लिए नेतृत्व कर पा रहे थे। सूर्योदय से पहले अपने हमले को बढ़ाने की जरूरत को लेकर वह सावधान थे। उद्देश्य के अनुकूल 19 पंजाब ने 2000 यार्ड के दरम्यान को कवर कर लिया था और सुबह चार बजे उन्होंने बिदूरी पर हमला शुरू किया।

पाकिस्तानी सैनिकों जिन्होंने बिदूरी को हथिया लिया था उनको इस वक्त 19 पंजाब से पर्याप्त चेतावनी मिल रही थी कि अब रिंग कंटूर पर कब्जा कर लिया

---

[6] नक्शे की रेखाएं अंगूठी जैसी होने के कारण कई सारी पहाड़ियों को दिया जाने वाला एक सामान्य नाम।

जाएगा। वे अपने चट्टानों वाले बंकरों की मजबूत सुरक्षा में थे, बेहद तीखी चोटियों पर बैठे हुए थे। बिदूरी में पाकिस्तानी सैनिकों की ओर से मशीनगन से की जा रही अंधाधुंध गोलीबारी में आक्रमणकारी सैनिक मुश्किल से अपने एफयूपी से शुरूआत कर पाए। कर्नल सम्पूर्ण ने अपने बिखरे हुए सैनिकों को एकजुट किया और कई बार उन्हें आगे बढ़ाने की कोशिश की। परन्तु बेहद संकरी और सुरंगनुमा जगह होने के कारण वे पास से आती गोलियों से बुरी तरह प्रभावित हुए जिसने उनकी प्रगति को असंभव बना दिया। नजदीक से उन पर हमला करने का कोई रास्ता नहीं था और आगे बढ़ने का उनका हर प्रयास जबर्दस्त गोलीबारी के बीच गुजरता था। तब तक आसमान में बादल चढ़ चुके थे और पाकिस्तानी, मशीन गन से अब एक एक कर आगे बढ़ने का प्रयास कर रहे सैनिकों को निशाना बनाये जा रहे थे। सुबह 10 बजे तक आखिरकार हमला रुकने से पहले, छह घंटों तक वे बहादुरी से पाकिस्तानी फायरिंग का डटकर सामना करते रहे क्योंकि निश्चित हार को देखते हुए बिना सोचे समझे आगे बढ़ने का कोई मतलब नहीं था।

कार्यवाही की प्रगति की रिपोर्ट के आधार पर ब्रिगेड कमांडर ने बिदूरी को कब्जे में करने के लिए इस खास जगह को दुश्मन के फायदे में जाने का फैसला किया जिससे आगे बढ़ने के लिए वे बेहतर स्थिति में आ जाएं। इसलिए उन्होंने उत्तर पूर्व से बिदूरी जाने के बजाय एक अन्य वैकल्पिक रास्ता अपनाने का फैसला किया। 19 पंजाब को इसके मुताबिक उरी से पीछे हटने का आदेश दे दिया गया जो लगातार 48 घंटों से जंग में आगे बढ़ रहे थे और अब वे नैतिकता के आधार पर उनके मनोबल को बढ़ाने के लिए बाध्य थे। लेकिन कर्नल सम्पूर्ण सिंह ने अपने सैनिकों से बात की और उन्हें वादा किया कि उस दिन छोड़े गए कार्य को पूरा करने के लिए बटालियन को एक और मौका मिलेगा।

बिदुरी को कब्जे में करने के लिए 27 और 28 अगस्त को 4 राजपूत और 7 बिहार द्वारा दो असफल प्रयास किए गए। पाठकों को याद दिला दें कि 1 पैरा ने पहले ही 28 अगस्त को सुबह 10 बजे तक हाजी पीर पास को कब्जे में ले लिया था और इस जीत को कायम रखने के लिए वहां से किसी भी कीमत पर दुश्मन को हटाना जरूरी था।

कर्नल सम्पूर्ण ने अपने लक्ष्य को पाने के लिए विफलता से सीख रहे थे और चाहते थे उनके सैनिक अपने सम्मान को वापस पाएं। जब उन्होंने बिदुरी को कब्जे में करने की लगातार हार के बारे में सुना तब उन्होंने बिग्रेडियर बक्शी को अपने बटालियन को वहां अन्य हमला करने के लिए जोर दिया, उन्हें आश्वस्त किया कि इस बार वे निश्चित रूप से सफल होंगे। ब्रिगेड कमांडर इस बात से सहमत थे और 19 पंजाब को 29 अगस्त को दोबारा बिदुरी पर हमला करने का जिम्मा सौंपा।

उनके सैनिक अब तक बेहतर आराम ले चुके थे और दुश्मन पर धावा बोलने के लिए आतुर थे। यह बटालियन उत्तर–पूर्व की ओर बढ़ी और हमले की तैयारी में जुट गई।

चूंकि कर्नल संपूर्ण स्वयं बिदूरी में दुश्मनों के बंकर से उनके जबर्दस्त जवाबी हमले का अनुभव कर चुके थे, इसलिए वह सोच–समझकर हमले के लिए आगे बढ़ रहे थे जबकि अपने बल के सैनिकों के हताहत होने में भी कमी ला रहे थे। आम तौर पर सैनिकों की पैदल टुकड़ी के हमला करने से पहले गोलाबारी के जरिये दुश्मन के बंकरों को नुकसान पहुंचाकर उसे कमज़ोर करने की कोशिश की जाती है। लेकिन ये बंकर गोलाबारूद सहने में समर्थ थे, चाहे उनके ऊपर से बरसाए जाएं या बेहद नजदीक से। एक विचार पर सोचते हुए कर्नल संपूर्ण ने अपने बैटरी कमांडर मेजर ओबराय से बात की और उनसे समागम क्षेत्र के लिए 3.7 इंच के माउंटेन गन लाने का आग्रह किया। इन गनों को अग्रिम पंक्ति के सैनिकों के पीछे कुछेक किलोमीटर तक तैनात किया गया था। लेकिन अब इन गनों को लक्षित दुश्मनों के और नजदीक तैनात किया गया और बंकरों के बिल्कुल सामने सीधे गोली दागने का निर्देश दिया गया। गोलाबारूद के अब या तो इन बंकरों के अंदर या उनके सामने विस्फोट होने से घातक छर्रे उनके अंदर घुस जाते। दुश्मनों की हिम्मत को कम करने के साथ दुश्मन सैनिकों के बंकरों को नष्ट करने में एक ही बंदूक का अपरंपरागत उपयोग कई बैटरियों को संयुक्त कर किए जाने वाले हमले की तुलना में ज्यादा प्रभावी साबित हुआ। इसलिए बिदूरी के सामने उत्तरकृपूर्व में में दिखने वाले कम से कम कुछ बंकरों जिनका बटालियन के साथ सबसे पहले आमना सामना होता उन्हें शांत कर दिया गया।

मेजर वर्मा की अगुवाई में डी कंपनी को एफयूपी सुरक्षित करने और कैप्टन परमिंदर सिंह के नेतृत्व में सी कंपनी को बिदूरी पर कब्जा करने का जिम्मा सौंपा गया। कर्नल सम्पूर्ण ने बेहद सख्त और कड़क सिख कैप्टन परमिंदर से बात की। विशुद्ध पंजाबी के तौर पर वह उत्साहित होने के आदी थे, कर्नल सम्पूर्ण ने उनसे कहा, 'जट्ट दा पुत्ता है, चढ़ जानाउत्ते' ।[7] कैप्टन परमिंदर ने जवाब में अपनी सी कंपनी के सैनिकों से बात की। ये सभी जम्मू और कांगड़ा के बेहद वीर डोगरा थे और वे जाट सिखों की तरह ही अपने मार्शल परंपरा पर बहुत गर्व करते थे। दूसरे विश्वयुद्ध के दौरान बर्मा (अब म्यांमार) में अपना जौहर दिखा चुके उनकी कंपनी के सेकंड इन कमांड और स्वभाव से चिड़चिड़े सूबेदार दामोदर सिंह ने उन्हें आश्वस्त किया कि वे उनकी किसी भी उम्मीद को जरूर पूरा करेंगे।

---

[7] मोटे तौर पर इसका अनुवाद है, 'तुम जाट सिख हो और इसलिए निडर हो। आगे बढ़ो और चोटी पर चढ़ जाओ।'

सी कंपनी ने 29 अगस्त को एफयूपी को सायं साढ़े तीन बजे छोड़ दिया और धीरे–धीरे अपने लक्ष्य की ओर बढ़ने लगे। इस दिशा से उन्हें अपने लक्ष्य के प्रति एक बेहतर रास्ता मिला और इसलिए पिछली बार की तरह इस बार उन्हें परेशानियां कम आईं। साथ ही माउंटेन गन अपना काम बेहतर तरीके से कर रही थी और हमले के अधिक मुश्किल भागों में सामने पड़ने वाले बंकरों को पहले ही शांत करा दिया गया था। वे अधिक नुकसान के बगैर अपने लक्ष्य की ओर बढ़ रहे थे हालांकि उनकी गति धीमी और जानलेवा थी।

बिदूरी की चोटी के करीब बढ़ते हुए 19 पंजाब ने बेहद व्यवस्थित तरीके से बंकरों से होने वाले पाकिस्तानी हमले का जवाब दिया जो पैदल सैनिकों की गोली से प्रभावित नहीं हुए थे चूंकि वे दृष्टि से ओझल थे। पाकिस्तानियों की हिम्मत बहुत थी लेकिन 19 पंजाब की कठोर कार्यवाही लड़ने का उनका मनोबल तोड़ती दिख रही थी। बंकरों और टोहों पर हमले के बाद, छह बजे तक बिदूरी पर कब्जा कर लिया गया।

जैसा कि आमतौर पर पहाड़ों में होता है, सूरज निकलने के कारण तापमान में विपरीतता होती है जिसके कारण बिदूरी की चोटी पर धुंध छा गयी। कैप्टन परमिंदर ने वीयरली लाइटपिस्तौल से 'प्रीडिफाइंड कलरकोडेड फ्लेयर्स' पर गोली दागकर इलाके पर कब्जे का संकेत देते हुए इस सफलता की सूचना अपने सीओ को दी जो अपने मुख्यालय के साथ उनका अनुकरण कर रहे थे। कुछ ही देर के इंतजार के बाद सूरज की रोशनी मिलने से धुंध कोहरे में बदल गयी और कुछ समय तक बेहद अधीरता से इंतजार करने के बाद कर्नल सम्पूर्ण ने अपने रेडियो से कंपनी कमांडर से संपर्क किया और जानना चाहा कि अब तक उस जगह पर कब्जा क्यों नहीं किया गया। इस पर कैप्टन परमिंदर ने भी पंजाबी में जवाब दिया, 'फतेह कर लित्ता'।[8]

यही कारण था कि दुष्प्राप्य बिदुरी का इनाम आखिरकार हाथ में आ गया था। देशभक्ति से ज्यादा, किसी भी चीज से ज्यादा, यह "नाम" था उनकी बटालियन का जो मुश्किल से मुश्किल काम को भी अपने हाथ में लेने के एक सैनिक के जज्बे को दिखाता है और बड़ी शिद्दत से बलिदान करने से भी नहीं हिचकता। 19 पंजाब ने हारे हुए अपने लक्ष्य को जल्द से जल्द कब्जा करना सुनिश्चित कर अपने 'नाम' और 'इज्जत' को धूमिल नहीं किया। बेहद प्रसन्न कर्नल संपूर्ण ने अपनी बटालियन के ब्रिगेड कमांडर को इस जीत की खबर दी।

दोनों हमलों के दौरान उनके व्यक्तिगत नेतृत्व और हार को जीत में तब्दील करने के लिए किया गया पलटवार के लिए कर्नल सम्पूर्ण सिंह को महावीर चक्र से सम्मानित किया गया। बाद में उनकी पदोन्नति ब्रिगेडियर पद पर हुई।

---

[8] 'हमने इस पर कब्जा कर लिया।'

ऑपरेशन फौलाद – द लिंक अप (संलग्न)

हाजी पीर पर कब्जा करने की जनरल हरबक्श सिंह की समूची योजना में ऑपरेशन बख्शी एकमात्र ऐसा घटक था जिस पर उत्तरी हिस्से से निपटना था। दक्षिणी छोर पर पुराने पुंछ–उरी मार्ग पर दो विशाल क्षेत्र थे जो हाजी पीर दर्रे से होकर गुजरते थे। स्थानीय लोगों में राजा और चांद टेकरी (जिसे बोलचाल की भाषा में रानी कहते हैं जो राजा की तुलना में थोड़ा कम दुर्जेय था) के नाम से मशहूर इन दोनों क्षेत्रों को पाकिस्तानी सैनिकों ने परोक्ष किले के रूप में तब्दील कर दिया था। लेफ्टि जनरल हरबक्श सिंह के आकलन के मुताबिक, दोनों जगहों की समेकित ताकत एक सैन्य कंपनी से छोटी एक बटालियन थी जो 3.7 इंच की दो हॉविट्ज़र (बिदुरी में जवाबी हमले के लिए जिस बंदूक का इस्तेमाल कर्नल संपूरण सिंह ने प्रभावी तरीके से किया था उससे मिलता जुलता), 81 मिलीमीटर के दो मोर्टार, प्वाइंट 30 वाली आठ ब्राउनिंग मशीन गन और अन्य स्वचालित हथियारों से लैस थी। दुश्मन बंकरों के ऊपर से गोलाबारूद के हमलों से बचाने के लिए अच्छी तरह से किलेबंदी की गई थी। किसी भी स्थिति से मुकाबले के लिए वहां बारूदी सुरंग और कांटेदार तार बिछाए गए और हमलावर सैनिकों पर जवाबी हमला धीरे–धीरे ऊपर से नीचे उतरते हुए किया जा सकता था ताकि उन्हें दुश्मनों के बंकरों से ही आसानी से रोका जा सके।

पाकिस्तान इन दोनों दुर्जेय मोर्चों को सीएफएल के पास घुसपैठियों के लिए एक महत्वपूर्ण मंच मोर्चे के तौर पर इस्तेमाल कर रहा था 1 पैरा और 19 पंजाब द्वारा शुरू किए गए कार्य को पूरा करने के लिए हाजी पीर पर कब्जा करना और पाकिस्तान की घुसपैठ के मार्ग को ध्वस्त करना जरूरी था। यह कार्य लेफ्टि जनरल हरबख्श सिंह ने 25 इन्फैंट्री डिविजन (मेजर जनरल अमरीक सिंह की अगुवाई में) 93 इन्फैंट्री ब्रिगेड (ब्रिगेडियर जोरा सिंह की अगुवाई में) को सौंपा। 24 अगस्त को जब ले. जनरल हरबक्श राजौरी में विमान से जा रहे थे तब मेजर जनरल अमरीक ने उन्हें सूचना दी कि वह राजा और चांद टेकरी पर हमले के लिए और अधिक सैनिकों को इकट्ठा नहीं कर सकते, इसलिए 68 ब्रिगेड से इन जगहों को जोड़ने के साथ इन्हें उपमार्ग बनाने की उनकी योजना थी।

इस कदम का मकसद यह था कि इससे हाजी पीर के अंदर महत्वपूर्ण पहाड़ी भागों पर बैठे दुश्मन सैनिकों के पॉकेट को छोड़ दिया जाएगा जो भारतीय सैनिकों

के लिए वहां किसी भी गतिविधि के लिए लगातार खतरा बने हुए थे। लिहाजा, राजा और चांद टेकरी पर कब्जा करने की मियाद 3 सितंबर तक बढ़ा दी गई और आर्मी कमांडर ऑपरेशन के लिए 93 ब्रिगेड को एक और बटालियन, 2 सिख देने को राजी हो गए।

एक सितंबर को ब्रिगेडियर जोरा सिंह ने अपनी बटालियनों को राजा और चांद टेकरी पर कब्जा करने के आदेश दिए। ऑपरेशन क्रमशः दो चरणों में दो और तीन सितंबर को चला। पहले चरण में दो सितबर को 3 डोगरा को रात साढ़े नौ बजे, रिजर्व रखे गए 2 सिख के साथ रात 11 बजकर 59 मिनट पर हमला शुरू करना था और राजा पर कब्जा करना था। दूसरे चरण में तीन सितंबर को 2 सिख को सुबह 10 बजे चांद टेकरी पर कब्जा करना था। इसमें 3 डोगरा, 3 राजपूताना राइफल्स की एक कंपनी को रिजर्व में रखा गया था। शुरुआती हमले में 3 डोगरा सफल नहीं हो पाई और योजना 5 सितंबर के लिए बदल दी गई जिसमें 2 सिख को राजा चौकी और 3 डोगरा को चांद टेकरी पर कब्जा करना था।

राजा लित्ता, राजा दित्ता
लेफ्टिनेंट कर्नल एन एन खन्ना – राजा

ऑपरेशन फौलाद के तहत राजा और प्वाइंट 7702 (चांद टेकरी) के पाकिस्तानी मोर्चों पर कब्जे के लिए जब तक वे पुंछ पहुंचते, 2 सिख के अधिकारियों और जवानों को इस बात का आभास हो गया कि बैडमिंटन के खेल में शटलकॉक को कैसा लगता होगा। बटालियन करीब एक पखवाड़ा पहले ही अपने स्थायी ठिकाने जम्मू के दमाना स्थित 19 इंफेंट्री ब्रिगेड से आगे बढ़ते हुए छम्ब में 191 इंफेंट्री ब्रिगेड तक पहुंच गए थे। छम्ब में लगातार 12 दिन की कार्यवाही के बाद जब वे दमाना लौट रहे थे तो आधे रास्ते में उन्हें रोक कर पुंछ में 93 ब्रिगेड को रिपोर्ट करने को कहा गया और उन्हें उल्टे पांव लौटना पड़ा। लेकिन 2 सिख के सीओ लेफ्टि कर्नल एनएन खन्ना और पूरी पलटन[1] ने इन बदलावों को लेकर ज्यादा चिंता नहीं दिखाई। आखिरकार बटालियन का ऑपरेशन के दौरान बहुत बहादुरी का लम्बा इतिहास था और इस युद्ध में वे निश्चित तौर पर दमाना में बैठना नहीं चाहते थे।

सेवानिवृत्त सूबेदार दर्शन सिंह, जो युद्ध के दौरान इसी प्लाटून की चार्ली कंपनी में सिपाही थे, बताते हैं कि कर्नल खन्ना एक लंबे कद के पतले–दुबले अधिकारी थे जो अपने से आधी उम्र के जवानों और अधिकारियों से कहीं ज्यादा फिट थे। उनके बारे में विशेष तौर पर कहा जाता था, 'यह सच है कि सीओ होने के बावजूद वह सभी के साथ एक बड़े भाई जैसा व्यवहार रखते थे। वह हमसे अनौपचारिक रूप में बात करते थे और हमें पर्याप्त सम्मान देते थे।'

पुंछ पहुंचने पर कर्नल खन्ना ने ब्रिगेड मुख्यालय में रिपोर्ट किया और उन्हें आने वाले ऑपरेशन के बारे में संक्षिप्त जानकारी दी गई। ब्रिगेड कमांडर की योजना के मुताबिक, पहले चरण में राजा को कब्जे में करने के लिए 2 सिख को, 3 डोगरा के लिए रिजर्व के तौर पर रहना था – इनका वास्तविक कार्य दूसरे चरण के अभियान के दौरान था। लेफ्टि कर्नल खन्ना इस तथ्य से वाकिफ होते हुए भी विचलित नहीं

---

[1] बटालियन को स्थानीय भाषा में पलटन कहा जाता है।

हुए कि उनके पास अपना प्रारंभिक आक्रमण शुरू करने के लिए ज्यादा वक्त नहीं है। बहरहाल, उन्होंने अपना पहला दिन उस इलाके से खुद को परिचित करने में बिताया। यहां तक कि वह सेक्शन से लेकर कंपनी के तमाम कमांडरों को कुछ अग्रिम चौकियों तक ले गए जहां से लक्ष्य को साफ तौर पर देखा जा सकता था। वहां से कर्नल खन्ना ने लक्ष्य के विभिन्न हिस्सों को ध्यान से देखा और उन्हें उन पर हमला करने वाली कंपनियों तथा प्लाटून के बीच बांट दिया जिससे प्रत्येक कंपनी और प्लाटून कमांडर अपने–अपने लक्ष्य को देख सकें और इस ऑपरेशन के लिए खुद को पहले से तैयार कर लें।

हमले के लिए एकजुट होने को लेकर 3 डोगरा के भारतीय चौकियों में से एक (चौकी 405) की ओर बढ़ने के मद्देनजर 2 सिख ने 31 अगस्त की रात, मार्च करते हुए बिता दी। दोपहर में ब्रिगेड कमांडर से आदेश मिलने के बाद दोनों सीओ अपनी–अपनी बटालियनों में शामिल हुए। अपने आदेश देने के बाद और अंतिम तैयारियों का जायजा लेने के बाद दोनों सीओ चुने गए फॉरवर्ड एसम्बली एरिया (एफ़एए) तक अपनी बटालियानों को ले गये।

योजना के मुताबिक, 3 डोगरा ने पहले हमला करके राजा चौकी पर कब्जा करना था, और इस दौरान 2 सिख को एफएए में इंतजार करना था। राजा पर कब्जा होने के बाद उन्हें वहीं से आगे बढ़कर अगले चरण के दौरान चांद टेकरी पर धावा बोलना था। योजना के अनुसार, बटालियन ने इंतजार किया और 3 डोगरा को अपने गंतव्य की ओर बढ़ते हुए देखा। रात के अंधेरे में वे बंदूक की गोलियों की आवाज सुन सकते थे और उनके द्वारा उगली जा रही आग की जगमगाहट देख सकते थे। बीच–बीच में डोगरा सिपाहियों के जयकारे की आवाज़ें भी आ रही थीं। हमला शुरू होने के कुछ देर बाद कर्नल खन्ना 3 डोगरा की ओर से जीत के संकेत में दागी गई 'फ्लेर' देखकर बहुत खुश हुए। यह इस बात को जताती थी कि उन्होंने राजा पर कब्जा कर लिया था। कर्नल खन्ना ने अपनी दो अग्रिम कंपनियों को राजा की ओर बढ़ने को कहा, जहां उन्हें चांद टेकरी पर हमले के लिए एकत्रित होना था।

घने अंधेरे में उन्होंने आगे बढ़ना शुरू किया। अगुवाई करते दोनों कंपनी कमांडर – कैप्टन अनूप धरनी और कैप्टन सुरजीत सिंह ने यह रिपोर्ट दी कि उन पर राजा से गोलीबारी हो रही है। यह अनपेक्षित था क्योंकि राजा तो 3 डोगरा के कब्जे में होना चाहिए था। क्या ये राजा से भागते दुश्मन थे जो आगे बढ़ रही सिख टुकड़ी पर अनायास निशाना साध रहे थे? ऐसा होना तो नहीं चाहिए था, चूंकि तार्किक ढ़ंग से पाकिस्तानियों को चांद टेकरी से अपने कब्जे वाले इलाके यानि चांद टेकरी की ओर भागना चाहिए था, न कि हमलावरों की ओर। दोनों कंपनियों

के बिल्कुल पीछे मौजूद कर्नल खन्ना इसी सोच में लगे हुए थे कि एडजुटेंट मेजर सुखिंदर सिंह से उन्हें यह सूचना मिली कि 3 डोगरा एफएए की ओर वापस आ रही है और राजा पर वास्तव में कब्जा नहीं हुआ है।

बाद में यह बात सामने आई कि आक्रमणकारी डोगरा सैनिकों ने राजा की चोटी से थोड़ा नीचे की ओर एक दूसरी ऊंचाई को वास्तविक लक्ष्य समझ लिया था। इस पर कब्जा करने के बाद उन्होंने इस आसान जीत से खुश होकर जीत का संकेत दे दिया। लेकिन, उनकी खुशी थोड़े समय के लिए रही क्योंकि अब वे राजा इलाके की चोटी से की जा रही दुश्मनों की भारी गोलीबारी के बीच थे। इसलिए उन्हें एफयूपी की ओर वापस आना पड़ा, वह दिशा जहां से 2 सिख अपने हमले की तैयारी कर रही थी। सिख सैनिकों पर गोलीबारी राजा से की जा रही थी, जो अभी भी दुश्मन के कब्जे में था।

इस गड़बड़ी की सूचना ब्रिगेड मुख्यालय तक पहुंची और दोनों बटालियनों को वापस एसम्बली एरिया में आने को कहा गया तथा इसके बाद पुंछ वापस लौटने को कहा गया।

चार सितंबर को दोनों बटालियनों के पुंछ वापस लौटने के आधार पर, ब्रिगेड कमांडर ने उस दुर्भाग्यपूर्ण रात को क्या कुछ हुआ, इसका जायजा लेने के लिए एक कॉन्फ्रेंस बुलाई। 2 डोगरा कंपनी कमांडर ने वापस लौटने के कारण और राजा में दुश्मन की ओर से की जाने वाली तेज गोलीबारी के बारे में बताया। कर्नल खन्ना ने राजा को कब्जे में करने का काम अपनी बटालियन को दिये जाने का आग्रह ब्रिगेडियर कमांडर से किया। लेकिन उनकी शर्त ये थी कि तैयारी के लिए उन्हें दो दिन और दो रातों का समय दिया जाए। ब्रिगेडियर ज़ोरा तुरंत तैयार हो गए और यह फैसला किया गया कि सिख छह सितंबर की रात राजा पर हमला करेगी। लिहाजा, किसी भी हालत में घुसपैठ को जल्द से जल्द नियंत्रित करने के सरकार के भारी दबाव के कारण सेना मुख्यालय से इस संबंध में आदेश आने के बाद इस दिन को और पहले, यानी पांच सितंबर कर दिया गया।

नई ब्रिगेड योजना के मुताबिक अब बटालियनों के लक्ष्य आपस में फेरबदल कर दिये गए, यानी अब 2 सिख को राजा पर हमला करना था और 3 डोगरा को चांद टेकरी पर। साथ ही दोनों हमले पहले की योजना के विपरीत बारी–बारी की बजाए एक साथ किए जाने थे।

कर्नल खन्ना ने अपनी योजना को मूर्त रूप देने से पहले लक्ष्य को समझाने के लिए एक विस्तृत प्रारंभिक आक्रमण को अंजाम दिया। वह उसकी करीब से जांच कर सके और उन्होंने पाया कि राजा क्षेत्र दो चोटियों – 'लेफ्ट हाइट' और 'राइट हाइट' से बना है। यह वास्तव में लेफ्ट हाइट ही था जिसे डोगरा ने कब्जे में

लिया था और गलती से समझ बैठे थे कि उन्होंने पूरे इलाके पर कब्जा कर लिया है। दोनों चोटियों पर दुश्मन की मजबूत पकड़ थी और कर्नल खन्ना को यह लगा कि दोनों पर एक साथ आक्रमण करना कहीं बेहतर होगा। इससे दुश्मन को दोनों चोटियों से एक टुकड़ी पर लगातार गोलीबारी का मौका मिलने की संभावना कम रहेगी और इससे उन्हें डोगरा जैसी स्थिति की नौबत नहीं आएगी।

आगे अपनी योजना की सहायता के लिए कर्नल खन्ना ने दुश्मन की खबर लेने के लिए टोही गश्त भेजने का फैसला किया। कैप्टन अनूप धरनी और हवलदार उजागर सिंह के नेतृत्व में गश्त दल ने सीएफएल के पास एक बेहद खतरनाक अभियान के तहत दुश्मन की स्थिति का जायजा लिया। सिंह ने छुपकर बेहद पास जाकर रास्तों और रुकावटों का जायजा लिया। यहां तक कि वे दुश्मन पर पत्थर फेंककर उसका ध्यान आकर्षित करने में कामयाब रहे। जवाब में दुश्मन द्वारा की गई फाइरिंग से उन्होंने ये अंदाज़ा लगा लिया कि उसकी स्वचालित बंदूकें किधर तैनात की गई हैं।

इसलिए जब कर्नल खन्ना ने राजा को कब्जा करने का अपना निर्णायक आदेश दिया तब वह दुश्मन के मोर्चों के फैलाव के बारे में बेहतर तरीके से जानते थे तथा अपने बटालियन के काम की कठिनाईयों को पूरी तरह से समझ सकते थे। इस मुहिम में उन्हें उनकी कठिनाइयों को हरसंभव कम करना था, उन्होंने अपनी विशेष 106 एमएम रिक्वाइलेस (आरसीएल) गन[2] को राजा पर ऊंचाई से नजर रख रहे सेकंड लेफ्टि नौबहार चांद के अंतर्गत चौकी 406 पर रख दिया। जिस तरह से कर्नल सम्पूर्ण सिंह ने बेदोरी में हमले से पहले हॉविट्ज़र का इस्तेमाल किया था उसी तरह कर्नल खन्ना ने भी बिल्कुल सामने से इन गनों से दुश्मन के बंकरों पर फायर करने का आदेश दिया। इसलिए जब अपने एकत्रीकरण वाले क्षेत्र पर कब्जे के लिए बटालियन पुंछ से आगे बढ़ी तब इस अकेली टुकड़ी ने दुश्मन के कुछ बंकरों को नष्ट कर दिया। दुश्मन ने टुकड़ी पर वापसी गोलाबारी की लेकिन वे लगातार अपने मोर्चे और गोलीबारी में तबदीली ला रहे थे, और दुश्मनों के बंकरों को सीधे निशाना बनाने में सफल हो रहे थे।

विरोधी सैनिक भी रुक–रुककर गोले दागते रहे जबकि वे एकजुट होने वाली जगह पर टिके रहे लेकिन खुशकिस्मती रही कि ज्यादा नुकसान नहीं हुआ।

एक बेहद साहसी और अपरंपरागत कदम उठाते हुए कर्नल खन्ना ने एक साथ तीन कंपनियों से आक्रमण करने का फैसला किया (नक्शा 4)। पहाड़ों पर बटालियन अमूमन एक या अधिकतम दो कंपनियों के साथ आक्रमण करती है। कर्नल खन्ना

---

[2] यह चार जवानों के एक दल के साथ एक जीप पर चढ़कर हल्के वजन टैंक रोधी हथियार हैं।

की इस चाल का निहितार्थ था कि वह एकसाथ लगभग समस्त प्रतिपक्ष से संपर्क करने में सक्षम होंगे, दुश्मन को अज्ञात स्थान से गोलीबारी करने का मौका नहीं देंगे। इसका यह भी अर्थ था कि दुश्मन पर एक बड़ा मनोवैज्ञानिक दबाव पड़ेगा। इसका दूसरा पक्ष यह था कि इसमें बड़ी संख्या में सैनिकों के हताहत होने की आशंका थी और किसी आकस्मिक समय से निपटने के लिए उनके पास महज एक कंपनी रिजर्व में होगी। लेकिन, घटनाओं ने बाद में साबित कर दिया कि, जिसकी वह अपेक्षा कर रहे थे, उन्हें वैसा ही फल प्राप्त हुआ।

योजना वस्तुतः उस तरह से फलीभूत नहीं हुई, जैसाकि उल्लेख किया गया था, क्योंकि एफयूपी तक पहुंचने में देरी हो रही थी जिसके कारण ही आक्रमण करने के समय में भी करीब एक घंटा का वक्त लगा। भोर होने को थी, कर्नल खन्ना ने तीनों कंपनियों का इंतजार करने के बजाय अपने अपने संबंधित एफयूपी पर पहुंचने का फैसला किया और हमला एकसाथ शुरू किया। इसलिए ए कंपनी को इसके लक्ष्य का जिम्मा सौंपा गया जबकि अन्य कंपनियां अभी भी अपने एफयूपी की तरफ बढ़ रही थीं।

ए कंपनी के बहादुर सिख अपने लक्ष्य की ओर खड़ी चढ़ाई पर धीरे–धीरे बढ़ रहे थे, दुश्मन की भारी गोलीबारी का निशाना बनने की आशंका थी। 'खालसा' दुश्मन की गोली का सामना करते हुए आगे बढ़ रहे थे और हताहत होने से बेखबर रहते हुए वे एक–दूसरे में जोश भरने के लिए जयघोष कर रहे थे। बी कंपनी ने जल्द ही अपना हमला शुरू किया लेकिन हमले के कुछ ही देर के अंदर कंपनी कमांडर मेजर कैलाश कैली के घुटने में गोली लग गई। डी कंपनी का हमला भी उतना सफल नहीं रहा।

सिख 'गोली चलाओ और आगे बढ़ो' की रणनीति पर चलते हुए धीरे–धीरे आगे बढ़ते रहे – हमलावर सैनिकों का एक हिस्सा सुरक्षा घेरे के पीछे से दुश्मन पर गोलीबारी करता ताकि उन्हें झुकने पर मजबूर होना पड़े जबकि दूसरा हिस्सा अन्य उपलब्ध सुरक्षा घेरे में आगे बढ़ता जा रहा था। मोर्चाबंदी करने के बाद उन्होंने जवाब में गोलीबारी शुरू कर दी जबकि पहला समूह घुटनों के बल झुककर आगे की सुरक्षा का जिम्मा संभालता रहा। राजा पर दुश्मन सैनिकों ने बचाव की बेहतर तैयारी की थी, ऐसा करने के लिए उन्हें पर्याप्त समय मिल गया था। पत्थरों के बंकरों की छत ऊपर से पेड़ों के मोटे तनों से बनी थी जिसके ऊपर कई फुट ऊंची मिट्टी की परत डालकर ढ़क दिया गया था और उन्हें गोलीबारी से बचाने के लिए बिल्कुल प्रतिरोधक बना दिया गया था।

खाइयां बहुत गहरी थीं और सभी बंकर तथा खोह कंधे तक ऊंचे संचार संपर्कों से जुड़े थे। बाहरी घेरे के पास बारूदी सुरंग बिछा दी गई थीं जिनके

ऊपर नुकीले तारों से बने बाड़े से घेर दिया गया था। बी कंपनी के कारण कर्नल खन्ना बेहद करीब पहुंच गए थे और दिन की रोशनी में वे सभी तीनों कंपनियों को ठहरा हुआ देख सकते थे। विरोधी सैनिकों की अग्रिम पंक्ति तक वे बाड़नुमा रुकावटों तक पहुंच गए थे जो आगे की प्रगति में बाधक बन रहे थे। हमलावर सैनिकों को वहां तक पहुंचने में सक्षम बनाने के लिए इस तरह की बाधाएं आम तौर पर काफी मुश्किल पैदा करती हैं लेकिन ऐसा कर पाने में यह सफल नहीं हो पाया।

तारों की बाधाओं को पार करने का जब तक कि कोई रास्ता नहीं मिल जाता, उस बिंदु पर हमले के रुकने की पूरी संभावना थी। युद्ध के समय ऐसा भी समय आता है जब सब तरतीबें, समीकरण और एहतियात को छोड़ने की जरूरत पड़ती है और साहस दिखाने का मौका आता है। यह कुछ इसी तरह का पल था। कर्नल खन्ना ने इसके बाद जो किया वह अभूतपूर्व था। उन्होंने अपनी जर्सी निकाली, और उसे अपने सिर के चारों ओर बांधना शुरू कर दिया और अपनी कंपनी के सैनिकों के जोशीली आवाज में प्रेरित करने लगे। उन्होंने इन तारनुमा बाधाओं की ओर बढ़ना शुरू कर दिया। अपने सैनिकों को अपने गुरूओं को याद करने के लिए प्रेरित किया जो अपनी जान न्योछावर करने के सिवा कुछ नहीं सोचते थे, अपने चारों ओर आती दुश्मन की गोलियों से बेखबर उन्होंने बिना कुछ सोचे समझे तारनुमा बाधाओं की ओर आगे बढ़ना जारी रखा। नुकली तारों को पकड़कर उन्होंने एक पिकेट को नीचे गिरने पर मजबूर कर दिया और माइन बिछी हुई जगह से भी लगभग दौड़ते हुए दुश्मन के बंकर के करीब पहुंच गए। जैसे ही उन्होंने अपनी बेल्ट से एक ग्रेनेड बाहर निकालकर उसे बंकर के अंदर फेंका एक गोली दनदनाती हुई उनके हाथ आकर लग गई।

अपने सीओ के इस साहस भरे कार्य को देखकर पूरे बटालियन में नया जोश आ गया। उनका पुरुषत्व जागा और उन्होंने तारों की पिकेट को हटाते हुए जहां भी वे गए वहां हमला बोल दिया। जैसे ही सिखों की दुश्मन सैनिकों से मुठभेड़ हुई पूरा लक्ष्य अब जल्द ही गोलियों, संगीनों और लड़ते हुए सिपाहियों में उलझ गया, वे उनकी सुरक्षा से बाहर जाकर उनका पीछा कर रहे थे। अपने बंकर में छिपकर हमला कर रहे अचंभित पाकिस्तानी हमलावरों के इस अचानक आत्मघाती हमले के लिए तैयार नहीं थे। इनमें से कुछ ने आत्मसमर्पण कर दिया और कुछ सैनिकों को अपनी ओर आता देख भागने लगे। कर्नल खन्ना बहुत तकलीफ में थे वह पाकिस्तानी बंकर से चलाई गई एमएमजी की गोली का शिकार होने के कारण गंभीर रूप से जख्मी हो गए थे जिसपर वे अब तक कब्जा जमाए हुए थे। वह लड़खड़ाते कदमों से आगे बढ़ रहे थे और हाथ उठाकर अपने सैनिकों का जोश

बढ़ा रहे थे। बहुत सारा खून बहने के कारण धीरे–धीरे उन पर बेहोशी छाने लगी और अपने आखिरी काम उन्होंने अपने सैनिकों को उनके लिए प्राथमिक उपचार का डब्बा लाने को कहा न कि उनके गिरने की खबर देना, कदाचित इससे बटालियन का मनोबल गिर सकता था।

जैसे ही तीनों सिख कंपनियां दुश्मन को निर्दयता और दृढ़ता से निशाना बनाने लगीं वैसे ही अगले एक घंटे के लिए राजा का परिदृष्य आमने सामने की लड़ाई में बदल गया जिसका बखान नहीं किया जा सकता। व्यक्तिगत और सामूहिक वीरता का इतने कम समय में जो उन्होंने दृश्य पैदा किया और जिसके कारण यह उल्लेखनीय कार्यवाही हुई, उन्हें हर बार उतने ही सम्मान और न्याय के साथ याद किया जाता रहेगा। इनमें से कुछ के नाम हैं – लांस नायक छतर सिंह, जो अपने एक दल के शहीद हुए सदस्य के शव से अपने खंड के लिए गोलाबारूद की पूर्ति करते समय दुश्मन की भारी गोलीबारी के आघात का शिकार हुए और जख्मी होकर गिरने से पहले उन्होंने इस हथियार से सुरक्षा सुनिश्चित करने के बाद दुश्मन के एक एलएमजी पर हमला भी किया। गोली लगने से पहले लांस नायक हरि सिंह ने तार के पार दुश्मन बंकरों पर कई ग्रेनेड हमलों का नेतृत्व किया। बटालियन के खुफिया अधिकारी और सेकंड ले. केशव सिंह ने दुश्मन के बंकर पर हमला करने के लिए अनौपचारिक वर्ग में अपने आस पास सैनिकों को एकत्रित किया और दुश्मन के बंकर के कब्जे के लिए उनका नेतृत्व किया। इसे एक आधार की तरह इस्तेमाल कर वे कई और बंकरों के पास उसे कब्जे में करने के लिए आगे बढ़ गए।

जब भी एक कंपनी, प्लाटून या सेक्शन कमांडर युद्ध में गिरता है – और इनमें अधिकतर भी ऐसा ही करने लगे – तब स्वाभाविक रूप से स्वतः ही कोई कार्यभार संभाल लेता और लड़ाई जारी रखता। जूनियर नेतृत्व ने जो पहल दिखाई उससे यह सुनिश्चित हो गया कि किसी को भी आस पास नहीं झांकना पड़ा और आदेश का इंतजार नहीं किया।

सात घंटे से – राजा 2 सिख के कब्जे में था। बहरहाल, कर्नल खन्ना ने आखिरकार दम तोड़ दिया यहां तक कि उन्हें रेजिमेंटल सहायता चौकी भी ले जाया गया था। तभी किसी ने शोकाकुल होते हुए कहा 'राजा लित्ता, राजा दित्ता' (हमने राजा तो पा लिया लेकिन अपने नेताओं को खो दिया) अपने सीओ की क्षति के अलावा बटालियन में कई सैनिक हताहत हुए – 2 जेसीओ और 37 ओआर मारे गए, तीन अधिकारी, तीन जेसीओ और 96 ओआर जख्मी हो गए। शहीदों में बटालियन के जाबांज सिपाही शामिल थे – कई एथलीटों और खिलाड़ियों के बावजूद इसके हॉकी टीम के अधिकतर खिलाड़ियों ने बलिदान किया और टीम की कमान संभाली।

राजा के सैनिकों को रानी की तरफ से देखा गया

2 सिख जवानों द्वारा एमएमजी पर कब्जा किया गया क्षेत्र

युद्ध में अपने अभूतपूर्व नेतृत्व के लिए कर्नल खन्ना को मरणोपरांत एमवीसी से सम्मानित किया गया। उनके बारे में बात करके सूबेदार दर्शन सिंह की आवाज भर्रा जाती है, वह कहते हैं, 'आज 50 साल बाद भी कर्नल खन्ना के बारे में बात कर आंखों में आंसू छलक पड़ते हैं। वह वाकई में एक राजा थे।'

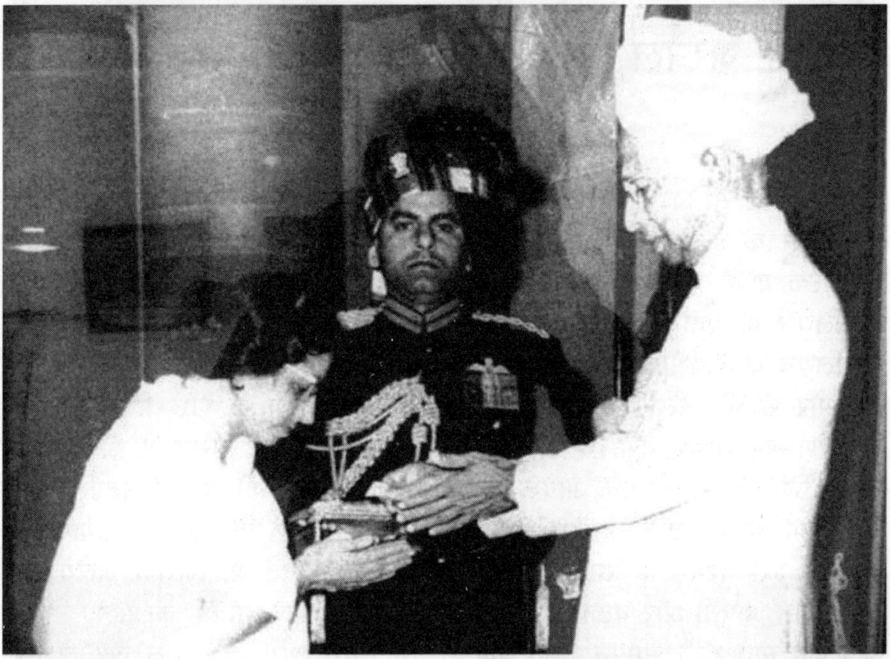

लेफ्टिनेंट कर्नल एनएन खन्ना की विधवा श्रीमती सावित्री खन्ना को
महावीर चक्र प्रदान करते राष्ट्रपति एस राधाकृष्णन

अदम्य

सिपाही जरनैल सिंह – राजा

2 सिख के सैनिक इस बात पर फक्र महसूस करते हैं कि उन्होंने अपने 200 साल के इतिहास में न केवल युद्धभूमि पर कई बार खुद को साबित किया है, बल्कि शांति के समय उनके खिलाड़ियों ने लगातार उन्हें सम्मान दिलाए हैं। बटालियन के एक स्टार खिलाड़ी सी कंपनी के सिपाही जरनैल सिंह थे। वह बटालियन के सर्वश्रेष्ठ बॉस्केटबॉल खिलाड़ी तो थे ही, उन्होंने सर्विसेज की टीम की ओर से भी खेला। छह फीट से लंबी उनकी काया के पीछे छिपा था, एक साधारण–सा शख्स, देसी घी और बॉस्केट बॉल जिसे बेहद पसंद थे, और जिसने अपनी जिंदगी में कभी एक आदेश की भी अवहेलना नहीं की। अपनी बटालियन के दूसरे साथियों की तरह जरनैल भी युद्ध में हिस्सा लेने के लिए हर दम तैयार रहते थे। वह इसे दुश्मन के साथ किसी मैच की तरह मानते थे, जिसके जरिये उन्हें अपने टीम, कंपनी और बटालियन के लिए अपना सर्वश्रेष्ठ झोंकने का मौका मिलता था। जब बात भारी सामान उठाने की हो, तो सबसे आगे रहने वाले जरनैल सिंह कंपनी में अपने सुरीले गायन के लिए भी खास लोकप्रिय थे। लेकिन आज उनकी यही प्रतिभा प्लाटून कमांडर के लिए मुश्किलें पैदा कर रही थी। जब बटालियन राजा पर धावा बोलने के लिए अपनी एफएए की ओर बढ़ी जा रही थी, तब लंबी पहलकदमी के दौरान जरनैल पूरे उत्साह के साथ तेज आवाज में लगातार गाने गाए जा रहे थे। मुमकिन है कि वह इसलिए प्रसन्न थे, कि उन्हें अंततः बटालियन को तैयार करने वाले नायकों के साथ काम करने और रणभूमि में खुद को साबित करने का मौका मिल रहा था। या फिर, यह हो सकता है कि वह यूं ही जोश में आ रहे थे। वजह चाहे जो भी हो, अपने प्लाटून कमांडर और कंपनी के सीनियर जेसीओ, सूबेदार गुरचरन सिंह की लाख चेतावनियों के बावजूद खुद को गाने से रोक नहीं पा रहे थे। फटकारे जाने पर बेशक कुछ देर के लिए वह खामोश हो जाया करते थे, मगर थोड़ी ही देर बाद रात के सन्नाटे में फिर से उनकी आवाज गूंजने लगती थी। जेसीओ साहिब की चिंता भी वाजिब थी। उन्हें डर था कि जरनैल की आवाज रात में दूर बैठे दुश्मनों के कानों तक भी पहुंच सकती थी।

जब वे एफएए पर पहुंचे, काफी फटकार के बाद जरनैल कुछ चुप थे, लेकिन उनकी गुनगुनाहट बंद होने का नाम ही नहीं ले रही थी। दोनों जेसीओ सकते में थे कि आखिर उनका किया क्या जाए। आखिरकार वे इस नतीजे पर पहुंचे कि कंपनी के कमांडर कैप्टन अनूप धरनी से मुलाकात की जाए और उनसे कहा जाए कि जरनैल को एफएए का गार्ड बनाकर यहीं छोड़ दिया जाए। कंपनी कमांडर उनकी आपत्ति से पूरी तरह सहमत थे, और उन्होंने इस फैसले पर अपनी मुहर लगा दी। जरनैल इससे निराश थे, मगर उनके लिए आदेश सर्वोपरी था। इस फैसले का विरोध करने का ख्याल तक उनके दिमाग में नहीं आया। वह निराशा से देखते रहे और उनके साथी जनरैल और बाकी एफएए पार्टी को छोड़कर आगे बढ़ चले। अगले कुछ घंटों के लिए जरनैल को भुला दिया गया, क्योंकि कैप्टन धरनी और जेसीओ साहबों को लड़ाई से जूझना पड़ गया। भारी लड़ाई के बाद जब दुश्मनों को उखाड़ फेंका गया, सबसे पहले कैप्टन धरनी दुश्मन के मुख्यालय बंकर में पहुंचे। सब–कुछ तहस–नहस था। दुश्मन सैनिकों की लाशें चारों ओर छितराई हुई थीं। उन्होंने वहां एक पाकिस्तानी कैप्टन की लाश को भी देखा, जो शायद इस पोस्ट का कमांडर था। इस लाश को उन्होंने नजदीक से देखा। पिस्तौल अब तक लाश के हाथ में थी, और लाश पेट के बल पड़ी थी। जब कैप्टन धरनी ने उस लाश को पलट कर देखा, तो उन्होंने पाया कि गोली पाकिस्तानी अधिकारी की छाती पर लगी थी।

कैप्टन धरनी ने चारों ओर देखकर महसूस किया कि कमांड पोस्ट की स्थिति कुछ ऐसी थी, कि यह गोली नीचे से धावा बोलने वाली टुकड़ी की तरफ से नहीं चल सकती थी। दो ही बातें हो सकती थीं। या तो पाकिस्तानी कैप्टन ने खुद को गोली मार ली होगी, या फिर उनसे पहले यहां कोई और पहुंच चुका था। तभी उनकी नजर वहां पड़ी एक और लाश पर पड़ी, जिसकी यूनिफॉर्म गहरे हरे रंग की थी। यह लाश खाकी यूनिफॉर्म पहने पाकिस्तान के दूसरे सैनिकों की लाशों से अलग पहचान में आ रही थी। यह लाश थी, उस उत्साही गायक जरनैल सिंह की, जिसे नियमों के अनुसार उस वक्त एफएए में हथियारखाने की सुरक्षा में होना चाहिए था। अनूप ने अनुमान लगाया कि युद्ध में खुद को साबित करने का सुनहरा मौका गंवाने से नाखुश जरनैल ने एफएए को छोड़ दिया होगा। सी कंपनी के एफएए को छोड़ कर आगे बढ़ने के बाद जरनैल शायद बी कंपनी के साथ जुड़ गया होगा। उन्होंने सोचा कि शायद जरनैल दुश्मन के मुख्यालय (राजा) तक पहुंचने वाला पहला व्यक्ति होगा। यह महज संयोग था या फिर जरनैल को दुश्मन के मुख्यालय पर हमला करने के महत्व का एहसास था, पाकिस्तानी कैप्टन को उसने मारा या फिर जरनैल के पहुंचने से पहले ही ऑफिसर मर चुका था? ये कुछ ऐसे सवाल

थे, जिनके जवाब कभी मिल नहीं सके। मगर यह तय था कि जरनैल ने अपनी जिंदगी में पहली बार आदेशों की अवहेलना की।

छम्ब – ग्रांड स्लैम

ऑपरेशन जिब्राल्टर की नाकामयाबी और हाजी पीर व दूसरी जगहों में भारतीय सेना की आक्रमकता से परेशान पाकिस्तान ने जम्मू–कश्मीर के छम्ब–जौरियान सेक्टर में भारी हमले की ठान ली। हालांकि इस क्षेत्र में पाकिस्तान की ओर से हलचल की जानकारी भारतीय कमांडरों को अगस्त के अंतिम सप्ताह में ही मिल चुकी थी, और यह क्षेत्र पाकिस्तान के हमले का सबसे संभावित क्षेत्र भी माना जा रहा था। मगर, फिर भी किसी को यकीन नहीं था कि ऐसा करके पाकिस्तान पूर्ण युद्ध का दुस्साहस करेगा।

पहाड़ों की खुली तलहटियों और कई नालाओं के इसमें से गुजरने के बावजूद यह इलाका कश्मीर घाटी के दूसरे क्षेत्रों के विपरीत टैंको के लिए बिल्कुल माकूल था। इस क्षेत्र में पाकिस्तान को मिलने वाली कामयाबी कश्मीर में भारत की स्थिति को कमजोर कर सकती थी। जम्मू–राजौरी–पुंछ राजमार्ग इस इलाके में स्थित अखनूर पुल के ऊपर से जाता है। इस पुल पर पाकिस्तानी कब्जे का मतलब होता, राजौरी और पुंछ का संपर्क भारत से टूटना, और पाकिस्तान का इस पूरे इलाके पर आसानी से कब्जा। इससे दुश्मन सेनाएं जम्मू के काफी नजदीक पहुंच जाती, जिससे वहां शत्रु सेना की गोलाबारी का खतरा भी बढ़ने लगेगा। और अगर जम्मू पाकिस्तान के कब्जे में आ गया, तो फिर कश्मीर पर कब्जा करने में भी उन्हें देर नहीं लगेगी। इस क्षेत्र की सुरक्षा की जिम्मेदारी थी 191 इन्फैंट्री ब्रिगेड ग्रुप के कमांडर बिग्रडियर मनमोहन सिंह की। इसके लिए उन्हें अतिरिक्त सेना मुहैया कराई गई थी। मगर, इसके बावजूद इतने बड़े क्षेत्र को संभालना किसी भी ब्रिगेड के लिए काफी मुश्किल चुनौती थी। एक सितंबर को सुबह साढ़े तीन बजे 6 सिख लाइट इन्फैंट्री (एलआई) और 3 माहर पर दो से तीन घंटे तक घनघोर गोलाबारी हुई। बटालियन के उत्तर में दुश्मन की हथियारबंद गाड़ियां देवा और मंडालिया तक पहुंच चुकी थीं। 3 माहर के उत्तर में भी हमला हो चुका था। दोपहर तक 6 सिख एलआई को चारों ओर से घेर लिया गया था और 20 लैंसर्स की सी स्क्वॉड्रन की कार्यवाही के चलते आगे की प्रक्रिया थोड़ी धीमी हो गई थी।

इसके बाद रक्षा मंत्रालय ने हवाई हमले की मंजूरी दे दी। समय निर्धारित किया गया शाम के चार से पांच बजे के बीच। पठानकोट एअरबेस से 26 लड़ाकू हवाई जहाज लॉन्च किए गए। इन हमलों में दुश्मन के साथ अपनी सेना को भी नुकसान उठाना पड़ा। पाकिस्तानी वायुसेना ने हमलावर विमानों में से चार को गिरा दिया।

15 कुमांऊ टुकड़ी पर दोपहर बाद हमला किया गया और दो कंपनियां काबू में ले ली गईं। इस वक्त स्थिति इतनी खराब हो चुकी थी, कि 3 माहर और 6/5 गोरखा राइफल्स को अखनूर से पीछे हटने के लिए कहा गया। 6 सिख एलआई पीछे तो नहीं हटी, मगर तितर–बितर हो गई। पाकिस्तानी सेना ने रात को मुनव्वर तावी को पार किया और रात 10 बजे नदी के पूर्व में पहुंच गए। हालत बेहद तेजी से नाजुक होती जा रही थी। 2 सितंबर को पाकिस्तान ने जौरियान के पास हवाई हमले करके भारत के लिए मुश्किलें बढ़ानी शुरू कर दीं। इससे मौतों की तादाद के साथ नुकसान की मात्रा भी काफी बढ़ गई। 10 इन्फैंट्री डिविजन का नवनिर्मित हेडक्वार्टर 28 अगस्त को जिम्मेदारी लेने को बिल्कुल तैयार हो गया, और 1 सितंबर से इसे स्थिति पर काबू पाने की कार्यवाही को आगे बढ़ाने को बोला गया। दिलचस्प बात यह है कि अब तक फायदे में रही पाकिस्तानी सेना और फायदा उठाने की बजाय एकदम से खामोश हो गई थी। इसकी वजह यह थी कि पाकिस्तानी मुख्यालय के आदेशानुसार मेजर जनरल याह्या खान (जो बाद में पाकिस्तान के फौजी शासक बने) ने इस हलवार सेना की कमान मेजर जनरल मलिक से संभाली। ऐसे में, जब तक नया कमांडर पूरी तरह स्थिति को समझ कर नए आदेश जारी नहीं कर देता, तब तक भारतीय सेना के पास मौका था कि वे अपने सुरक्षा तंत्र को विभिन्न स्तरों पर पुख्ता बना ले।

3 सितंबर को जब पाकिस्तानी सेना ने अपना अभियान फिर से शुरू किया, तब भारतीय सेना इसके लिए पहले से बेहतर ढंग से तैयार हो चुकी थी। भारतीय सेना जौरियां पर काबू कर सकती थी, मगर 4 से 5 सितंबर की रात तक वह अपनी स्थिति पर थमे रहे। पाकिस्तानी सेना को इस क्षेत्र के परे रोक दिया गया था। और इसी के साथ नतीजे पलटने शुरू हो गए। इसी दौरान भारतीय सरकार ने सेना को अनुमति दे दी कि वह पंजाब में एक नया मोर्चा खोलकर पाकिस्तान के खिलाफ लड़ाई में तेजी लाए। 6 सितंबर को भारतीय इलेवन कॉर्प्स ने लाहौर में बहुस्तरीय हमले की शुरुआत कर दी। 8 सितंबर सियालकोट पर भी भारतीय फर्स्ट कॉर्प्स ने हमला बोल दिया। पाकिस्तान को मजबूर होकर अखनूर क्षेत्र से अपनी सेनाएं वापिस बुलानी पड़ी ताकि सियालकोट क्षेत्र में स्थितियों को नियंत्रित किया जा सके। पाकिस्तानी सेनाएं सिमटने लगीं और भारतीय सेना खोए हुए क्षेत्र को फिर से पाने की तेज कोशिशें करने लगीं। इससे अखनूर पर जो संकट के बादल मंडरा रहे थे, वे दूर होने लगे। 23 सितंबर को युद्धविराम की घोषणा के पहले भारतीय सेना ने बहुत से क्षेत्रों पर फिर से कब्जा कर लिया। हालांकि युद्ध विराम की घोषणा के बाद भी पाकिस्तान कुछ खाली चौकियों पर कब्जा करने की कोशिशें करता रहा, वहीं भारतीय सेनाएं अक्टूबर 1965 तक चले इन तमाम हमलो को रोकने में लगी रही।

अदम्य साहस

लेफ्टिनेंट कर्नल जी एस सांघा – छम्ब

लेफ्टिनेंट सांघा का संबंध एक ऐसे परिवार से था, जिसके पास सेना में सेवा की लंबी और गौरवपूर्ण परंपरा थी। कर्नल सांघा के पिताजी, दादाजी और कई सगे–संबंधी देश की सेवा के लिए सेना में भर्ती हुए थे। मूलतः कर्नल सांघा का चुनाव सिख रेजिमेंट के लिए किया गया था, लेकिन बाद में उनका तबादला महार रेजिमेंट के सर्वोत्कृष्ट मशीनगन इकाई में कर दिया गया, जिसका उन्हें नेतृत्व करना था। शीघ्र ही वे सीओ बना दिए गए और बटालियन को नियमित इन्फैंट्री (पैदल सेना) बना दिया गया, जिसका नाम रखा गया 3 महार।

बटालियन जौरियां में सीएफएल पर तैनाती की अपनी अवधि को पूरा कर चुकी थी और अब उसे अंबाला 7 माउंटेन ब्रिगेड में जाने का आदेश मिला था। इसी दौरान सीमा पार से बड़े पैमाने पर घुसपैठ की घटनाओं में तेजी आ गई। वे तब तक अपने हथियार और गाड़ियों को, कार्यभार लेने के लिए आए 2 सिख को सौंप चुके थे।[1] जब पाकिस्तान द्वारा भारी घुसपैठ करने की खबरें आई तब घुसपैठ को करारा जवाब देने हेतु ऑपरेशन के सचालन के लिए बटालियन ने बिना अपने भारी हथियारों और गाड़ियों के देवा–छम्ब–जौरियां क्षेत्र में कूच किया।

बिना खाए–पिए बहुत ही कठिन परिस्थितियों में इस ऑपरेशन का संचालन करते हुए बटालियन ने 14 घुसपैठियों को पकड़ लिया और चार को मुठभेड़ में मार गिराया। 15 अगस्त को पाकिस्तानी तोपों ने अपने क्षेत्र से भारी गोलाबारी की जिसे एअर ओपी के विमानों द्वारा भी सहायता मिल रही थी। ब्रिगेड कमांडर, ब्रिगेडियर बीएफ मास्टर देवा के पास स्थित किसी सुरक्षित स्थान से नियोजित अभियान चलाने के लिए निर्देश दे रहे थे, और उनका पूरा दल दुश्मन की भीषण गोलाबारी

---

1 जब इन्फैंट्री इकाइयां स्थायी तबादले पर एक भूमिका से दूसरे भूमिका के लिए जाते हैं, वे अपने सभी भारी हथियार और वाहनों को, चार्ज लेने वाले इकाई को सौंप देते हैं, और इसी प्रकार से नई जगह पर जिनका वे स्थान लेते हैं, उनसे ये सभी साधन प्राप्त कर लेते हैं।

के बीच फंसा हुआ था। ब्रिगेडियर मास्टर अपने साथी अधिकारियों के साथ इस कार्यवाही में शहीद हो गए। भीषण गोलाबारी से संचार सेवा में अस्थायी रुकावट आ गई थी। नतीजतन कोर मुख्यालय को, भेजे गए सैन्य टुकड़ियों के बारे में कोई जानकारी नहीं मिल रही थी। इससे इस आशंका को बल मिल रहा था कि, कहीं पाकिस्तानी सेना के हाथों 3 महार के बटालियन के साथ कोई अनहोनी तो नहीं हो गई। लेकिन कर्नल सांधा ने अपने स्तर से अपने सैन्यकर्मियों को विश्वास दिलाया और उन्हें मंडियाला की चोटी पर तैनात होने का आदेश दिया, और फिर बटालियन परिस्थिति पर काबू पाने के लिए हमलों का जवाब देने में जुट गई। कर्नल सांधा की सूझबूझ के कारण 3 महार ने जौरियां की ओर बढ़ रहे घुसपैठियों को रोकने में कामयाबी पाई। जौरियां में पाकिस्तान द्वारा भारी गोलाबारी के कारण वहां भारतीय सैनिक तितर–बितर हो गए थे, जिससे घुसपैठियों के लिए वहां से बच निकलने का आसान मौका था।

इस क्षेत्र में घुसपैठियों की चहलकदमी को प्रभावी रूप से रोक दिया गया था, लेकिन वे अभी भी पाकिस्तान लौटने के बजाय भारतीय सीमा में ऊंचे स्थानों पर अपनी स्थिति को मजबूत बनाए हुए थे, और उन्हें यहां से खदेड़ना बहुत जरूरी था। इन जगहों में ललिआली, पोस्ट 707 और नथुआन टिब्बा शामिल था। 17 अगस्त को 3 महार के बी कंपनी को कर्नल सांधा ने मायरा में घुसपैठियों पर हमला करने के लिए भेजा। दुश्मन की ओर से लगातार हो रही गोलाबारी के बीच कैप्टन एबी कुलकर्णी के नेतृत्व में सैनिकों ने छह मील के विकट मार्च के बाद दुश्मनों को खदेड़ दिया और पोस्ट पर कब्जा कर लिया। 21 अगस्त को, नथुआन टिब्बा पर कर्नल सांधा ने स्वयं सी कंपनी का नेतृत्व किया और एक साहसी बायोनेट हमले के बाद दुश्मन भाग खड़े हुए, इसमें केवल दो भारतीय सैनिक घायल हुए। अगले दिन, बी और सी कंपनियों ने 707 पोस्ट को दुश्मनों से मुक्त करा लिया, वहीं ए और बी कंपनियों ने ललिआली पर कब्जा कर लिया।

इन स्थानों से सफलतापूर्वक दुश्मनों का सफाया करने के बाद, बटालियन को यहां तैनात रहने और अब आगे होने वाले किसी घुसपैठ को रोकने का निर्देश दिया गया। 3 जेएके मिलिशिया की एक कंपनी को कर्नल सांधा के नेतृत्व में सौंपा गया। जब 1 सितंबर को पाकिस्तान की ओर से हमला किया गया तब, ललिआली क्षेत्र में तैनाती की गई। महार और जेएके मिलिशिया मोर्चों पर शाम ढलने तक तोपें और मोर्टार आदि दागे जाते रहे। सुबह सभी ने अपने चारों ओर से टैंक की आवाजें सुनी। शीघ्र ही जेएके मिलिशिया कंपनी कमांडर ने अपने ठिकानों पर सीधे टैंक फायरिंग की रिपोर्ट दी और उसके कुछ क्षण बाद ही, इस कंपनी से संपर्क

टूट गया। शीघ्र ही, चार्ली कंपनी भी भारी टैंक फायर की चपेट में आ गई। दुश्मन बदनियती के साथ बड़ी तेजी से आगे बढ़ता चला आ रहा था।

पैदल सेना जो कि जमीन के एक हिस्से की रक्षा करती है, के लिए टैंक शायद बहुत ही डरावना और विनाशकारी शत्रु होता है। टैंक उसमें लगे मुख्य बंदूक की मदद से अपने प्रतिद्वंद्वियों पर सीधे हमला करने की क्षमता रखता है और बहुत पास से 20–30 किलोग्राम के विस्फोटकों और धातु को फायर करता है। इसमें द्वितीयक शस्त्रीकरण की भी व्यवस्था होती है, जो कि इन्फैंट्री के एमएमजी के समान होती है। यह बहुत उच्च दर से गोलियों की बौछार करती है। टैंक का सामना करने के लिए इन्फैन्ट्री बटालियन के पास जीप पर लगे आरसीएल राइफल और कंधे से फायर किए जाने वाले रॉकेट लॉन्चर या टैंक रोधी निर्देशित मिसाइल जैसे टैंक रोधी हथियार होते हैं। इन्फैंट्री के सिपाहियों के छोटे हथियारों जैसे राइफल, ग्रेनेड और मशीनगन, स्टील की मोटी परत के पीछे सुरक्षित बैठे टैंक के चालक दल को बहुत हल्के रूप से प्रभावित करते हैं। अतः टैंक प्राणघातक फायर करते हुए इन्फैंट्री की ओर न केवल बढ़ सकता है बल्कि उनपर चढ़ाई कर सकता है और ट्रैक पर कुचलकर मार सकता है। 3 महार के सैनिक इस अंतिम खतरे से सुरक्षित थे क्योंकि कर्नल सांघा ने उन्हें ऊंचे स्थानों पर तैनात कर दिया था, जहां पर टैंक का चढ़ना मुमकिन नहीं था। फिर भी नीचे टैंक की उपस्थिति से सैन्यकर्मियों पर खतरा मंडरा रहा था और टैंक की निर्दयतापूर्वक फायरिंग से स्थिति बहुत सुखद और कम खतरनाक नहीं थी।

स्टील की मोटी परतों के पीछे छिपे दुश्मन लगातार आगे बढ़ते जा रहे थे और धीरे–धीरे चारों ओर से भारतीय सैनिकों को घेर रहे थे, उनका मुकाबला करने के लिए बटालियन के पास उनकी राइफलों और मशीनगन के अलावा कुछ भी नहीं था। जैसा कि पहले उल्लेख किया गया है कि इस इकाई के अंबाला में तबादले के मद्देनजर इनका टैंक–रोधी हथियार 2 सिख को सौंप दिया गया था। कर्नल सांघा ने ब्रिगेड मुख्यालय से बात की और उन्हें अपनी परिस्थिति की अनिश्चितताओं से अवगत कराया। कर्नल सांघा को उधर से तोप और हवाई सहायता का आश्वासन मिला और उन्हें बताया गया कि शीघ्र ही उनकी सहायता के लिए टैंक भी भेजा जाएगा, तथा उनसे कहा गया कि वे किसी भी कीमत पर अपने ठिकानों पर कायम रहें। इनमें से कोई भी सहायता का वादा पूरा नहीं किया गया, लेकिन 3 महार के सैनिक ने सभी विपरीत परिस्थितियों में यथा स्थिति कायम रखी, यह एक ऐसी उपलब्धि है, एक ऐसा उच्चस्तरीय नेतृत्व जिसने उन्हें और मजबूती से खड़े होने के लिए प्रेरित किया।

1 सितंबर की रात तक 3 महार और 9 पंजाब को छोड़कर बाकी बचे ब्रिगेडों को मुन्नवर तवी नदी से पीछे आने का आदेश दिया गया। उन्हें यहां तैनात होने और दुश्मन को रोकने के लिए कहा गया। बहुत जल्दी बटालियन का संवाद ब्रिगेड से भी कट गया। सेना के प्रेरणा पंफलेट पर लिखा होता है, 'अकेले होने का भाव' डर और खलबली का माहौल बनाने वाले कारणों में से एक होता है। यह समझा जा सकता था कि यदि यह डर अपनी–अपनी जगह पर तैनात 3 महार के सैनिकों के मन में बैठ जाए कि, उनका संपर्क अपने सैनिकों से कट चुका है, और वे चारों ओर से दुश्मन के टैंकों और सैन्य टुकड़ियों से घिर चुके हैं, भयावह स्थिति उत्पन्न हो सकती थी। यह कर्नल सांघा का व्यक्तिगत नेतृत्व ही था जिसने डर का माहौल व्याप्त नहीं होने दिया।

सभी विपरीत परिस्थितियों के बावजूद और बिना किसी बाहरी सहायता के बटालियन डटी रही। 2 सितंबर को मजबूत शत्रु बल ने टैंक और तोप की ज़बर्दस्त फायरिंग से ललिआली पर चढ़ाई कर दी। भारतीय सेना की कंपनी ने अपने क्षेत्र में दुश्मन सैनिकों को 250 गज तक अंदर घुसने तक फायरिंग बंद रखी, और उसके बाद 3 इंच के मोर्टार और छोटे हथियार वाले सेक्शन, 'एमएमजी सेक्शन' से फायरिंग शुरू कर दी। काफी नजदीक से ज़बर्दस्त फायरिंग होने से दुश्मन हताश हो गया और वह तेजी से पीछे हटा, इस मुठभेड़ में दुश्मन के 11 सैनिकों का मार गिराया गया। इस कार्यवाही में कंपनी के सेकेंड–इन–कमांड सहित दो जवान शहीद हो गए और दो जवान घायल हुए। इस बहादुरी के लिए सुबेदार धोंडिबा लोंधे और सिपाही बाबू धेरे को मरणोपरांत क्रमशः सेना मेडल और मेंशन–इन–डिस्पैच से सम्मानित किया गया।

उसी दिन रात्रि 8 बजे बटालियन का ब्रिगेड के साथ संपर्क टूट गया, उन्हें 9 पंजाब कमांड के अंतर्गत शामिल होकर दुश्मनों को जब तक मुमकिन हो, रोके रखने और उसके बाद कालीधार वापस आने का आदेश मिला था। रात के समय ललिआलि पोस्ट पर दुश्मनों ने एक बार फिर से धावा बोल दिया। अब इस पोस्ट के पास मोर्टार आयुधों की कमी हो चली थी। बिना किसी तोप की सहायता के पोस्ट पर डटे रहना असंभव था। अतः कंपनी पीछे हटी और उसके बाद समूची बटालियन ने दक्षिण में इखनी नाला और उत्तर में घोरा पर सुरक्षा बॉक्स बना लिया।

3 से 5 सितंबर के बीच दुश्मनों द्वारा उन्हें जगह छोड़ने के लिए किए गए कई प्रयासों को बटालियन ने विफल कर दिया, दुश्मनों के आक्रमणों का जवाब देते हुए उन्हें भारी क्षति पहुंचाई। इस बीच भारतीय ठिकानों पर दुश्मन की ओर से लगातार गोलाबारी होती रही। लेकिन विरोधी सैनिकों का कोई भी प्रयास उन्हें डिगा नहीं पाया। 4 सितंबर को 9 पंजाब के माध्यम से ब्रिगेड के साथ संपर्क पुनर्बहाल हो

गया और बटालियन को जनरल ऑफिसर कमांडिंग (जीओसी) 15 कोर की ओर से बधाई का व्यक्तिगत संदेश प्राप्त हुआ। इसमें ऐसी मुश्किल परिस्थितियों में कर्नल सांघा द्वारा निभाई गई व्यक्तिगत भूमिका के लिए उनकी प्रशंसा की गई थी।

6 सितंबर को पंजाब में भारतीय सेना की आक्रामकता की एक खबर 3 महार के पास पहुंची। खबर वास्तव में अच्छी थी, क्योंकि जैसा कि कर्नल सांघा ने अपने दल को बताया कि पाकिस्तानियों को अब पंजाब में अपनी स्थिति को मजबूत करने के लिए इस क्षेत्र से पीछे हटने के लिए मजबूर होना पड़ेगा। उन्हें कहा गया था कि पीछे हट रहे दुश्मन के कॉलम पर नजर रखी जाए और जितना हो सके उन्हें नुकसान पहुंचाया जाए।

बटालियन ने युद्ध के अंत तक इस क्षेत्र में अपना ऑपरेशन जारी रखा। छम्ब–देवा–जौरियां क्षेत्र से घुसपैठियों को बेदखल करने और अखनूर को अलग

छम्ब सेक्टर में भारतीय सुरक्षा जवान

करने का पाकिस्तान के सपने को कुचलने के लिए बटालियन का योगदान उल्लेखनीय था। भीषण गोलाबारी के बीच और दुश्मनो के भारी संख्या बल, बख्तर तथा फायरिंग संसाधनों के विरुद्ध, बिना किसी संसाधन की सहायता के उनका डटकर मुकाबला करने के साहस का जयजयकार किया गया। बेहद प्रतिकूल परिस्थिति में भी सराहनीय नेतृत्व करने के लिए कर्नल सांघा को एमवीसी से सम्मानित किया गया।

कर्मठ और दृढ़प्रतिज्ञ

लेफ्टिनेंट कर्नल पी के नंदगोपाल – कालीधर

जब उन्हें वापस आने और अपने बटालियन में शामिल होने का आदेश मिला, तब लेफ्टिनेंट कर्नल पगडाला कुप्पुस्वामी नंदगोपाल अपने गृह शहर कोलार (सोने की खान के लिए प्रसिद्ध है) में बाकी बची हुई लंबी छुट्टी बिता रहे थे। उन्होंने अपने घर वालों से विदाई लेते हुए उन्हें आश्वस्त किया कि पाकिस्तान के साथ मामला सुलझा कर शीघ्र ही वे घर वापस आएंगे। कश्मीर घाटी में पाकिस्तानी घुसपैठियों द्वारा उत्पन्न स्थिति के कारण युद्ध होने की संभावना बहुत अधिक लग रही थी। 191 इन्फैंट्री ब्रिगेड के अंतर्गत नवगठित बटालियन 6 सिख लाइट इन्फैंट्री जो कि छम्ब सेक्टर में तैनात थी, को वे कमांड कर रहे थे। वे 15 अगस्त को ब्रिगेड मुख्यालय, अखनूर पहुंचे, वहां उन्होंने सभी साथियों को बहुत ही व्याकुल पाया। कुछ ही समय पहले खबर आई थी की देवा स्थित ब्रिगेड सामरिक मुख्यालय पर तोप से भीषण गोलाबारी की जा रही है, जिसमें ब्रिगेड कमांडर शहीद हो गए हैं।

उनकी अपनी बटालियन सकराना के पास तैनात थी। कर्नल नंदगोपाल शीघ्रता से वहां पहुंचे और उस नाजुक परिस्थिति में बटालियन की कमांड संभाली। उन्होंने देखा कि इस बटालियन के पोस्ट पर हमले नहीं हुए थे। उन्होंने बीएम को सूचित किया कि ब्रिगेड के लिए अपेक्षित निर्णय के उलट वे ट्रोटी तक पीछे हटने के बजाए, वहां रुककर मुकाबला करेंगे। नए ब्रिगेड कमांडर ब्रिगेडियर मनमोहन सिंह ने अगले दिन वहां पहुंचने पर इस प्रस्ताव को स्वीकृति दे दी।

अतः बटालियन अब मोएल, पौर, बुरेजल और दल्ला स्थित अपने पोस्टों पर जम गई। पाकिस्तानियों ने 1 सितंबर को ऑपरेशन ग्रैंडस्लैम शुरू किया। ये क्षेत्र आईबी जंक्शन पर स्थित थे, यहां से सीएफएल की सीमा शुरू होती थी और सीएफएल पर उत्तर की ओर बढ़ती थी। बटालियन मुख्यालय सहित बटालियन के सभी पोस्ट पर सुबह पौने चार बजे के बाद से तोप की भीषण गोलाबारी होने लगी। इस गोलाबारी के बीच आईबी और सीएफएल दोनों छोर से दुश्मन के टैंक भारतीय पोस्ट की ओर बढ़ने लगे। बटालियन की आरसीएल बंदूकें बुरेजल और

दल्ला में तैनात थीं, जो आगे बढ़ रहे टैंकों से शुरुआती मुकाबले के बाद ही पिट गयी। सी स्क्वाड्रन, 20 लांसर्स के टैंक भी बुरेजल क्षेत्र में बढ़ रहे टैंकों से मुकाबला कर रहे थे, लेकिन सामने से आ रहे दुश्मन के टैंक काफी दूरी में फैले थे, जिसका केवल एक स्क्वाड्रन की मदद से मुकाबला करना आसान नहीं था। बुरेजल के उत्तरी छोर पर दुश्मन के स्क्वाड्रन पहुंच चुके थे और 6:30 बजे तक लगभग सभी पोस्ट दुश्मन के टैंक से घिर चुके थे। 7:30 बजे तक पौर स्थित पोस्ट को टैंक ने ध्वस्त कर दिया था और टैंक की मदद से भारतीय इन्फैंट्री पर हमले किए जा रहे थे। बुरेजल में कैप्टन रवि कुमार के नेतृत्व में सिख लाइट इन्फैंट्री के जवान बहादुरी से इसका सामना कर रहे थे और 11:00 बजे तक दुश्मन के कई हमलों को नाकाम कर चुके थे।

पोस्ट–दर–पोस्ट, सभी पोस्ट शीघ्र ही हमले की चपेट में आ गए, यद्यपि जवान वीरतापूर्वक लड़ रहे थे, लेकिन उनके लिए स्थिति लगातार बिगड़ती जा रही थी। दोपहर 2:00 बजे तक दुश्मन के टैंक छम्ब स्थित बटालियन के मुख्यालय के समीप पहुंच गये। एक–एक कर फॉरवार्ड पोस्टों से संपर्क टूटते जा रहे थे और ऐसा प्रतीत हो रहा था कि दुश्मन के भारी संख्या में आए जवानों को हमले में सफलता मिलने लगी थी। लगभग शाम 6:00 बजे तक, फॉरवार्ड पोस्ट पर तैनात जीवित बचे थोड़े जवान बटालियन मुख्यालय की तरफ आते हुए दिखाई दिए। प्लाटून आकार या छोटे आकार में व्यापक क्षेत्र में तैनात बटालियन, दुश्मन की एक पूरी डिविजन और दो बख्तरबंद रेजीमेंटों से घिर गए थे। इनके बीच भारी संघर्ष हुआ। एक जेसीओ और 25 ओआर के शहीद हो जाने की पुष्टि की गई, जबकि दो अधिकारी, तीन जेसीओ और 38 ओआर घायल हुए थे। इसके अलावा आठ अधिकारी, नौ जेसीओ और 428 ओआर लापता थे। यह संख्या बटालियन की आधी संख्या से भी ज्यादा थी। अपनी स्थिति को लेकर आश्वस्त नहीं होने पर शाम 7:00 बजे ब्रिगेड ने 6 सिख लाइट इन्फैंट्री को अखनूर की ओर पीछे हटने का आदेश दिया। भारी क्षति के कारण फैली अव्यवस्था और असमंजस के बावजूद कर्नल नंदगोपाल ने पीछे हटने के कदम को व्यवस्थित और आगे क्षति कम करने वाला कदम बताया।

अगले दिन 2 सितंबर को, कर्नल नंदगोपाल ब्रिगेड कमांडर से मिलने के लिए जौरियां में थे, तभी वे दुश्मन के विमान से हवाई हमले में घायल हो गए। उन्हें उधमपुर में हॉस्पिटल में भर्ती कराया गया, लेकिन उन्होंने वहां लंबे वक्त तक रुकना उचित नहीं समझा। उन्होंने डॉक्टरों को यह समझाकर कहा कि जख्म का उपचार बटालियन में भी हो सकता है, अगले दिन वे अपने इकाई में वापस लौट आए।

संख्या बल में कमी के कारण, बटालियन को अखनूर पुल की सुरक्षा का कार्य सौंपा गया जो कि अपेक्षाकृत आसान कार्य था। जैसा कि पहले उल्लेख किया गया

है कि चाहे किसी भी परिस्थिति में हुआ हो, लेकिन लाहौर सेक्टर में 11वीं कोर द्वारा आक्रमण ने पाकिस्तानी आक्रमण को और उकसाया था। 18 सितंबर तक पीछे छूट जाने वाले जवानों के पहुंच जाने और रेजिमेंट के केंद्र से भेजे गए जवानों की मदद से इकाई की संख्या बल को लगभग पूरा कर लिया गया था। छह दिन बाद संघर्ष विराम हुआ – लेकिन अभी भी बटालियन का काम पूरा नहीं हुआ था।

संघर्ष विराम के तुरंत बाद पाकिस्तानी सेना की टुकड़ियों ने किसी भी क्षेत्र में जो स्थान खाली दिखाई पड़े, उन पर नए पोस्ट बनाने के लिए भागे ताकि अधिक से अधिक क्षेत्र को अपने कब्जे में लेकर अपनी सौदेबाजी की क्षमता में इजाफा किया जा सके। सेक्टर के उत्तरी पहाड़ी भाग में कालीधर रिज पर स्थित प्वाइंट 3776 और मल्ला इस प्रकार के दो पोस्ट थे। पाकिस्तानी सेना की इन दो ठिकानों पर उपस्थिति जम्मू–नौशेरा रोड और सुंदरबनी मैदानों के लिए खतरा थी।

28 सितंबर, को कालीधर चोटी को पूर्ण रूप से स्वतंत्र कराने के लिए बटालियन को इन दो महत्वपूर्ण पहाड़ी ठिकानों पर कब्जा करने का कार्य सौंपा गया। कालीधर के उत्तरी छोर पर विशाल चट्टान था, जिसका रुख भारतीय सेना की ओर था, अतः इस ओर से आक्रमण करना असंभव था। दक्षिण का छोर चढ़ाई के लिए आसान था, लेकिन दुश्मन के पीछे से हमला करने के लिए उन्हें चकमा देना पड़ता। प्वाइंट 3776 पर पहुंचने का रास्ता भी दक्षिणी छोर पर स्थित था। इस ऑपरेशन के लिए बटालियन सुंदरबनी में केंद्रित था।

कर्नल नंदगोपाल ने व्यक्तिगत रूप से अपनी बटालियन के दो कंपनियों – सी कंपनी, मेजर जेएस नेगी के नेतृत्व में और डी कंपनी, मेजर जीएस विर्क के नेतृत्व में, का नेतृत्व किया और दुश्मनों से कठिन लड़ाई लड़ने के बाद इन दो ठिकानों पर कब्जा कर लिया। दुश्मनों ने जवाबी हमले किए, लेकिन बटालियन ने तेजी से संभलकर उनके तीन जवाबी हमलों को नाकाम कर दिया, यद्यपि सौदेबाजी में मजबूत पकड़ पाने के लिए उन्हें कुछ नुकसान झेलना पड़ा। उन्होंने स्थिति को नियंत्रण में कर लिया था, लेकिन प्वाइंट 3776 को छोड़ना पड़ा।

3 अक्टूबर 1965 को, बटालियन को 11 महार के साथ फिर से प्वाइंट 3776 पर कब्जा करने का आदेश दिया गया। 4 अक्टूबर को हमला करना था और 6 सिख लाइट इन्फैंट्री को शुरुआती लक्ष्य हासिल करना था जिसे 'ट्विन पिम्पल' का नाम दिया गया। 11 महार को तब अपने आप प्वाइंट 3776 से होकर गुजरना था। मेजर जेएस नेगी के नेतृत्व में सी कंपनी ट्विन पिंपल पर आक्रमण करने के लिए दुश्मन के तोपों से लगातार भारी गोलाबारी के बीच, मजबूती से अपने लक्ष्य की ओर बढ़ रही थी। वह दुश्मनों द्वारा बिछाए गए बारूद को पार कर दुश्मन के पास पहुंच गई और अपने हथियार और बेअनिट का होशियारी से उपयोग करते

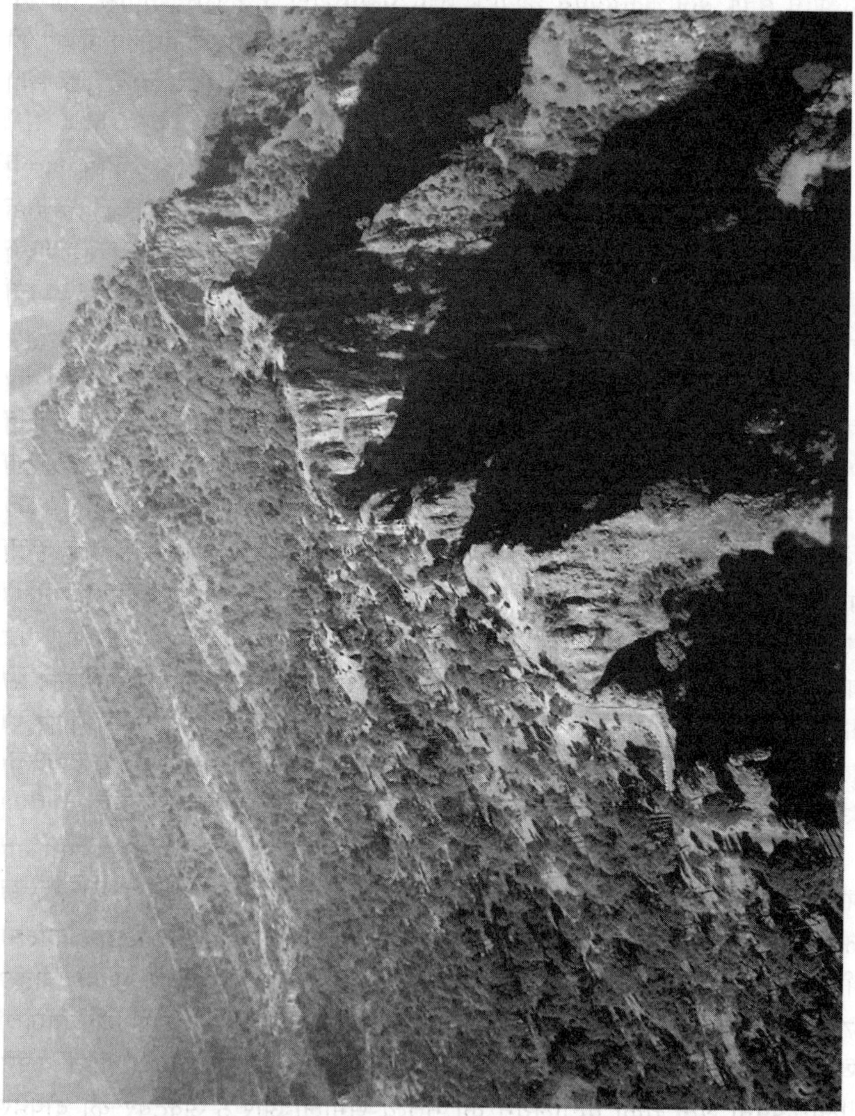

कालीधर चोटी का एक दृश्य

हुए दुश्मन को ट्विन पिंपल पर धराशायी कर दिया। दुश्मन शीघ्र ही यह स्थान छोड़कर भाग खड़े हुए, लेकिन उन्होंने तोप से फायरिंग करना जारी रखा। भारतीय जवानों ने 6:15 बजे तक अपने लक्ष्य को पा लिया था। कर्नल नंदगोपाल, जो कि सी कंपनी के ठीक पीछे थे अपने उद्देश्य को पा चुके थे और कंपनी कमांडर को कंपनी को पुनर्गठित करने और तैनाती के लिए अभी कहने ही वाले थे कि तभी दुश्मनों ने जवाबी हमला कर दिया।

कर्नल नंदगोपाल (सीओ) जवाबी हमले करने वाले दुश्मनों पर तोप फायर करने की बात सोच ही रहे थे कि तभी दो पाकिस्तानी जवान स्टेन गन लेकर अचानक उनके सामने आ गए, और चिल्लाकर कहा 'हथियार नीचे डाल दो'! खोल से पिस्तौल निकालने का समय तो नहीं था, परन्तु अपनी छड़ी (walking stick) जो अपने साथ लेकर चलते थे। उससे एक दुश्मन सैनिक के सिर पर वार किया और वह नीचे गिरा। तभी दूसरे दुश्मन सैनिक ने अपने स्टेन गन से सीओ के सिर पर फायर किया, जिससे सीओ धराशायी हो गए। तभी सिपाही बुद्ध सिंह, जो सीओ के साथ उनका रेडियो ऑपरेटर बनकर आया था, ने अपना 'दाह' निकालकर कर दुश्मन सैनिक पर एक जानलेवा हमला किया और उसके प्राण ले लिए। दूसरे पाकिस्तानी सैनिक ने भागने की कोशिश की लेकिन वह भी गोली का शिकार हो गया। कर्नल नंदगोपाल का भाग्य ने साथ दिया और वे बच गए, जबकि सामने से आए दोनों सैनिकों के स्टेन गन भरे हुए थे और ठीक से काम कर रहे थे। यह केवल संयोग की बात थी कि उन्होंने दुश्मनों पर फायरिंग के बजाए हथियार से हमले किए। इस मुठभेड़ में उनके सिर पर गंभीर चोटें आईं जिससे उनके सिर से बहुत अधिक रक्त निकल रहा था, लेकिन शुरुआती प्रथम उपचार के बाद सीओ ने अन्य घायल जवानों को प्रमुखता देने के लिए कहा।

अब 07:15 बज चुके थे, कर्नल नंदगोपाल ने ब्रिगेड को रेडियो पर सफलता का समाचार दिया और उनसे अगले चरण के आक्रमण के लिए 11 महार की टुकड़ी भेजने का अनुरोध किया। कर्नल नंदगोपाल को बताया गया कि बटालियन कॉलम अभी भी वापस नहीं आया है, अतः उन्हें आगे बढ़ना होगा और स्वयं से ही प्वाइंट 3776 पर कब्जा करने का प्रयास करना होगा। सिर पर लगे जख्मों के बावजूद, घायल लेफ्टिनेंट कर्नल नंदगोपाल ने प्वाइंट 3776 पर अंतिम विजय प्राप्त करने के लिए अपनी थक चुकी बटालियन का नेतृत्व संभाला और 5 अक्टूबर की दोपहर तक इसे पाकिस्तानी घुसपैठियों से पूर्ण रूप से आज़ाद करा लिया। दो दिनों के भीषण संघर्ष में बटालियन के दो अधिकारी, दो जेसीओ और 34 ओआर शहीद हो गए और चार अधिकारी, दो जेसीओ और 84 ओआर घायल हुए।

अपने इस व्यक्तिगत नेतृत्व और पराक्रम के लिए कर्नल नंदगोपाल को महावीर

कालीधर चोटी पर कर्नल नंदगोपाल और सिपाही बुध सिंह

चक्र से सम्मानित किया गया। वे बाद में ब्रिगेडियर के पद से सेवानिवृत्त हुए और कोलार में बस गए। वे सेवानिवृत्ति के बाद समाज सेवा में रम गए। पूर्व सैनिकों की भलाई के काम में उनकी विशेष रुचि थी। वन रैंक वन पेंशन की मांग के समर्थन में उन्होंने कई पूर्व सैनिकों की भांति ही 2012 में सर्वोच्च कमांडर को अपना महावीर चक्र सहित अपने उत्कृष्ट प्रर्दशन के लिए मेडलों को लौटा दिया। इस दिलेर व्यक्ति का 16 जून, 2014 को 91 वर्ष की आयु में निधन हो गया।

अपरंपरागत

नायब सूबेदार सरूप सिंह – कालीधर

पाकिस्तान द्वारा घुसपैठ अभियान चलाने के परिणामस्वरूप कश्मीर में कूच करने वाली एक यूनिट 9 पंजाब थी। यह टुकड़ी अखनूर में 191 इंफैंट्री ब्रिगेड ग्रुप के साथ जुड़ने के लिए अंबाला से निकली थी जहां वह आराम करने का वक्त गुजार रही थी। बटालियन के जवान कार्यवाही की संभावना देखते हुए रोमांचित थे और 'लंगर गप'[2] यह थी कि उनके नए ब्रिगेड कमांडर ब्रिगेडियर एमएफ मास्टर थे। इससे सैनिकों का जोश और बढ़ गया क्योंकि 1961–62 में 9 पंजाब की कमान संभालने के बाद से ही हर जवान उन्हें अच्छी तरह जानता था। लेकिन अखनूर पहुंचते ही उन्हें बुरी खबर मिली कि जिस दिन बटालियन अपनी यात्रा पर रवाना हुई, उसी दिन ब्रिगेडियर मास्टर ब्रिगेड हेडक्वार्टर पर हुई गोलाबारी में शहीद हो गए।

अखनूर पहुंचने के तुरंत बाद बटालियन को पीर पंजाल रेंज की घाटियों में मोर्चा संभालने भेज दिया गया। उन्होंने कालीधर घाटी में 1 सितंबर को मोर्चा संभाला और तत्काल अपनी सुरक्षा मजबूत करनी शुरू कर दी। लेकिन जैसाकि इस पुस्तक में पहले भी बताया जा चुका है, पाकिस्तान का ऑपरेशन ग्रैंड स्लैम इसी तारीख से पहले ही सक्रिय हो चुका था। लिहाजा 9 पंजाब को युद्ध में उतरने से पहले वहां सतर्क होने या अपनी सुरक्षा मजबूत करने के लिए समय नहीं था। पाकिस्तान का लक्ष्य 191 इंफैंट्री ब्रिगेड सेक्टर के दक्षिणी हिस्से पर हमला करना था जो एक मैदानी इलाका था और वहीं से उनके टैंक संचालित हो सकते थे जबकि कालीधर घाटी ब्रिगेड सेक्टर के उत्तरी हिस्से में स्थित थी। लेकिन 6 सितंबर तक बटालियन के मोर्चों पर तोपों से जमकर गोले बरसाए गए। यह गोलाबारी 7 सितंबर तक जारी रही। उसी रात संचार पोस्ट से खबर मिली कि उनके इलाके में कुछ दुश्मन सैनिकों के गश्त लगाने की आवाज सुनी गई है। 9 पंजाब से गश्ती के लिए भेजे गए कुछ जवानों ने भी दुश्मनों की बढ़ती

---

[2] खबर चर्चा में।

गतिविधियों के लक्षण देखे थे। स्पष्ट था कि दुश्मन हमले के लिए अपने मोर्चे संभालने की तैयारी कर रहे थे, इसलिए उनके मोर्चों और रक्षा पंक्ति के बारे में अधिक जानकारी पाने के लिए गश्त बढ़ा दी गई।

9 पंजाब की सी कंपनी 702 के नाम से जाने वाली पिकेट पर थी और इसके कंपनी कमांडर अनुभवी और बुद्धिमान जेसीओ सूबेदार दीवान सिंह थे। नायब सूबेदार सरूप सिंह उनके एक प्लाटून कमांडर थे। दोनों जेसीओ पूरी तरह आश्वस्त थे कि दुश्मनों का हमला उसी रात होगा– सवाल सिर्फ यह था कि किस वक्त और किस दिशा से। जैसाकि अनुमान था, हमला उसी रात हुआ और सी कंपनी के साथ ही दुश्मनों ने साथ लगी बी कंपनी पर भी हमला कर दिया था। नतीजन कंपनियां एक–दूसरे का सहारा भी नहीं बन पाईं। हमला भारी तोप गोलों और रॉकेट लांचरों से शुरू किया गया था। सूबेदार दीवान सिंह घायल होने के बावजूद अपने जवानों को समेटते रहे लेकिन तब तक दुश्मन खतरनाक ढ़ंग से उनके करीब आ चुके थे। नायब सूबेदार सरूप सिंह ने महसूस किया कि दुश्मन उनकी रक्षा पंक्ति तक लगभग पहुंच चुके थे और बाड़बंदी की बाधाएं पार कर रहे थे जिसे उनकी अग्रिम पंक्ति को सुरक्षा देने के लिए लगाया गया था। वह जानते थे कि यदि दुश्मन इस रेखा को पार करने में सफल हो गए तो पंजाबी मोर्चे को संभलना मुश्किल हो जाएगा। एक दुस्साहसिक और लगभग जज्बाती प्रयास करते हुए उन्होंने एक एलएमजी थामी और कंपनी की रक्षा पंक्ति के दाईं तरफ सरपट दौड़ गए। पूरी रक्षा पंक्ति पार करते हुए वह बाड़बंदी की तरफ बढ़े और बिल्कुल करीब ऐसी जगह पहुंच गए जहां से दुश्मन को स्पष्ट देख सकते थे। उन्होंने अपनी एलएमजी से ताबड़तोड़ फायरिंग शुरू कर दी। इतने करीब से यानी 'एनफिलेड' गोलीबारी का फायदा यह होता है कि एक ही धुरी से दुश्मन के ठिकाने पर चौतरफा फायरिंग की जा सकती है और ज्यादा प्रभावशाली तथा घातक होती है। दुश्मनों की हमलावर पंक्ति की तरफ एलएमजी का मुंह मोड़ते हुए उन्हें संतुष्टि मिल रही थी कि दुश्मन अपनी सेना के अंदर आती तबाही मचाने वाली गोलियों से बचने की कोशिश में अस्त–व्यस्त इधर–उधर भागते फिर रहे थे। उन्होंने फायरिंग जारी रखी, अपनी पाउच से एक के बाद एक मैगज़ीन निकालकर बदलते रहे और अकेले ही कई दुश्मन सैनिकों को ढ़ेर करते रहे। दुश्मन का हमला प्रभावी ढ़ंग से थम चुका था और वे अपनी रक्षा पंक्ति दुरुस्त करने में नाकाम रहे। आखिरकार उन्होंने मैदान छोड़ दिया और जल्दबाजी में जवाबी कार्यवाही के तहत उस तरफ अंधाधुंध फायरिंग शुरू कर दी जिधर से एलएमजी की गोलीबारी आने का उन्हें अंदाजा लग रहा था।

सभी प्रतिकूलताओं के बावजूद इस साहसिक कारनामे की कीमत नायब सूबेदार सरूप सिंह को जान गंवाकर चुकानी पड़ी लेकिन उन्होंने कंपनी के मोर्चे को ध्वस्त होने से बचा लिया था। उन्हें इस असाधारण पराक्रम के लिए सेना पदक से सम्मानित किया गया।

प्रथम अन्वेषक कमांडो

मेजर मेघ सिंह – मेघदूत फोर्स

सेना के इतिहास में कई उदाहरण हैं जब छोटी, अनियमित सेना ने आश्चर्यजनक और अपेक्षा से अधिक परिणामों के साथ साहसी और अपरंपरागत कार्यवाहियों का दायित्व उठाया। लॉरेंस ऑफ अरेबिया के वीरता के कार्यों की प्रसिद्धि वैसी है जैसी चिंदित की विशेष सेना का गठन 1943 में किया गया था और बर्मा में मेजर जनरल ऑरडे विनगेट ने इसका नेतृत्व किया था। इतिहास के ऐसे ही अनुभवों के आधार पर, कई सशस्त्र बलों ने स्पेशल फोर्सेस बटालियन बनायीं। ये सेना इकाइयां विशेष रूप से अपरंपरागत मिशन के लिए प्रशिक्षित होती हैं। हालांकि फिर भी 1965 तक भारतीय सेना में किसी भी तरह की स्पेशल फोर्सेस बटालियन नहीं थीं। एक व्यक्ति जिसने अपरंपरागत, गुप्त आपरेशन के लिए इस तरह की सेना की जरूरत के बारे में समझा, वह मेजर मेघ सिंह थे। इस तरह की फोर्स युद्ध में कितना फर्क पैदा कर सकती थी, यह उन्हें अच्छे से पता था। वह जानते थे कि इसके द्वारा दुश्मन के इलाके में चुपचाप घुसकर उसके पीछे तोड़–फोड़ की जा सकती है और दुश्मन का मनोबल प्रभावित किया जा सकता है। वह खुद द्वितीय विश्व युद्ध के दौरान इस तरह के एक अनियमित बल का हिस्सा रहे थे। दुर्भाग्य से, उस वक्त वह बहुत कुछ करने की स्थिति में नहीं थे। क्योंकि मेजर मेघ सिंह, पश्चिमी कमान मुख्यालय में जनरल हरबख्स सिंह के अधीन एक कर्मचारी अधिकारी थे।

वह 3 गार्ड के टू आईसी थे, जहां उन्हें किसी समस्या के चलते लेफ्टिनेंट कर्नल के पद पर पदोन्नत नहीं किया जा सका। जब युद्ध छिड़ा हुआ था, वह समय से पहले सेवानिवृत्ति के अपने आवेदन पत्र की मंजूरी का इंतजार कर रहे थे। लेकिन युद्ध ने सब कुछ बदल दिया। सैनिकों वाला जज्बा उनके खून में था, इसलिए चलते युद्ध के बीच बाहर जाना उनके लिए संभव ही नहीं था। उन्होंने सोचा लड़ाई से दूर यहां कमांड मुख्यालय में बैठने से क्या फायदा? हालांकि वह कमांड मुख्यालय में प्रशिक्षण से जुड़े कार्यों को देख रहे थे, इस तरह वह एक स्टाफ अधिकारी के रूप में एक महत्वपूर्ण कार्य में लगे थे और युद्ध में अपना योगदान दे रहे थे, लेकिन

इस बात से उन्हें कोई सांत्वना नहीं थी। उनकी इच्छा तो युद्ध में शामिल होने की थी। इससे ज्यादा उनकी इच्छा खुद को साबित करने की थी।

मेजर मेघ सिंह युद्ध में ज्यादा सार्थक भूमिका निभाने की सोच में डूबे रहे। एकाएक उनके दिमाग में एक विशेष बल बनाने का विचार कौंधा, जो दुश्मन के इलाके में काम करेगा और मुख्य सेना की कार्यवाही का सहयोग करेगा। उन्होंने अपनी बात जनरल हरबख्श के सामने रखने की ठान ली। जनरल ने ध्यान से अनुभवी मेजर की बात सुनी और उन्हें लगा कि उनकी बातों में दम था। उन्होंने सोचा कि ऐसी सेना जम्मू–कश्मीर के दुर्गम इलाकों में काफी कारगर साबित हो सकती है। ऐसी छोटी सी टीम दुश्मन से घिरे क्षेत्र में घुस कर वहां एक पुल को नष्ट करके या वहां एक दुश्मन शिविर को लक्षित करने, या कुछ महत्वपूर्ण गोला बारूद भंडार उड़ाने का काम कर सकती थी। पारंपरिक हमले की तुलना में ये सेना ज्यादा प्रभावकारी साबित हो सकती थी। इसके अलावा ऐसी ऑपरेटिंग सेना का दुश्मन पर मनोवैज्ञानिक प्रभाव भी होगा। इससे दुश्मन को लगातार चौकन्ना रहना होगा। यह सब सोचकर वह राजी हो गए, और बोले, 'तुम मुझे परिणाम दो, और मेरा वादा है, मै व्यक्तिगत रूप से तुम्हारे कंधों पर लेफ्टिनेंट कर्नल का पद लगाऊंगा। यह बात जनरल हरबख्श सिंह ने खुद उनसे कही थी, जबकि मेजर मेघ सिंह ने कभी भी अपने मुंह से कभी अपनी पदोन्नति या किसी सम्मान की इच्छा नहीं जताई थी।'

आर्मी कमांडर ने मेजर मेघ सिंह को अपनी फोर्स के लिए सैनिकों और हथियारों के चयन की पूरी आज़ादी दी, जिसे इसके गठन के बाद 'मेघदूत फोर्स' का नाम दिया गया। उन्होंने अपनी ही बटालियन से, 3 गार्ड से और 3 राजपूत से में से कुछ, योग्यतम और सबसे उत्साही सैनिकों का चयन किया। उन्होंने निजी तौर पर हर सैनिक का चयन किया, क्योंकि वह जानते थे कि जब लड़ाई चल रही होगी, तब इस फोर्स में एक भी कमजोर कड़ी काफी घातक साबित हो सकती थी।

जनरल हरबख्श ने मेजर मेघ सिंह से 15 कोर के तहत जनरल कटोच को रिपोर्ट करने और अपनी फोर्स में नई नियुक्तियों के लिए उनसे आदेश लेने के लिए कहा। 1 सितम्बर को, मेघदूत सेना में आधिकारिक तौर पर काम शुरु किया गया था, जिसे 93 इन्फैंट्री ब्रिगेड के लिए आवंटित किया गया था। यह पाठक को स्मरण होगा उन्हें हाजी पीर पास पर कब्जा करने के बाद ब्रिगेडियर बख्शी के 68 इन्फैंट्री ब्रिगेड के साथ संपर्क कायम करने के लिए पुंछ और हाजी पीर पास के बीच महत्वपूर्ण ठिकानों पर कब्जा करने का काम सौंपा गया था। ब्रिगेड कमांडर ने सुझाव दिया कि मेजर मेघ सिंह को अपने अभियानों में इन्फैन्ट्री बटालियनों के कमांडो पलटूनों को शामिल करना चाहिए। इसने इस छोटी सी फोर्स की हमला करने की क्षमता को काफी बढ़ा दिया।

इस बेहद अपरंपरागत फोर्स को आवंटित पहला काम दुश्मन के क्षेत्र में अंदर तक प्रवेश करने और द्वारंदी और बंदीगोपालपुर के बीच सड़क पर एक महत्वपूर्ण पुल को उड़ाने का था। मेघदूत फोर्स के जांबाज खुद को साबित करने का मौका मिलने पर काफी उत्साहित थे। उन्होंने दुश्मन के क्षेत्र में 7 मील की दूरी पर घुसपैठ की और एक बेहद जोखिम भरे ऑपरेशन में अपने लक्ष्य में कामयाबी हासिल की। इस कामयाबी के बाद दुश्मनों की राह और ज्यादा कठिन हो गई।

इस ऑपरेशन की सफलता के साथ ब्रिगेड कमांडर न्यायसंगत खुश हुए और मेघदूत सेना में उनके बढ़े हुए विश्वास का प्रमाण था कि उनके नेतृत्व में एक और काम सौंपा गया।

जब 2 सिख और 3 डोगरा राजा और चांद टेकरी पर हमला करने वाले थे वहां दुश्मन सेना की दो टुकड़ियों उनकी राह में बाधा बन सकती थीं। मेघदूत फोर्स को इन टुकड़ियों पर हमला करने और इन पर काबू पाने का काम सौंपा गया था राजा और चांद टेकरी पर आपरेशनों के साथ संयोजन के रूप में दुश्मन सेना की इन टुकड़ियों को नेजा पीर और अरीधोक कहा गया। 6–7 सितंबर को नेजा पीर और अरीधोक पर कामयाबी मिलने का ही नतीजा था कि हताहतों की संख्या में कमी लाने में मदद मिल सकी, जो अन्यथा कहीं ज्यादा होती।

अपनी इस सफलता से यह फोर्स अब पहले से भी ज्यादा उत्साहित थी। उनका अगला लक्ष्य दुश्मन के इलाके में 8 मील की दूरी पर, कहुटा में दुश्मन का एक गोला बारूद भंडार था। फोर्स ने सफलतापूर्वक घुसपैठ की, इलाके की छानबीन की और अपने लक्ष्य पर पहुंचे। लेकिन वहां उन्हें कुछ हाथ नहीं आया। हालांकि, उन्होंने पाया कि 3 डोगरा को दुश्मन कहुटा पुल पर नियंत्रित चांद टेकरी पर कब्जा करने के बाद 68 इन्फैंट्री ब्रिगेड के साथ जोड़ने की कोशिश कर रहा था। एक साहसिक चाल में, मेघदूत सेना ने इस पुल को खाली कराने के लिए दुश्मन को मजबूर किया। आगे चलकर, यह वह सेना थी जिसने वास्तव में 10 सितंबर को हाजी पीर पास के दक्षिणी लिंक की कड़ी बनकर अधिकारिक तौर पर हाजी पीर उभार पर कब्जा पूरा किया।

उस वक्त तक सबका ध्यान छम्ब सैक्टर की तरफ मुड़ चुका था क्योंकि लड़ाई यहीं चल रही थी, इसलिए मेघदूत फोर्स से यहां पर भी कार्यवाही करने के लिए कहा गया। मेघदूत सेना के छापों से दुश्मन सेना परेशान हो गई। 19 सितंबर को मेघदूत सेना के सैनिकों ने गुप्त तौर पर थिल पर आक्रमण कर दिया।

फोर्स ने परेशान करने वाले कई छापों से दुश्मन रैंकों के बीच अव्यवस्था और भ्रम फैलाने का काम किया। 19 सितंबर को मेघदूत सेना के आदमियों ने आगे की लाइनों से होकर चुपचाप छिपते हुये पहुंची और कालीधर सेक्टर में 4 किलोमीटर

भीतर थिल पर आक्रमण किया। तीन दिन बाद दोपहर दो बजे, मेघदूत सेना ने नथाल में दुश्मन के रसद भंडार पर धावा बोल दिया। पाकिस्तानी सैनिक पूरी तरह से अचम्भित थे। उन्हे भारी क्षति का सामना करना पड़ा और डंप पूरी तरह से नष्ट हो गया था। मेजर मेघ सिंह के लड़ाकों ने दुश्मनों की थुग्गी चौकी पर भी हमला कर दिया, जिसमें कई पाकिस्तानी सैनिक मारे गए। हालांकि मेजर मेघ सिंह भी इस मुठभेड़ में घायल हो गए थे।

एक बार जनरल हरबख्श ने सेक्टर पर पहुंच कर मेजर मेघ सिंह से उनके संचालन की वर्तमान कार्यवाहियों के बारे में पूछा। जब मेजर ने अपनी सेना द्वारा किए गए कुछ कार्यों का विवरण सुनाया तब कोर कमांडर उनकी बात से ज्यादा प्रभावित नहीं दिखे। उन्होंने कहा, 'मैं किसी को हतोत्साहित नहीं करना चाहता, मगर मेघदूत सेना के बारे में जो कुछ भी मेजर बोल रहे हैं, उसे प्रमाणित करने का मेरे पास कोई तरीका नहीं है।' मेजर मेघ सिंह ने इस पर सार्वजनिक तौर पर कोई टिप्पणी नहीं की, मगर अगली बार जब सेना कमांडर ने सेक्टर का दौरा किया तो मेघसिंह ने अपने नवीनतम ऑपरेशन की कामयाबी के ऐसे अकाट्य प्रमाण दिए, कि वहां उपस्थित जनरलों और स्टाफ अधिकारियों के मुंह पर ताला लग गया।

जनरल हरबख्श ने व्यक्तिगत रूप से 16 सितंबर को मेजर मेघ सिंह के कंधों पर लेफ्टिनेंट कर्नल का तगमा लगाया। बाद में उन्हें वीर चक्र से भी सम्मानित किया किया। लेफ्टिनेंट कर्नल मेघ सिंह ने यह भी दिखाया कि एक छोटी अच्छी तरह से प्रशिक्षित और बेहद प्रेरित सेना कमांडर के लिए एक अमूल्य संपत्ति हो सकती है। ऐसी सेना वह काम भी कर सकती है, जो पारंपरिक सेना के लिए शायद असंभव हो। यह मेघदूत फोर्स की कामयाबी का ही नतीजा था कि भारतीय सेना में विशेष सेना बटालियनों को बढ़ाने का फैसला किया गया।

लेफ्टिनेंट कर्नल मेघ सिंह को 9 पैरा कमांडो के रूप में भारत की पहली स्पेशल फोर्सेस बटालियन को गठित करने के लिए चुना गया, जिसे अब 9 पैरा एस एफ कहा जाता है। वह इसके पहले कमान अधिकारी बने। उनका इस्तीफा काफी समय पहले ही भुला दिया गया था। 1971 की लड़ाई के दौरान उन्होंने 18वीं कमांडो बीएसएफ बटालियन का नेतृत्व किया। इसमें मुक्तिवाहिनी के साथ उनकी भूमिका की काफी सराहना भी हुई।

1971में कर्नल मेघ सिंह सेवानिवृत्त हुए और जोधपुर में अपने गांव खारिया मिथापुर के पास बस गए। वह कहते थे कि क्षेत्र में किसानों की समस्याओं के लिए उनका समय और ऊर्जा समर्पित है। कई वर्षों तक वह राजस्थान किसान यूनियन के प्रदेश अध्यक्ष बने रहे। अस्सी साल की उम्र में 2010 में उनका निधन हो गया।

समस्त बाधाओं के बावजूद

मेजर भास्कर रॉय – छम्ब

बड़े चाव से सिलवाई गयी काली डांगरी पहन एक फुर्तीला युवा मेजर जौरियां के 191 इन्फैंट्री ब्रिगेड के बीएम के कार्यालय में बैठा हुआ था। एक असंभव लक्ष्य को पाने के लिए बनाई योजना पर वह पूरे जोश के साथ चर्चा कर रहा था। वह तारीख थी 31 अगस्त 1965 और वह अधिकारी था, 20 लांसर के चार्ली स्क्वाड्रन का कमांडर, मेजर भास्कर रॉय, जिसके स्क्वाड्रन को ब्रिगेड क्षेत्र के छम्ब–जौरियां के बचाव में सहायता का काम सौंपा गया था। मेजर एसके सेन के साथ उनकी खूब पटती थी क्योंकि वे भी आर्मड कोर से थे और साथ ही दोनों ने रक्षा सेवा स्टॉफ कॉलेज से कोर्स भी किया था।

उस वक्त 20 लांसर के ए स्क्वाड्रन के कमांडर रहे पूर्व सेना प्रमुख जनरल शंकर राय चौधरी याद करते हुए कहते हैं, 'एनडीए में फोक्स्ट्रोट स्क्वाड्रन में भास्कर मुझसे छह महीने सीनियर थे। दरअसल, मैंने उन्हीं की वजह से रेजीमेंट को ज्वॉयन किया था। वह एक उत्कृष्ट एथलीट और तैराक थे। इसके अलावा वह लिखने और बोलने में भी काफी पारंगत थे। वह एक बौद्धिक और वैज्ञानिकों के परिवार के थे और एनडीए से पहले दून स्कूल में पढ़ते थे। भारतीय ऐतिहासिक वीरगाथाओं और सिकंदर व नेपोलियन जैसे सेना नायकों से बचपन में ही प्रभावित होकर उन्होंने परिवार की उम्मीदों के खिलाफ जाते हुए विज्ञान के क्षेत्र के बजाय सेना में प्रवेश करने का फैसला लिया।'

उन दोनों को कोई शक नहीं था कि पाकिस्तान उनके क्षेत्र पर जल्द ही हमला करेगा। संयुक्त राष्ट्र के पर्यवेक्षकों ने भी अपनी रिपोर्ट में सीमा पार पाकिस्तानी टैंकों के जमा होने के संकेत दिये थे। हां, इस बात पर बहस जरूर थी कि यह हमला किस दिशा से होगा। उनके इलाके में पाकिस्तान से लगे बॉर्डर दो श्रेणियों का था – अंतर्राष्ट्रीय बॉर्डर और सीएफएल। ज्यादातर घुसपैठ सीएफएल से होती थी, क्योंकि अंतर्राष्ट्रीय बॉर्डर से घुसपैठ खुले युद्ध को आमंत्रण देने जैसी होती। मेजर भास्कर राय इस बात से सहमत थे कि अगर पाकिस्तान ने अपनी सेना भारतीय सीमा में भेजी तो यह किसी भी सूरत में खुले युद्ध जैसी कार्यवाही होगी। टैंक

कि कार्यवाही के लिए अंतर्राष्ट्रीय बॉर्डर का क्षेत्र बेहतर होगा और भारतीय क्षेत्र में तेजी से पकड़ बनाने के उद्देश्य के लिये किसी भी दुश्मन टैंक कमांडर के लिये यह सही निर्णय होगा। उसने अपने सीनियर से कहा, अगर मैं पाकिस्तानी होता तो मैं ऐसा ही कदम उठाता।

मेजर भास्कर राय की एएमएक्स–13 टैंक स्कवाड्रन को पठानकोट सेक्टर, जहां अप्रैल 1965 में कछ की कार्यवाही के बाद से उनकी रेजीमेंट स्थित थी, से हाल ही में यहाँ लाया गया था। चिनाब नदी के पश्चिम में, अखनूर के पास टैंक स्थित थे, क्योंकि पुल इतना मजबूत नहीं था कि टैंक उससे पार हो सके। हांलाकि जब अगस्त में बड़े स्तर पर घुसपैठ शुरू हुई, उन्होने नदी पार करके बॉर्डर के और नजदीक कर्नल नंदगोपाल की यूनिट के पास पहुंचने का फैसला किया। मेजर भास्कर राय ने चिनाब और बाड्रर के बीच के समस्त क्षेत्र में व्यापक सर्वक्षेण किया था। दुश्मन की जानकारी लेने के दौरान, मेजर भास्कर ने अपनी टैंक की सेना को अलग रास्तों पर छिपाने के लिए उपयोगी स्थानों का चयन किया ताकि दुश्मन उन्हें देख न सके। स्क्वाड्रन ने भी दिन–रात इन स्थानों पर तैनाती का अभ्यास किया। हालांकि ये अभ्यास गाड़ियों से और पैदल ही किए गए क्योंकि दूर से ही टैंक को देखेने से दुश्मन का ध्यान आकर्षित होने की सूरत में उनकी सुरक्षात्मक रणनीति जाहिर हो जाती।

अपनी कॉफी खत्म करते हुए, मेजर भास्कर राय ने मेजर सेन से बिदाई ली और अपने स्क्वाड्रन के पास लौट आए। उनके दिमाग में विचार आया कि अपने आदमी और हथियारों की परीक्षा का दिन अब दूर नहीं है। अपने स्क्वाड्रन पहुंचने के बाद, वह टैंक की तरफ गये और अपने आदमियों से बात चीत करी । उन्होने उस टैंक का भी जायजा लिया जिसकी मरम्मत चल रही थी और उसका इंजन बाहर निकाला हुआ था। 'इस पर काम कब तक पूरा होगा?' उसने इस पर कार्य कर रहे कारीगरों से पूछा और वे बोले, एक या दो दिन लगेंगे। काम की गति को बढ़ाने के लिए तकनीशियनों और दलों से अनुरोध किया। वह हर टैंक के पास गये, सैनिकों से बात की और हंसी–मजाक भी किया। इसके बाद बहुत ज्यादा समय नहीं लगा की मेजर भास्कर रॉय का पूर्वाभास सच साबित हुआ।

यथार्थ में अगले दिन की शुरुआत पाकिस्तानी तोपों और आग उगलती बंदूकों के साथ हुई। स्कवाड्रन भी सीमा पार से हो रहे पाकिस्तानी गोलाबारी के कड़े प्रहार में आ गया । सौभाग्य से यहां पर सैनिकों और टैंकों को नुकसान नहीं हुआ। मेजर भास्कर राय ने ब्रिगेड मुख्यालय से संपर्क किया और बताया कि आगे के सेना दलों ने टैंकों की आवाज सुनी है और अनेक अलग स्थानों पर उनकी हलचल है। उन्होंने अपने टैंकों को योजना के अनुसार अपनी घातक टोहों में छिपाने की अनुमति ली।

मेजर भास्कर रॉय का सहज अनुमान सही साबित हुआ, और दुश्मनों का पहला बख्तर बंद हमला बुरेजल–भूसा क्षेत्र में हुआ। दुश्मनों के टैंको ने निर्भीकता से अंतर्राष्ट्रीय बॉर्डर को पार किया। भारतीय टैंक दल अपने टैंकों में बैठ अपनी तरफ बढ़ते भीमकाय पाकिस्तानी पैटन टैंकों की ओर नज़र गड़ाए बैठे थे। मेजर भास्कर ने उड़ती हुई धूल से एक–एक टैंक की स्थिति को देखते हुए एक स्कवाड्रन होने का अनुमान लगाया। पाकिस्तानी बख्तर बंद सेना के गौरव पराक्रमी पैटन टैंक के बारे में मेजर भास्कर समेत सारे सैनिक पढ़ते–सुनते आए थे। प्रशिक्षण के दौरान उन्होंने भी दानेदार काले और सफेद चित्रों में यह टैंक देखा था, लेकिन वास्तविक जीवन में इनको न सिर्फ देखना, बल्कि अपनी दिशा में खतरनाक तरह से आगे बढ़ते पाना एक रोमांचित और साथ ही भयभीत करने वाला अनुभव था। विरोधियों के पास 45 टन बजनी, 90 एमएम गन लगी और 120 एमएम मोटे कवच वाली एम–48 पैटन टैंक थे। न केवल उनके हथियार अच्छे थे, बल्कि वे बहुतायत संख्या में भी आए थे। पाकिस्तान ने इस ग्रैंड स्लैम में अकेले स्कवाड्रन के विरोध में पूरी दो रेजीमेंट लगाई। पाकिस्तानी विश्लेषण कर्ता, मेजर आग़ा हुमायू अमीन इस स्थिति का कुछ इस तरह ब्योरा देते हैं :

> *इस आपरेशन में पाकिस्तानी बख्तर की भारतीय सेना पर गुणात्मक और संख्यात्मक श्रेष्ठता थी। यहां पर युद्ध में एक भारतीय लाइट टैंक स्कवाड्रन के विरोध में दो पाकिस्तानी पैटन रेजीमेंट थीं। अकेले एएमएक्स–13 स्कवाड्रन अपने क्षेत्र का बचाव कर रही थी, लेकिन सुरक्षा के संबंध में (बख्तर की मोटाई) पांच पाकिस्तानी पैटन स्कवाड्रन के आगे काफी कम थी। एक टैंक रेजीमेंट की जिम्मेदारी का क्षेत्र अधिक से अधिक फैला हुआ था। कमजोर सुरक्षा कवच ने जोखिम को ज्यादा बढ़ा दिया था।*

इस संकटकालीन समय में भी चार्ली स्कवाड्रन के टैंक कर्मियों ने अपने दिमाग से किसी भी तरह की हीनता की भावना को निकाल दिया और दुश्मन के टैंकों को रोकने में ध्यान लगाया, जो सबसे अच्छे से अच्छा वे कर सकते थे। अपनी पहले से तयशुदा ठिकानों में छिपे हुए उन्होंने दुश्मनों के टैंक को अपने प्रभावकारी मध्यम रेंज के नजदीक आने दिया। तब पूर्व निर्धारित संकेत पर, जो मेजर भास्कर राय का अपने टैंक से गोले दागने का था, एएमएक्स, ने अपनी पूरी ताकत झोंक दी। हालांकि मेजर भास्कर को एहसास ही नहीं था, लेकिन यह स्वतंत्र भारत की पहली टैंक बनाम टैंक की लड़ाई थी ।

भारतीय सेना ने जानी पहचानी बख्तरबंद नीति का प्रयोग किया। उन्होंने चयनित दुश्मन टैंकों पर गोलियां चलाई। जल्द ही उन्होंने दुश्मन के तीन टैंकों, तीन आरसीएल और एक गोला–बारूद वाहन को नष्ट कर दिया। इस हमले में,

दुश्मन टैंक का एक गोला मेजर भास्कर राय की टैंक पर लगा और एक किरिच उछली जिसने उनके सीने में आघात किया। उनका सौभाग्य था, उनके पिता जी ने उन्हें एक चाँदी का सिगरेट का डब्बा दिया था, जिसे वह अपनी सीने की जेब में रखे थे। उस से लगकर लोहे का वो टुकड़ा मेजर रॉय की जान लेने से रह गया। शायद ये एक दुर्लभ उदाहरण है, जहाँ सिगरेट पीने की आदत के कारण किसी की जिंदगी बची। उनकी टैंक के गनर का ऐसा भाग्य नहीं था और दूसरी किरिच से वह मर गया था। मेजर भास्कर राय ने अपनी टैंक का निडरता से प्रयोग किया और तीन हमले बचाये। जब दुश्मन उनकी अवस्थिति के नजदीक आता, तब वह गोले चलाते थे, लेकिन सामर्थ्य हमेशा उनके पक्ष में नही था और यह स्पष्ट हो गया कि सख्ती से आगे बढ़ते दुश्मन के टैंक बल के सामने मुट्ठी भर टैंक खड़े नहीं हो सकते थे। दरअसल, स्क्वााड्रन जितना अच्छा कर सकती था, उतना उसने किया। इस मुट्ठी भर की सेना ने दुश्मन को काफी देर तक रोके रखा और बढ़त लेने नहीं दी। अगर यह स्कवाड्रन न होता तो दुश्मन बहुत जल्द ही अखनूर ब्रिज तक पहुंच जाते, जिसका नतीजा विनाशकारी होता।

दूसरी ओर, दिल्ली में कुछ ऐतिहासिक निर्णय लिए जा रहे थे। इनमें सबसे महत्वपूर्ण था, छम्ब में थल सेना की मदद के लिए भारतीय वायु सेना की तैनाती। भारत के द्वारा यह साफ संकेत दिया जा रहा था कि युद्ध शुरू हो चुका है। पाकिस्तानी टैंको ने भारतीय सीमा पार कर इस मामले में कोई संदिग्धता नहीं छोड़ी थी। दिलचस्प बात यह थी कि वायु सेना ने 1962 में कभी इस तरह की भूमिका नहीं निभायी थी। ऐसे में, युद्ध के शुरुआती दौर में इस तरह का निर्णय बदली राजनीतिक व्यवस्था का संकेत था। वायु सेना के जवान बिना समय गंवाये उसी शाम छम्ब सेक्टर के लिये निकल गये।

भारतीय वायुसेना के विमानों को देखकर हुई प्रसन्नता जल्द ही निराशा में तब्दील हो गई। वजह यह थी वायुसेना के पास ऐसा कोई जरिया नहीं था, जिससे उसे दुश्मन और दोस्तों के बीच फर्क का पता चल सके। वायुसेना के हमलों से खुद अपनी ही सेना का नुकसान हो रहा था।

शाम तक पूरे क्षेत्र की स्थिति हतोत्साहित करने वाली प्रतीत हो रही थी। रात नौ बजे तक ब्रिगेड ने अखनूर से अपनी कई टुकड़ी को निकालने के आदेश दे दिये थे। केवल तीन ऑपरेशनल टैंक के साथ मेजर भास्कर राय का स्क्वाड्रन बचा था और उनके पास भी गोला बारूद की भारी कमी थी। उन्हें मुन्नवर तवी नदी को पार करके पीछे आने और चेनाब के पास ट्रोटी हाइट पर खुद को तैनात रखने के आदेश दिये गए थे।

एक दिन के कठोर युद्ध में थकान के बावजूद टैंक के दल ने खाली पड़े बेड़े

की आवश्यक मरम्मत की, मेजर भास्कर राय ने मिली–जुली भावनाओं के साथ पूरे दिन का चिन्तन किया। अपने आदमियों के मारे जाने पर उन्हें दुख था। अपने टैंको पर भी उन्हें अफसोस था। लेकिन उन्हें संतोष था कि उनकी सेना ने अपना सर्वश्रेष्ठ प्रदर्शन किया। उन्हें अपने हर सैनिक पर गर्व था। वह जानते थे कि अगर दोबारा अवसर मिले तो वह निश्चित रूप से हार का पूरा बदला लेंगे।

अगले दिन बचे हुए 20 लांसर पठानकोट से अखनूर पहुंचने लगे और सी स्कवाड्रन के बचे तीन टैंक को ए स्कवाड्रन से मिला दिया गया। अगले कुछ दिन तक रेजीमेंट ने पाकिस्तान टैंकों के साथ कई मुठभेड़े की, इस क्षेत्र में 6 सितम्बर से पहले लाहौर में भारतीय हमले ने पाकिस्तान बख्तर को हटने के लिए मजबूर कर दिया था।

अखनूर के पतन को रोकने में उनकी भूमिका के लिए, और ज़बर्दस्त बाधाओं के बावजूद साहस और नेतृत्व के प्रदर्शन के लिए मेजर भास्कर राय को एम.वी.सी. से सम्मानित किया। यह विडंबना ही थी कि जिस शूरवीर ने युद्ध के मैदान पर अनेक बार मौत को गच्चा दिया, दो साल बाद ही सड़क दुर्घटना में मारा गया।

अगली तीन कहानियां खुद मेजर भास्कर राय के शब्दों में हैं, जो उन्होंने अपनी असामयिक मृत्यु से पहले उस दून स्कूल की मैगजीन के लिए लिखी थीं, जहां उन्होंने शिक्षा पाई थी। उनकी सुंदर पंक्तियों ने साबित किया है कि वह शब्दों के मामले में भी वैसे ही धुरंधर थे, जैसे युद्ध के मैदान में अपने टैंकों के।

अभियान से वापसी

ढ़ाई साल पहले हम जमीन के एक ऐसे टुकड़े पर छोटी, दुखद और हिंसक लड़ाई में शामिल थे जिसे हममें से ज्यादातर जवानों ने देखा भी नहीं था। हालांकि यह राष्ट्रहित का मुद्दा था और हममें से किसी को इस विवाद के कारण ों पर संदेह नहीं था, न ही इस मसले के नतीजे से अनजान थे। कई तरह से 1965 के भारत–पाकिस्तान युद्ध पर कई सारे साहित्य लिखे गए और प्रकाशित किए गए। लेखकों ने इस यादगार लड़ाई के इतिहास, कारणों, सामान्य रणनीति और निष्कर्ष पर खूब चिंतन–मनन किया। अपनी महानता की रौ में इस देश ने युद्धक्षेत्र में पराक्रम दिखाने के लिए अपने कई नागरिकों को सम्मानित किया और कई ऐसे लोगो को भी उदारतापूर्वक सम्मानित किया जिन्होंने युद्धक्षेत्र से इतर भी अपना कर्तव्य निभाया था।

लेकिन इस लड़ाई में और जो लोग 'भी कूदे' थे – उनका क्या हुआ? जिन सैनिकों और नागरिकों ने बेझिझक यह लड़ाई लड़ी और परिणाम की चिंता किए

मानचित्र उपाख्यान

- कब्जाया गया क्षेत्र
- विकास क्षेत्र
- तैनाती क्षेत्र
- बख्तरबंद दस्ता
- नहर
- संघर्षविराम रेखा
- दुश्मन
- भारतीय आक्रमण
- इंफैंट्री डिविजन
- अंतरराष्ट्रीय सीमा
- मुख्य आक्रमण
- बारूदी सुरंग
- निजी सेना
- पिल बॉक्स
- रेलवे लाइन
- नदी
- सड़क
- सड़क
- टैंक

1. पीटी 13620 और काली चट्टानों के हमले के लिए
4 राजपूत योजना

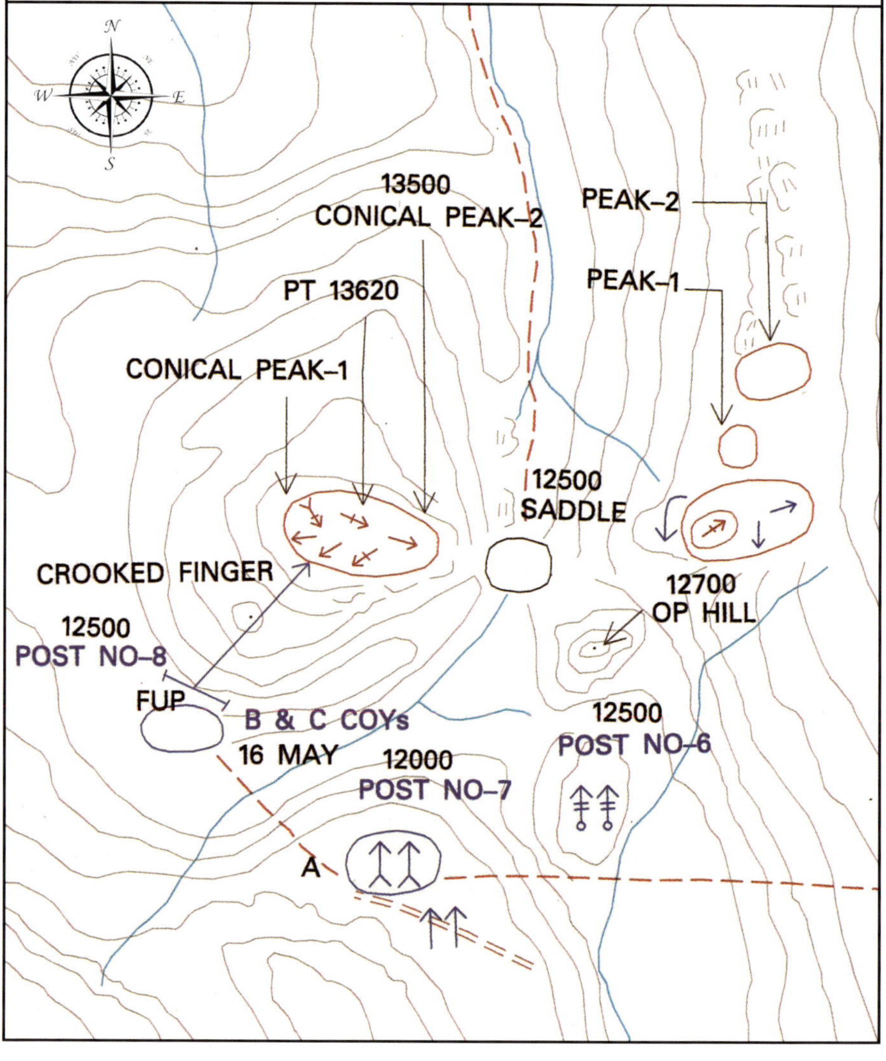

प्वाइंट 13620 और काली चट्टानों के सैटेलाइट दृश्य

Image © 2015 DigitalGlobe Image © 2015 CNES/Astrium Image Landsat

2. हाजी पीर ऑपरेशन बख्शी

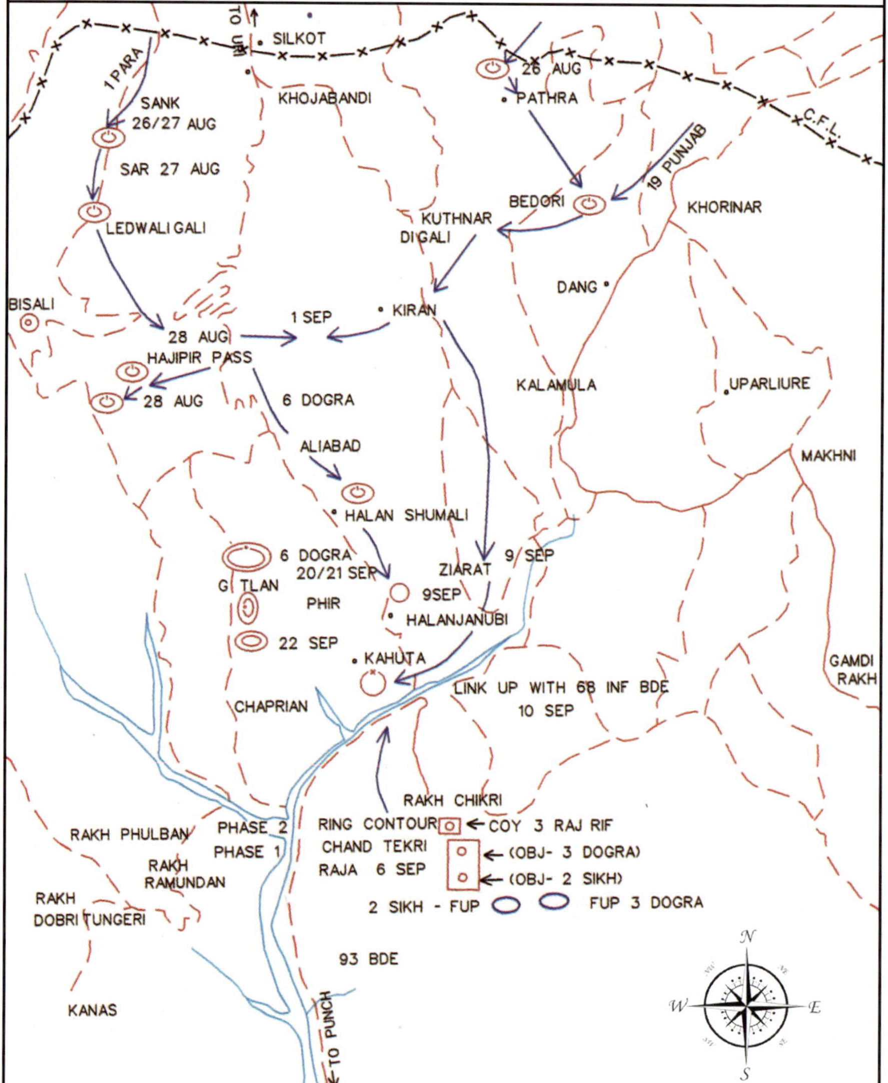

हाजी पीर का सैटेलाइट दृश्य

© 2015 Google US Dept of State Geographer Image © 2015 DigitalGlobe Image © CNES/Astrium

3. ऑपरेशन फौलाद
राजा और रानी पर 93 ब्रिगेड हमला

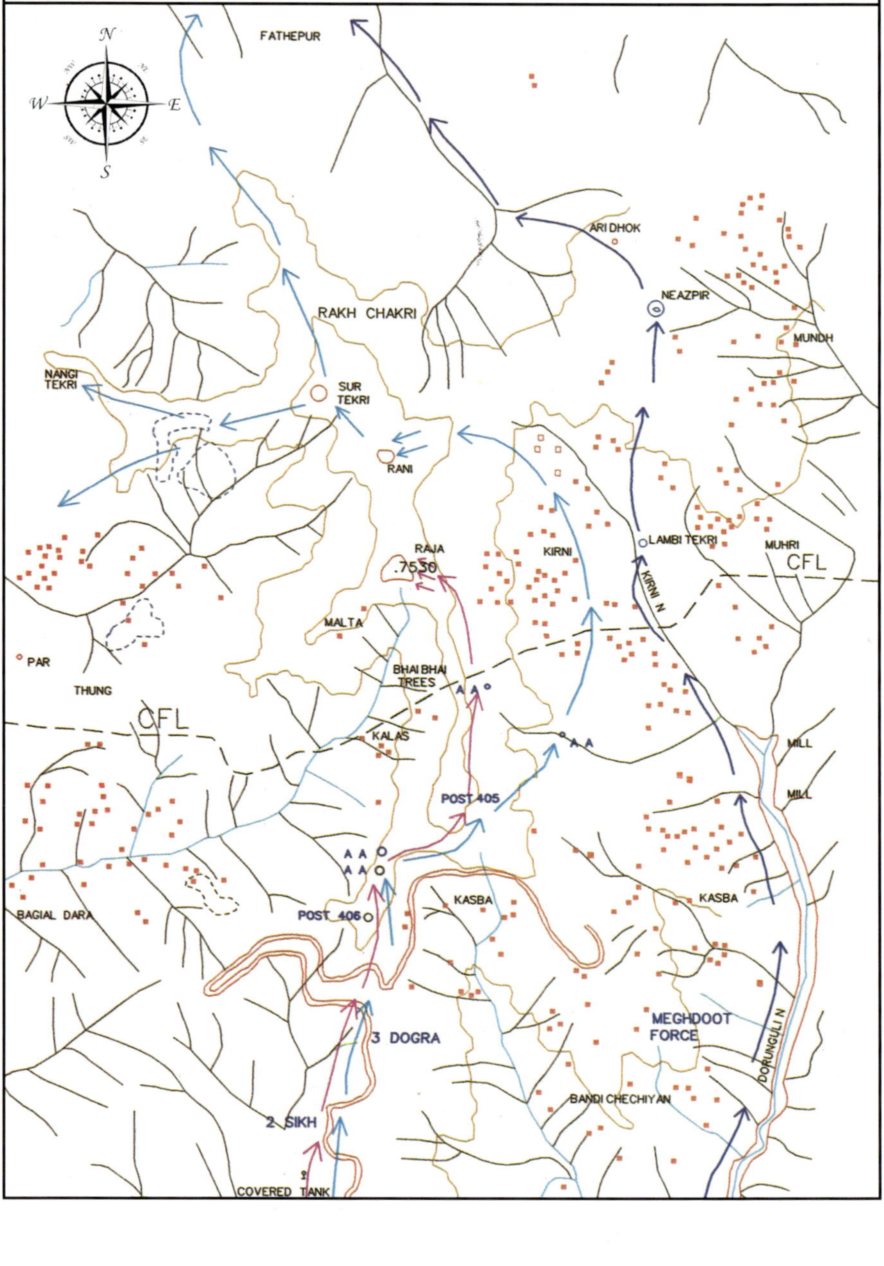

छम्ब का सैटेलाइट दृश्य

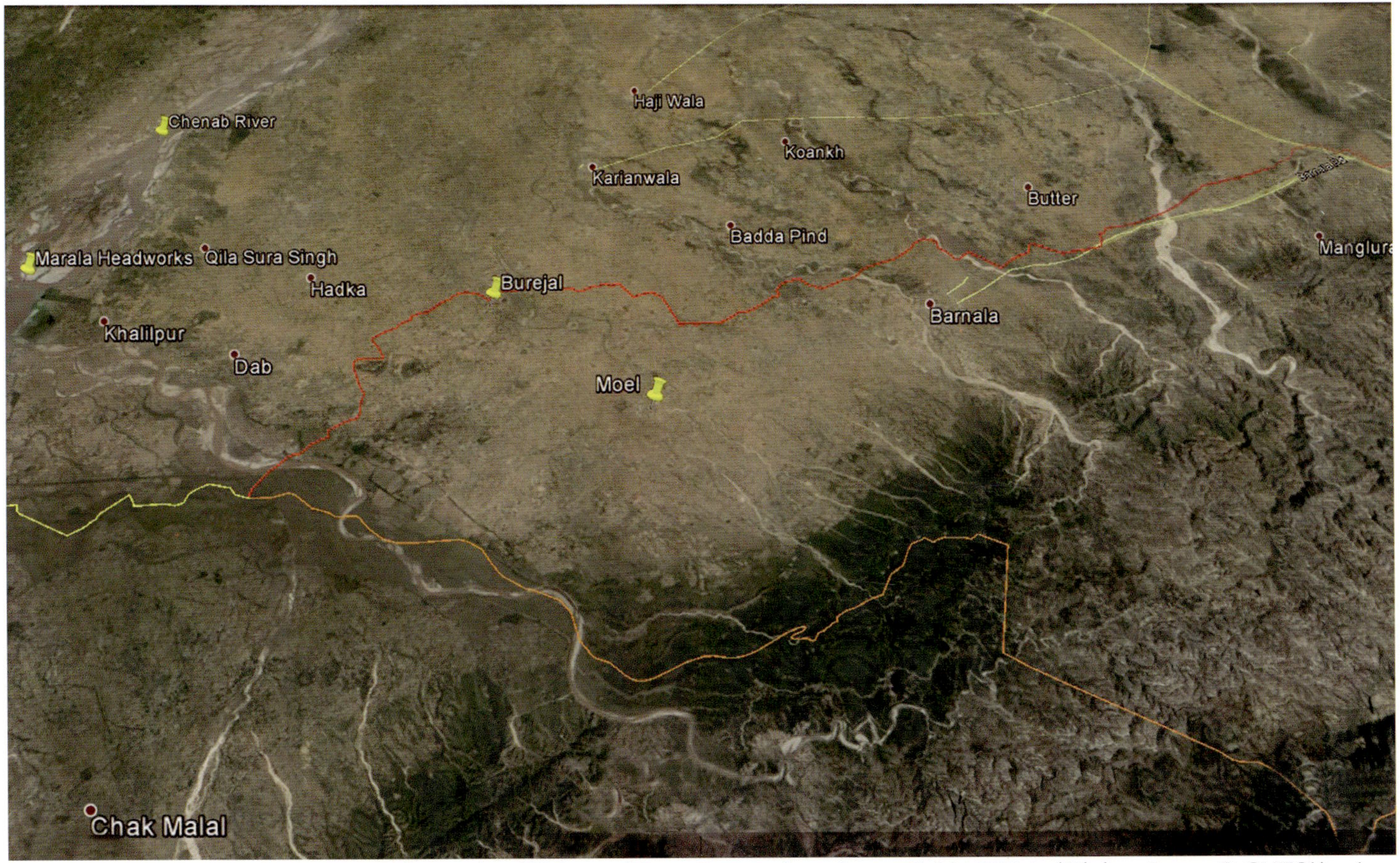

© 2015 Google US Dept of State Geographer Image © 2015 DigitalGlobe Image © CNES/Astrium

4. राजा पोस्ट पर 2 सिख का हमला

6 सितंबर 1965

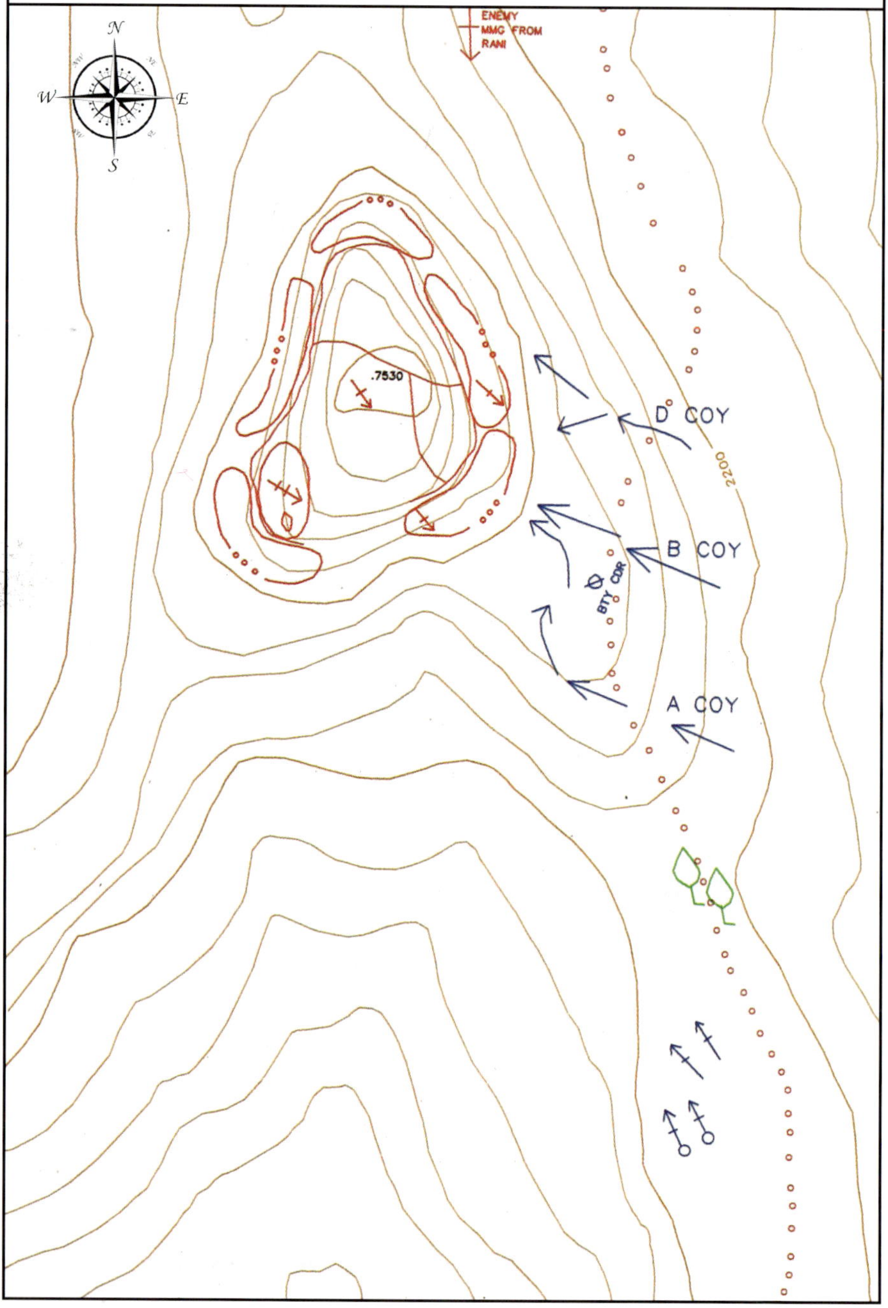

5. 6 सिख एलआई और 3 महार

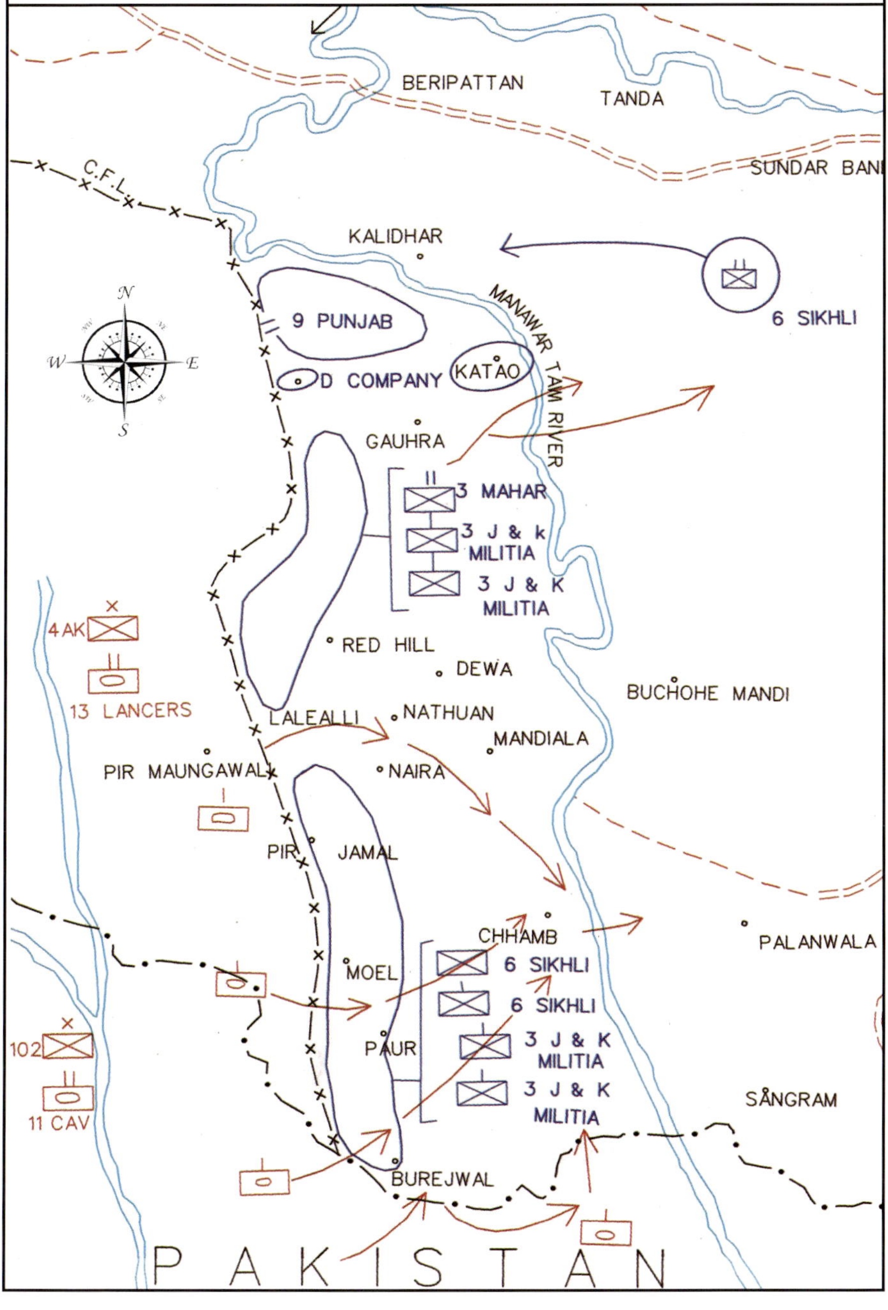

6. 54 इन्फेंट्री ब्रिगेड (3 जाट), 6 सितंबर 1965

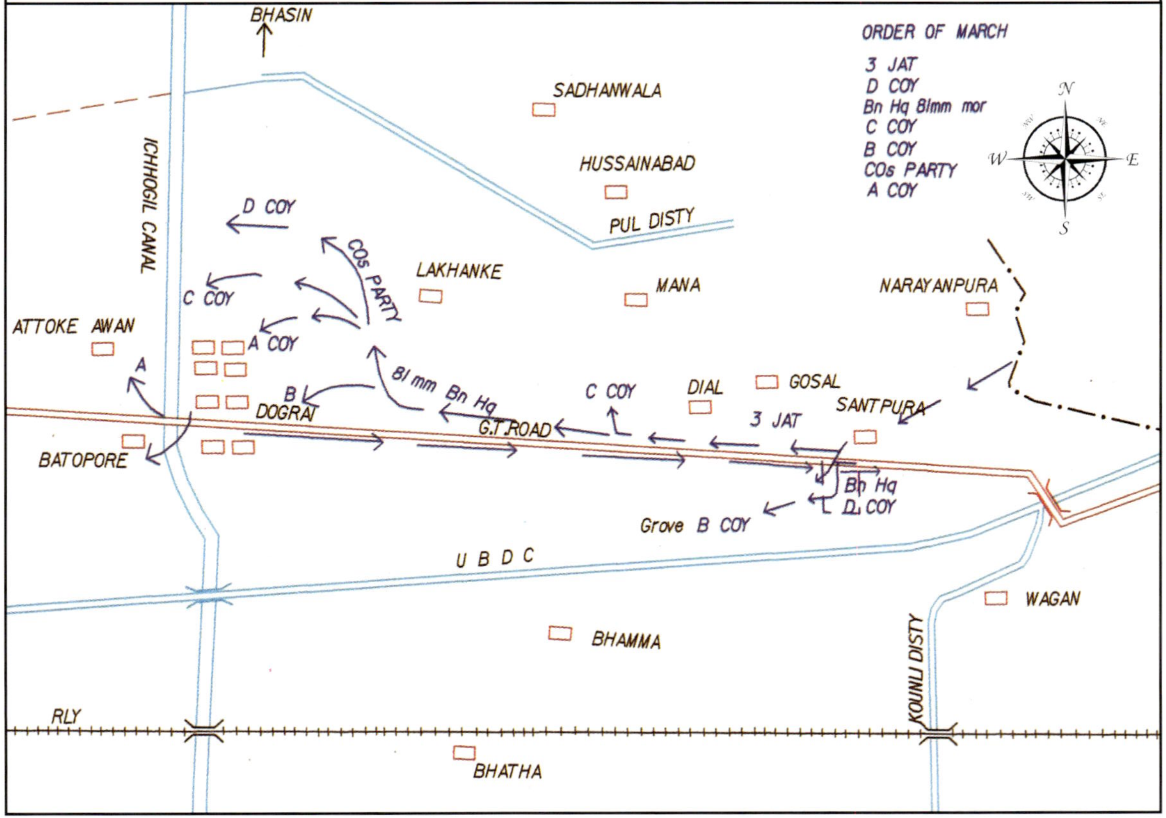

7. 3 जाट, डोगराई

22 सितंबर 1965

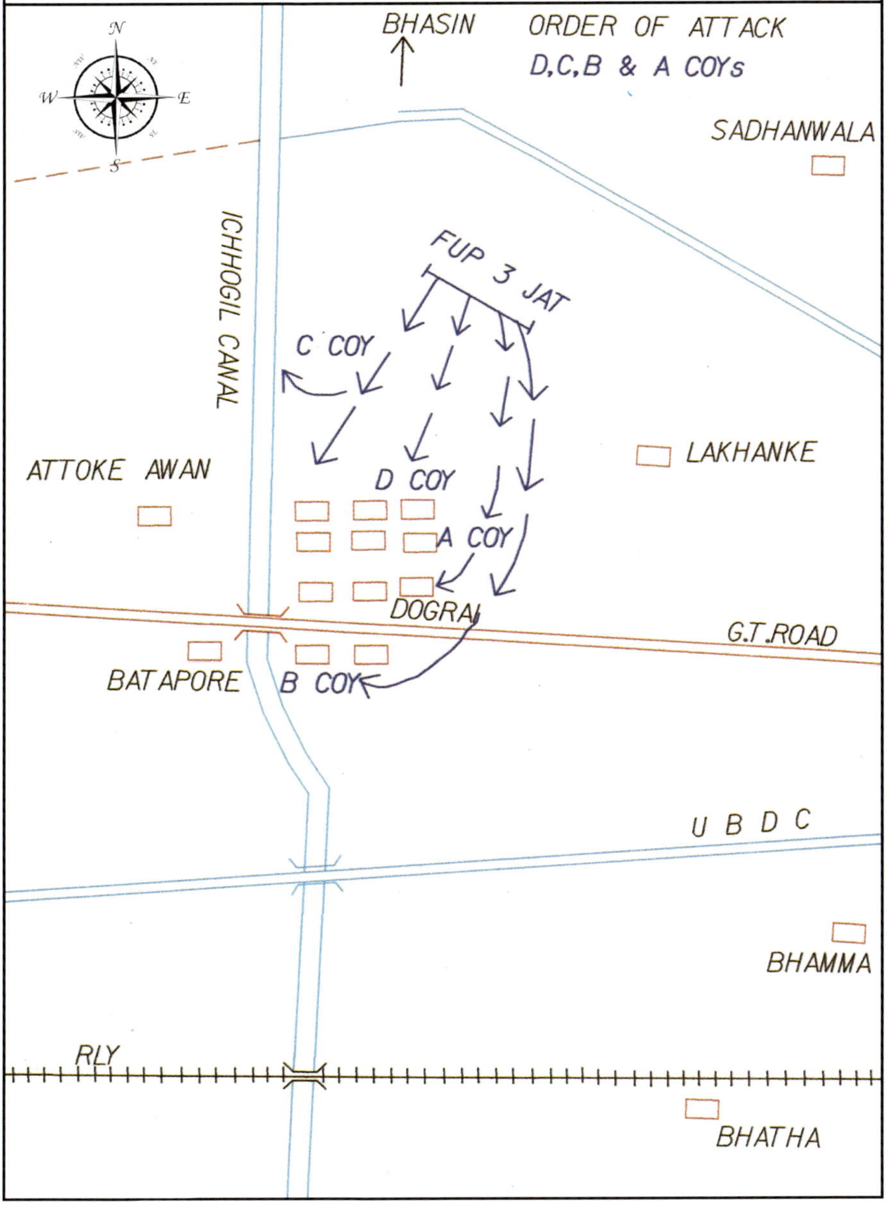

8. बर्की - संचालन की आचार संहिता

6-11 सितंबर 1965

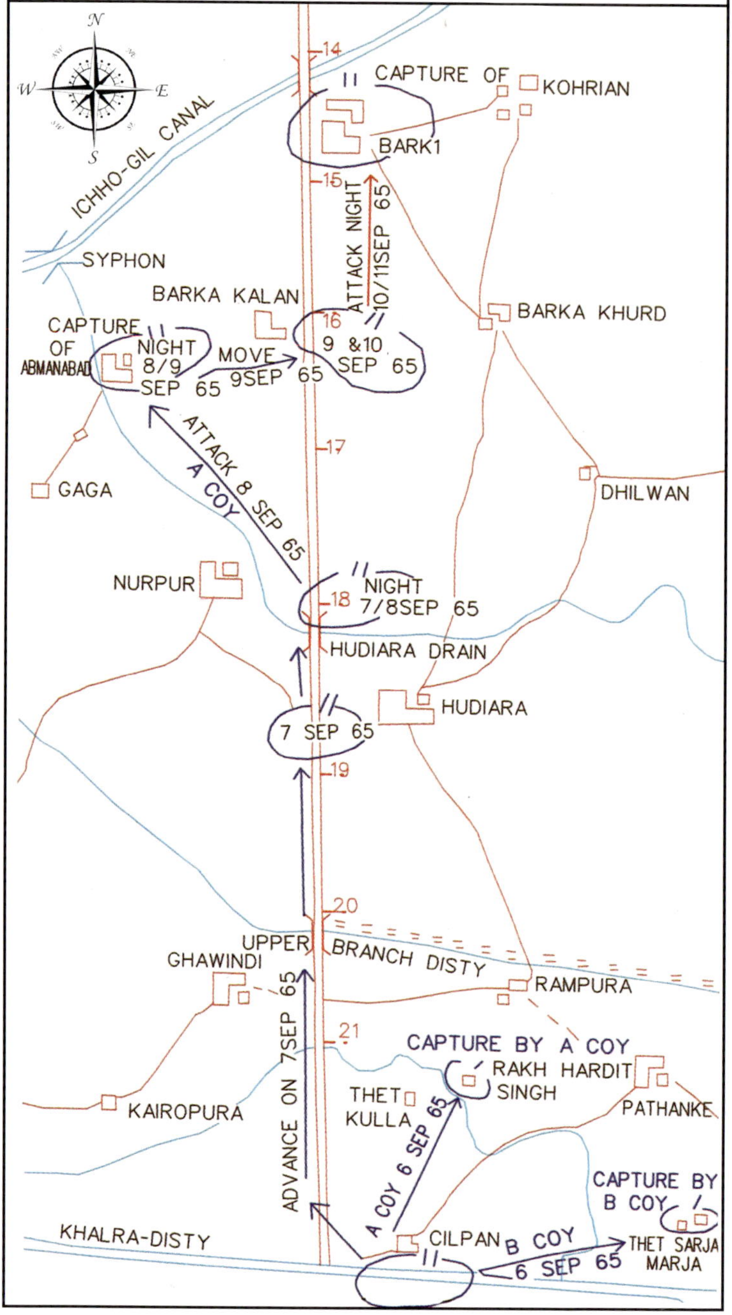

9. बर्की नाइट का युद्ध
10-11 सितंबर 1965

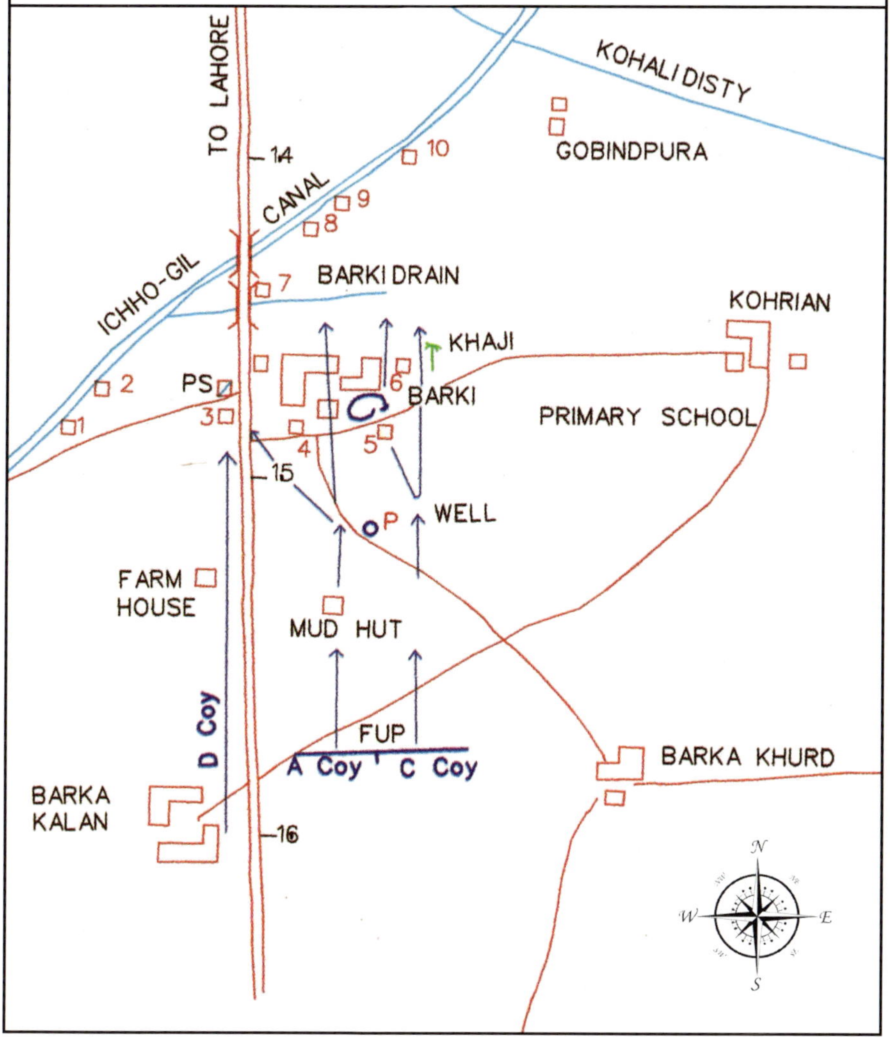

10. *असल अतर का युद्ध*, 8–10 सितंबर

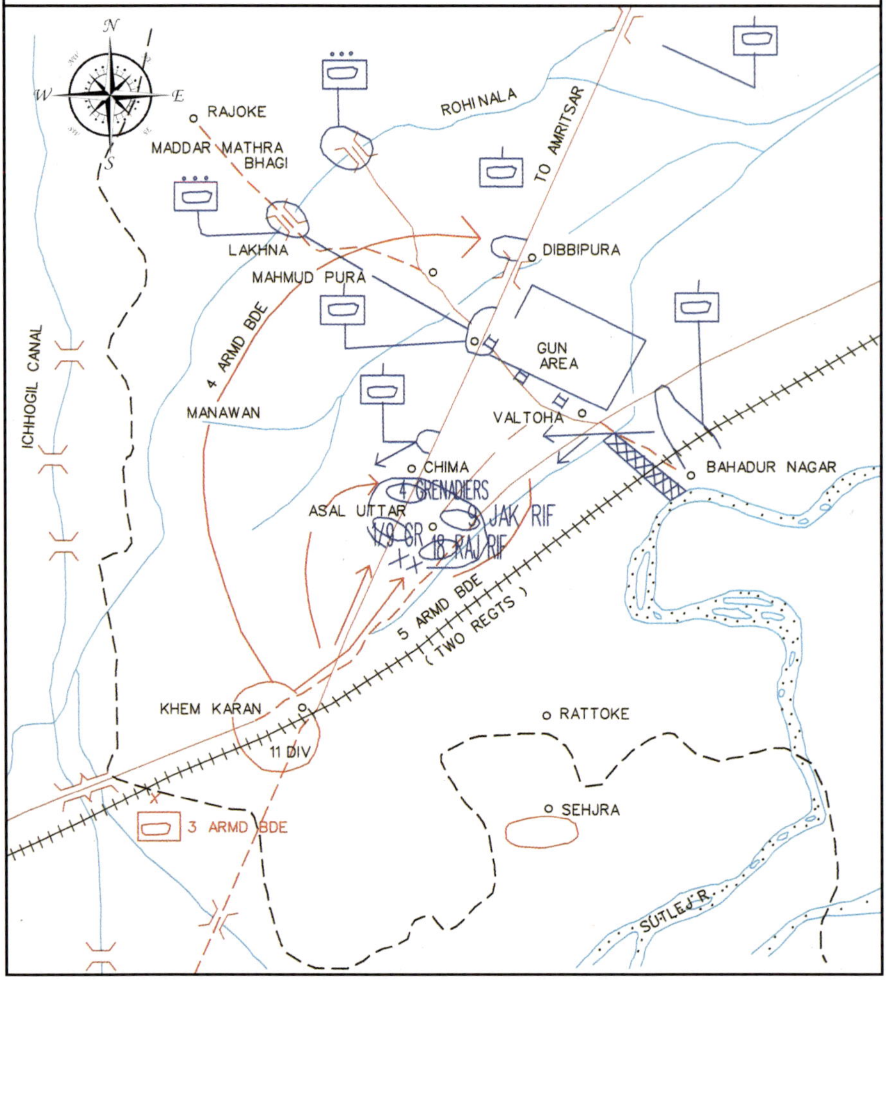

11. *1* कॉर्प्स युद्ध सियालकोट सेक्टर, 8–22 सितंबर 1965

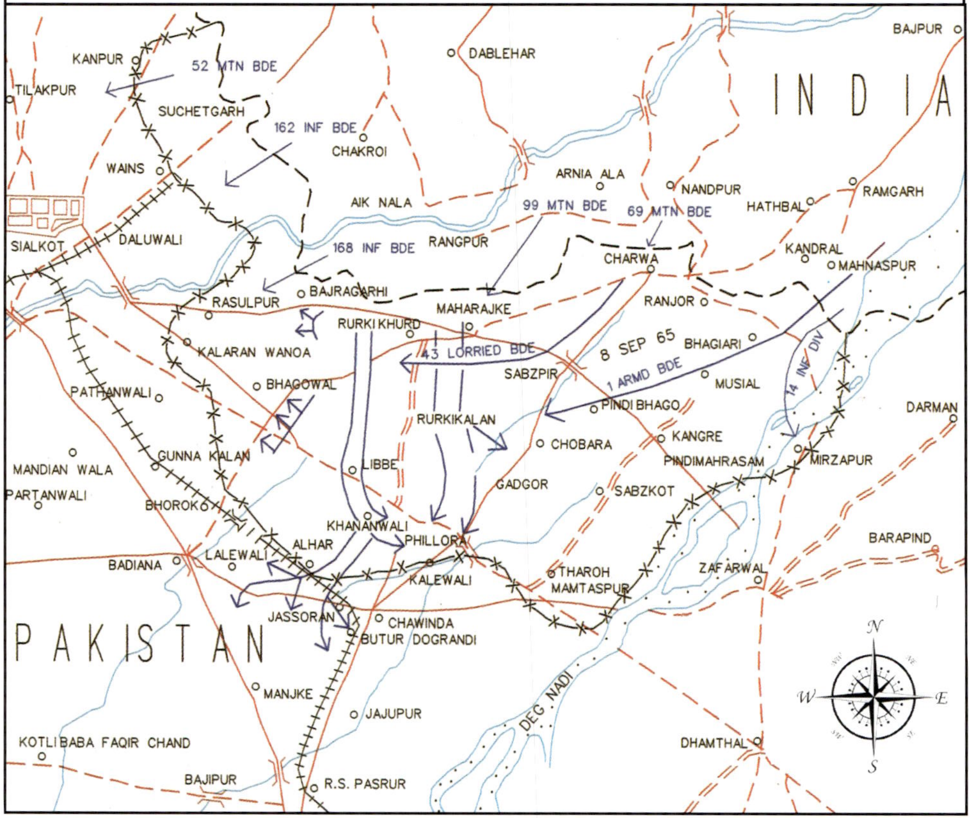

12. *ओपी हिल का युद्ध*
2-3 नवम्बर 1965

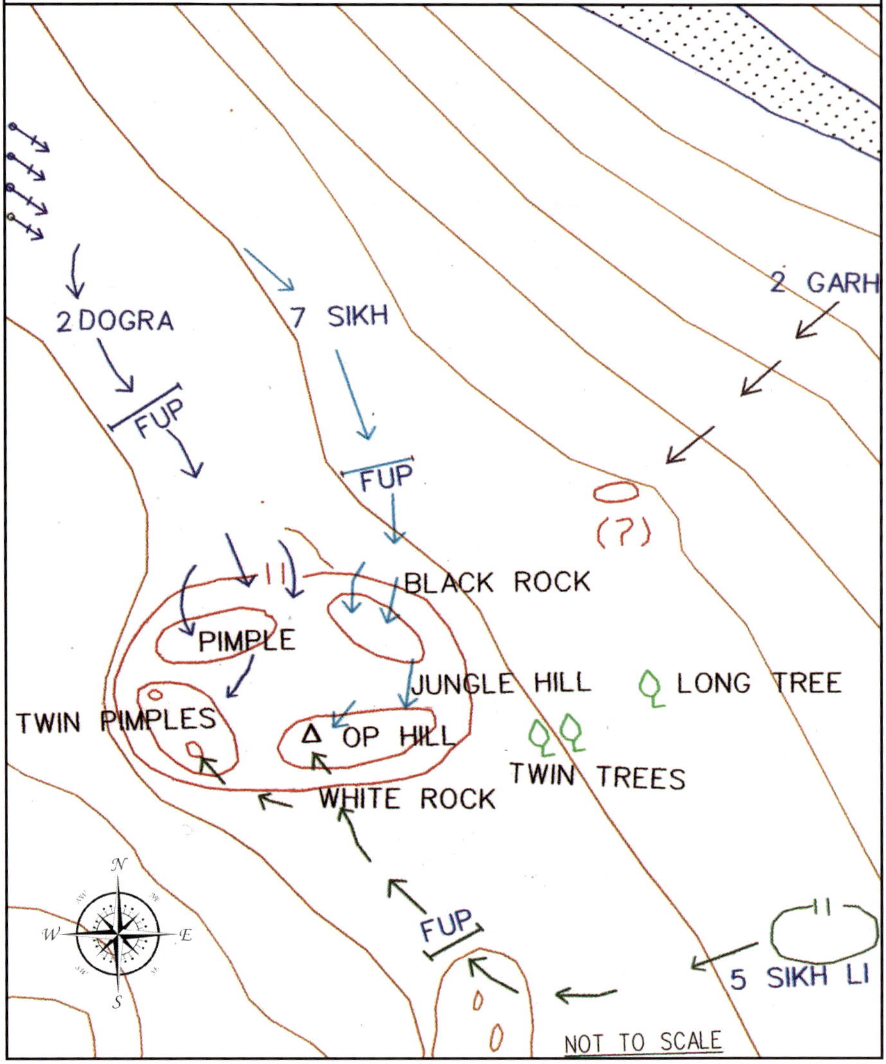

बगैर काम किया और जिन्हें न ही अनहोनी की चिंता थी, उनका क्या हुआ? लिहाजा मेरा इरादा आपको ऐसे ही कुछ गुमनाम नायकों की गाथा बताने या कम–से–कम इसका प्रयास करने का है।

हिस्साम सिंह

मैं 1965 में छम्ब–जौरियां सेक्टर में हल्के टैंकों के स्क्वाड्रन की कमान संभाल रहा था। मेरी टुकड़ी के पास 14 टैंक, गोला–बारूद, पेट्रोल और अन्य प्रशासनिक वस्तुओं से लैस एक दस्ता था जिसमें तकरीबन आठ लोग थे। इन्हीं में एक लंबा, गठीले शरीर का राजपूत जवान था हिस्साम सिंह। अपने सर्वश्रेष्ठ प्रयासों के बावजूद तब तक हिस्साब इस स्क्वाड्रन पर एक छोटा–सा काला धब्बा ही था। मुझे याद है कि पहली बार मैंने उसे अर्दली कक्ष में अपने सामने खड़ा पाया था जब उस पर मारपीट का आरोप लगा था। उसने मुझे बहुत ही खेदजनक शब्दों में बताया कि उसका 'इरादा' दूसरे पक्ष को अस्पताल पहुंचाना नहीं था और आखिरकार वे उनके अच्छे मित्र हैं। उसने कुछ दिनों की कैद की सजा खुशी–खुशी स्वीकार की और इस मुठभेड़ में दूसरा स्थान पाकर मेरे अंदर अपने प्रति हमदर्दी जगा गया।

फिर सालाना वाहन निरीक्षण से ठीक पहले वह वक्त भी आया जब स्क्वाड्रन के सीनियर जेसीओ ने स्क्वाड्रन को हिस्साम सिंह को छोड़कर (मुझे ज्ञात होना चाहिए था) तैयार रहने को कहा। उसने निरीक्षण के लिए अपना वाहन तो तैयार नहीं किया लेकिन शाम में देर से लौटा भी, जिसकी वजह 'खूब पी लेने और अनियंत्रित' स्थिति ही कही जा सकती है। निरीक्षण दल तुरंत पहुंचने वाला ही था इसलिए इस मामले से निपटने का वक्त नहीं रह गया था। मैं कमांडिंग ऑफिसर के समक्ष बहाने पेश करने के बारे में व्यग्रता से सोचने लगा कि मेरे वाहनों पर खराब रिपोर्ट का क्या कारण है। मुझे अत्यंत खुशी हुई, न कि आश्चर्य हुआ, कि मेरे स्क्वाड्रन को रिपोर्ट में 'गुड' मिला और जिस हिस्साम के टैंक को लेकर मेरा सबसे ज्यादा डर बना हुआ था, उसे रेजीमेंट में सर्वश्रेष्ठ तीन टैंकों में से एक घोषित किया गया। मैं घबरा गया कि मैंने हिस्साम को बधाई देने संबंधी अपने कमांडिंग ऑफिसर के निर्देशों की अवहेलना की थी– निरीक्षण दल में वह हवलदार शायद उसके चचेरे भाई या बहनोई थे (हिस्साम को इस रिश्ते का ठीक–ठीक पता नहीं था) और उन लोगों ने इससे पहले की देर शाम तक पुराने टैंकों को दुरुस्त कर दिया था।

आपको याद दिलाऊंगा कि 1 सितंबर 1965 को पाकिस्तान ने छम्ब पर

एक विशाल बख्तरबंद सेना से हमला किया। उस दिन के हालात ज्यादा विकट हो सकते थे और आप उस तनावपूर्ण स्थिति की कल्पना कर सकते हैं। जिस इंफेंट्री बटालियन के सामान्य क्षेत्र में हम थे, उसकी भी स्थिति हमसे बेहतर नहीं थी। दोपहर करीब डेढ़ बजे तक मैंने कुछ टैंक गंवा दिए थे और बहुत कम ही ऐसे लोग थे जो फिर से बेहतर दिन लौटने की सोच रहे हों या किसी दिन ऐसी स्थिति आई हो। ऐसे हालात में प्रतिकूल परिस्थितियां मानो बढ़ती ही जा रही थी जब मेरे स्क्वाड्रन के सीनियर जेसीओ ने घुड़सवार हिस्साम सिंह के गायब होने की खबर दी। मैं मानता हूं कि गुस्से में बोलते हुए उसको मैंने बद्दुआ दी और उसे कैदी बनाकर अपने सामने पेश करने का आदेश देते हुए अपनी बात खत्म की, मैं स्पष्ट कर दूं कि उसके पकड़े जाने पर मुझे आशंका थी ही। हालांकि अन्य बातों पर सोचने का वक्त नहीं था लेकिन प्रतिकूल हालात में 70 पैटन, जिन्हें बहुत कम कहा जा सकता है, थोड़ी–बहुत असुविधा से कहीं ज्यादा हमारी जान बचा रहे थे।

दोपहर करीब डेढ़ बजे मैंने एक बेतुका दृश्य देखा। पांच फुट छह इंच लंबे स्क्वाड्रन सीनियर जेसीओ मेरे सामने छह फुट के हिस्साम सिंह की गर्दन दबोचे खड़ा था। जब मैं उसके नए उपद्रव के बारे में जानने की कोशिश कर रहा था तो हिस्साम मेरे सामने चेहरे पर लज्जित भाव लिए खड़ा था। मैंने उससे कहा कि मैंने क्या–क्या नहीं उसके लिए सोचा था और उसने किस तरह स्क्वाड्रन तथा रेजीमेंट का नाम खराब किया है – उसने विनम्रता से 'एक और मौका' देने का अनुरोध किया और वादा किया कि अब वह कभी अनुपस्थित नहीं रहेगा।

उसी क्षण इंफेंट्री बटालियन के कमांडर ने मुझे टेलीफोन किया। वह मेरा तहेदिल से शुक्रिया अदा कर रहे थे कि जिस पोस्ट पर उनके जवान दुश्मनों से घिरकर खतरे में पड़ गए थे, उन्हें निकालने के लिए मैंने अपने एक जवान को लॉरी लेकर भेजा था! मैंने डरते–डरते (और थोड़ी नाराजगी के साथ) टेलीफोन रखा और हिस्साम से पूछा कि उसने क्या किया है। उसने बटालियन कमांडर की कहानी की पुष्टि की – 'आपने देखा सर, वे बेवकूफ आगे बढ़ गए थे और फंस गए थे तो किसी न किसी को तो उन्हें बचाने के लिए कुछ करना ही था।' मैंने उससे पूछा कि इस बारे में मुझे पहले क्यों नहीं बताया। तब उसने खेद जताते हुए बताया कि मैं उसे इसका मौका नहीं देता। हिस्साम अब भी उस स्क्वाड्रन में है और मैं नहीं, इसके बावजूद मुझे उसके बारे में बिना इजाजत के ज्यादा समय तक छुट्टियां करने और उसके आज्ञा नहीं मानने की रिपोर्ट मिली। इन सबके बावजूद 1965 में उसे प्रोन्नति दिलाने का कोई खेद नहीं है।

घुड़सवार अगर सिंह

निश्चित रूप से हिस्साम एक जटिल चरित्र था, जिसके बारे में मैंने पहले बताने की कोशिश की है। पता नहीं क्यों, छोटे कद का अगर सिंह अपने रास्ते से भटककर मेरी घबराहट बढ़ा देता था। छम्ब के दक्षिण की तरफ वाली सड़क धूल भरी थी, जहां से दो रास्ते निकलते थे – एक रास्ता अंतरराष्ट्रीय सीमा की तरफ जाता था जबकि दूसरा रास्ता संघर्ष विराम रेखा की तरफ। दोराहे के थोड़ा आगे ही वास्तविक पोजिशन बनती थी जहां नौ टैंक रखे जाने थे। दुर्भाग्यवश मेरे पास सिर्फ टैंक ही बचे थे और इन्हें इस विनम्र अनुरोध के साथ मेरे स्क्वाड्रन कैप्टन ने मेरी कमान मे भेजा कि कुछ ही घंटों की पोजिशन के लिए मैं इसे रखूंगा। मैंने अफसर से आग्रह किया कि 1 सितंबर के दिन ढ़लने तक पोजिशन बनाने दी जाए।

उस मोर्चे और मेरे स्क्वाड्रन मुख्यालय के बीच 1500 यार्ड का खुला मैदान था। दोपहर करीब ढ़ाई बजे दो पाकिस्तानी पैटन ने इस घास के मैदान पर फायरिंग शुरू कर दी। वे पश्चिमी छम्ब गांव के झुरमुट में छिपे हुए थे और हम उन्हें निकाल बाहर करने के लिए कुछ नहीं कर सकते थे। लगभग उसी समय एक और नई मुसीबत खड़ी हो गईः मेरे टैंकों को और गोला–बारूद की जरूरत पड़ गई। यदि मैं स्क्वाड्रन मुख्यालय के पास मौजूद दूसरे टैंकों से इसकी भरपाई करता, दोराह के पास अपने स्क्वाड्रन कैप्टन की टुकड़ी से गोला–बारूद लेता तो यह लगभग असंभव था। यदि मैं दूसरे प्रत्येक टैंक को 1500 यार्ड वापस लौटकर गोला–बारूद लेने के लिए कहता तो दो में से कोई भी एक अनहोनी हो सकती थीः इस अंतराल में दुश्मन या तो अपनी पोजिशन बढ़ा सकता था या फिर गोला–बारूद लेकर लौट रहे हमारे टैंक को खुले मैदान में नष्ट कर सकता था।

एकमात्र विकल्प यही था कि उस पोजिशन पर गोला–बारूद से भरी लॉरी भेजी जाए और तब उसे रास्ते में ही उड़ाने का जोखिम उठाया जाए। मैंने दूसरा विकल्प तय किया और इसके ड्राइवर की तलाश के लिए आसपास नजरें घुमाईं। जो टैंक पहले नाकाम हो चुके थे, उनमें से कुछ ही जवान वापस लौटने में भाग्यशाली रहे। इन्हीं में से एक टैंक ड्राइवर था घुड़सवार अगर सिंह। वह तकरीबन 23 साल का नाटा जवान था और कभी अपने बारे में ज्यादा नहीं बोलता था। उस दिन उसने कैसे अपनी जुबान खोली, यह तो पता नहीं लेकिन जब तक मैं माजरा समझता, देखा कि गोला–बारूद से भरी एक लॉरी पीछे से आ रही है। तभी से स्क्वाड्रन के बाकी जवान सांसें रोककर उसे देखने लग

गए, मेरा कलेजा मुंह को आ गया और सभी चेहरे पर यही भाव लगता था कि मैंने ऐसा कैसे सोच लिया।

अगर सिंह खुले मैदान में दृढ़तापूर्वक गाड़ी चलाता आ रहा था– उड़ाए जाने के खौफ से बेफिक्र न तो उतना तेज और न ही दुश्मन की गोलाबारी से रुक जाने के डर से धीरे–धीरे। दोराहे से 200 यार्ड पहले एक सूखा नाला था। नाले के पास पहुंचने से ठीक पहले छम्ब के झुरमुट से अगर सिंह पर जबर्दस्त गोलाबारी की गई। निश्चित रूप से उसके दूसरी तरफ हमारे जवानों के अलावा कोई और था क्योंकि उसकी लॉरी पर उस तरफ से कई गहरे सुराखों के निशान थे। उसने बताया, "पाकिस्तानी गनर्स् को प्रशिक्षण की जरूरत है...। इसी मौके पर इस युवा सैनिक अपनी कुशाग्र बुद्धि का परिचय दिया और अपनी लॉरी को सीधे नाले की ओर बढ़ाता गया। नाले के किनारे उसके लिए अडिग सैनिक बन गए जिसका इस्तेमाल उसने दुश्मन की गोलाबारी से सुरक्षा के लिए किया।"

वहीं से उसने पहला टैंक चलाते हुए टुकड़ी को गोला–बारूद की भरपाई करने में मदद की, नाला की तरफ लौटा, दूसरे टैंक तक गया और फिर नाले की तरफ बढ़ा। इसी प्रकार तीसरे टैंक में गोला–बारूद भरते हुए मैदान की तरफ बढ़ा, सुरक्षा घेरे में टैंक को पार्क किया, मेरेपास आया, शालीनता से मुझे सलामी दी और अपना काम पूरा कर लेने की रिपोर्ट दी! मुझे बाद में बताया गया कि उसके मेजर की चिंता थी कि वह उनकी पानी की बोतल लौटाएगा भी या नहीं, जिसे उसने तीसरे टैंक के ड्राइवर को दे दिया था और अगर उसके मुताबिक वह भरोसेमंद सहयोगी नहीं था।

'मांजी'

प्रत्येक व्यक्ति में कोई न कोई गुण छिपा होता है जिसे मैं पराक्रम का परिमाण मानता हूं। मैं समझता हूं कि हममें से कोई ऐसा नहीं होगा जिसे मौत से भय न हो। फील्ड मार्शल सलीम ने इसे बड़ी कुशलता से व्यक्त किया है कि इसी भय पर काबू पाना सबसे महत्वपूर्ण होता है। अपने भय पर काबू पाने की क्षमता कई दृष्टिकोण से विकसित होती है: मसलन, गोलाबारी के बीच उपयुक्त तरीके से प्रशिक्षित कोई सैनिक किसी नागरिक की तुलना में अधिक लंबे समय तक खुद पर काबू रख सकता है क्योंकि कोई नागरिक तोप की गोलाबारी के धमाकों और आग की परिस्थितियों से नावाकिफ रहते हैं। लेकिन यदि ऐसी परिस्थितियों में किसी नागरिक को यदि सैनिक के बराबर अपनी क्षमता साबित करनी पड़ जाए, चाहे उसका आत्मबल जितना भी हो तो, तो उसका पराक्रम

वाकई काबिले–तारीफ होगा। इसी पराक्रम की याद ताजा करते हुए मैं एक बुजुर्ग डोगरी महिला की कहानी बताना चाहता हूं जिनका जिक्र किए बगैर यह रिकॉर्ड पूरा नहीं हो हो सकता।

अखनूर के पास बटेरा एक छोटा सा गांव है। यह एक शांत और छोटा गांव है जिसके हरे–भरे खेतों को चिनाब नदी सींचती है। मुझे बताया गया कि उन्हीं खेतों के पास नदी के किनारों पर माहिवाल हर रात अपनी सोहनी के तैरकर आने का बेसब्री से इंतजार करता था। इन खेतों की खूबसूरती जरा भी कम नहीं हुई है और मैं अब भी देख सकता हूं कि हवा के मंद–मंद झोंकों में कमर तक ऊंची बाजरे की फसल लहराती रहती है। दुर्भाग्यवश, फील्ड आर्टिलरी न तो पौराणिक कथा का और न ही ग्रामीण क्षेत्र का सम्मान करने के लिए तैनात किए जाते हैं और इसलिए सितंबर 1965 के उन 22 दिनों तक बाजरे का खेत उपेक्षित ही रहा। उस क्षेत्र में दुश्मनों की गोलाबारी के बावजूद मेरे सैन्य दस्ते के पार्श्व सैनिकों ने बटेरा के पास ही शिविर लगाया हुआ था।

गोलाबारी के कारण एक व्यक्ति को छोड़ बटेरा के सभी ग्रामीण रात में गांव को खाली कर देते थे। गांव के किनारे ईंटों के एक बड़े मकान में एक बूढ़ी औरत रहती थी। मेरी उनसे एक देर शाम को तब मुलाकात हुई थी जब मैं भूखा, धूल–धूसरित और बहुत ही थका हुआ था। मुझे याद है कि जैसे ही मुझे एक खाट दिखाई गई और मैं उस पर निढाल होकर चिरनिद्रा में जाने वाला था, मुझे आवाज सुनाई दी, 'होगा वह तुम्हारा कमांडर, मुझे कोई परवाह नहीं। वह मेरे घर में है।' मुझे लगता है कि मैं उसके बाद सो गया था और अगले दिन मैंने भोजन (मुझे डर लग रहा था कि मेरे नाश्ते का समय खत्म हो चुका है) मांगा। मेरे स्क्वाड्रन में तनी मूछों वाले सीनियर जेसीओ ने मुझे बताया कि इस मकान की मालकिन ने मुझे उस दिन यहां रखने से मना कर दिया था।

तभी वह मकान मालकिन पहुंच गई – वह उस क्षेत्र की परंपरागत पोशाक 'चूड़ीदार' और 'कमीज' में थी और उम्र के कारण झुकने के बावजूद वह भोजन की थाली मजबूती से पकड़ी हुई थी जो वह मेरे लिए लाई थी। जब तक मैं भोजन करता रहा, वह वहीं खड़ी रही और लगता था कि दुनिया ने उनकी इसी स्वाभाविक अदा के कारण उसे 'मांजी' बना दिया था। सच तो यह है कि पूरा स्क्वाड्रन उन्हें इसी नाम से पुकारता था, सिर्फ जेसीओ ही उन्हें 'आप' कहते थे। शायद व्यक्तित्व का टकराव रहा हो लेकिन मैंने पाया कि शाम के वक्त जब तक मांजी आसपास नहीं होतीं, तब तक वह हमारे छोटे से 'मंदिर' के बक्से को नहीं खोलते थे जिसमें हमने चामुण्डा देवी की छोटी–सी मूर्ति रखी हुई थी!

एक बार मैंने उनसे पूछा कि वह गांव छोड़कर अन्य ग्रामीणों के साथ क्यों नहीं गईं। उन्होंने इस सवाल पर विचार किया और फिर जवाब दिया, 'तुम देख रहे हो बेटे कि मेरी रक्षा के लिए तुम्हारे अलावा मेरे और बेटे (मेरा स्क्वाड्रन) हैं। इसके अलावा जब मेरे पति की मृत्यु हुई थी तो वह मेरे लिए यह घर और जमीन छोड़कर गए थे। यह जमीन मेरी है और मैं यही मरूंगी।' मैं समझता हूं कि मेरे लिए यह देशभक्ति का अब तक का सबसे असरकारी सबक था और सही मायने में यही चीज हमें घर की तरफ खींचती है और हम वहीं रहना चाहते हैं। यह जमीन भी तो हमारी है और यहां मरने में कोई समस्या नहीं होनी चाहिए।

मांजी को हम कभी भयभीत नहीं देखते थे लेकिन सिर्फ और सिर्फ एक बार उन्हें चिंतित जरूर देखा। गांव के बाहरी हिस्से में पाकिस्तानी गोले गिरने से दो मकान क्षतिग्रस्त हो गए थे। मांजी ने मुझसे पूछा कि क्या उन्हें घर छोड़कर चले जाना चाहिए। मैंने पहले जैसी विनम्रता से ही उन्हें कहा कि यदि वह सचमुच जाना चाहती हैं तो मैं उन्हें जम्मू तक छोड़ दूंगा। हालांकि मैंने उन्हें भरोसा दिलाया कि किसी और चीज के अलावा हम उनका ख्याल रखने के लिए तो हैं ही और अगर हालात वाकई बिगड़ जाते हैं तो मैं खुद चाहूंगा कि वह गांव छोड़कर चली जाएं। 'ओह!' उन्होंने कहा, 'मुझे उसकी चिंता नहीं है। देख नहीं रहे हो कि घर में इतना अनाज पड़ा हुआ है और मैं नहीं चाहती कि वह बर्बाद हो जाए। क्या तुम मुझे इनमें से आधा अनाज भेजने में मदद कर सकते हो? यदि मैं यहीं रुकती हूं तो मुझे सिर्फ इसमें से आधे अनाज की ही जरूरत पड़ेगी।'

मैंने यह व्यवस्था कर दी थी और हमारा मस्कट हमारे साथ ही रुक गया था। संघर्षविराम लागू होने के बाद दूसरी बार मैं बटेरा गया। मांजी अपने पोते के साथ घर से बाहर निकलीं। संघर्षविराम सचमुच लागू हो गया है, इसकी पुष्टि के बाद उन्होंने फौरन वह अनाज लौटाने को कहा। दूसरी चीज, उन्होंने मेरे हाथ में एक रुपये का नोट पकड़ा दिया। उनकी आंखों में आंसू थे क्योंकि उन्हें खेद था कि इससे ज्यादा वह नहीं दे सकती थी। उनके अनुरोध पर उनके पोते ने उस नोट पर उनकी तरफ से शुभकामनाएं लिखी। आखिरी बार उनसे मेरी मुलाकात दिसंबर 1965 में हुई थी। जब मैं जाने लगा तो वह रोने लगीं और मुझे डर था कि मैं भी थोड़ा भावुक हो गया था। मैं उन्हें गर्व के साथ ही याद करता हूं, हर बार अपनी टेबल पर फ्रेम में मढ़े उनके दिए उस एक रुपये के नोट को देखता हूं। मैं महसूस करता हूं कि एक अनपढ़ बुजुर्ग महिला में कितना बड़ा साहस हो सकता है और यह देखना मेरे लिए सौभाग्य की बात थी।

लाहौर सेक्टर पर भारत का आक्रमण

पाकिस्तानी सेना ने 1 सितंबर, 1965 को जम्मू–कश्मीर में अखनूर सेक्टर में जो आक्रमण किया, उसका संचालन पाकिस्तान के भीतर से खैरियां के दक्षिण में उसकी मुख्य भूमि से किया जा रहा था। इससे भारत को भी जम्मू–कश्मीर में घुसपैठ को रोकने के लिए चलाए जा रहे अभियान को पंजाब में अंतरराष्ट्रीय सीमा पर युद्ध में तब्दील करने पर मजबूर होना पड़ा। पाकिस्तान ने जो हमला किया, उस पर पहले के अध्यायों में विस्तार से चर्चा हो चुकी है। कच्छ के रण में पाकिस्तान की घुसपैठ के बाद के हालातों में अप्रैल, 1965 में भारत ने लाहौर पर हमला करने की योजना बनानी शुरू की थी। भारतीय योजनाकार बेहतर समझते थे कि उत्तर में जम्मू–कश्मीर में या फिर, दक्षिण में कच्छ के रण में पाकिस्तान जो चुनौती पैदा कर रहा है, उससे निपटने का सबसे कारगर तरीका यही था कि भारतीय सेनाएं भी पाकिस्तानी पंजाब या सियालकोट पर धावा बोल दें। पाकिस्तान को धमकाने के लिए लाहौर एक सटीक निशाना था। यह शहर अंतरराष्ट्रीय सीमा के नजदीक तो था ही, बल्कि पाकिस्तान के सबसे महत्वपूर्ण शहरों में से एक भी था। भारतीय योजनाकार जानते थे कि लाहौर को बचाने के लिए पाकिस्तान को अपनी सेनाएं दूसरे क्षेत्रों से पीछे हटानी पड़ेंगी। वह यह भी समझते थे कि पाकिस्तानी पंजाब में हमला बोलने से भारत को महत्वपूर्ण हिस्से पर कब्जा बनाने में तो मदद मिलेगी ही, साथ ही, लाहौर पर हमले से अमृतसर को भी सुरक्षा मिलेगी। भारत सरकार ने अंतरराष्ट्रीय सीमा को पार कर पंजाब पर हमले की योजना पर अपनी मुहर लगा दी। इस अभियान का संचालन लाहौर की ओर ग्यारहवीं कोर और सियालकोट की ओर पहली कोर को करना था। बेहतर यह होता कि ये दोनों अभियान साथ–साथ चलाए जाते, मगर दिक्कत यह थी कि ग्यारहवीं कोर अंतरराष्ट्रीय सीमा के काफी नजदीक थी और वह 24 से 48 घंटों के भीतर हमले के लिए तैयार हो सकती थी। वहीं, पहली कोर के जवानों को युद्ध के लिए तैयार होने में समय लगना तय था। दूसरी ओर, अखनूर सेक्टर में जो हालात थे, उनकी गंभीरता को देखते हुए ग्यारहवीं कोर को तैयार करने में विलंब करना मुनासिब नहीं था। इसलिए, तय किया गया कि लाहौर पर हमला 5 से 6 सितंबर के बीच किया जाएगा, जबकि पहली कोर का हमला उसके बाद होगा।

पांच नदियों की भूमि पंजाब, छोटी–बड़ी, आड़ी–तिरछी नहरों से पटी पड़ी है। पाकिस्तानी पंजाब की भी यही हालत है। इन नहरों का प्राथमिक उद्देश्य सिंचाई

है। पाकिस्तान ने बेहद नियोजित ढंग से फिरोजपुर के दक्षिण–पश्चिम में सतलज नदी के ऊपर लाहौर के पूर्व में रावी के क्षेत्र में चेनाब नदी पर अपनी सबसे बड़ी नहर इछोगिल बनाई है। यह नहर लाहौर और पंजाब के दूसरे हिस्सों को सुरक्षा भी देती है। अंतरराष्ट्रीय सीमा से पश्चिम में इसकी दूरी 2 से 8 किलोमीटर थी। यह 90 से 140 फीट चौड़ी और 10 से 15 फीट गहरी है। इस नहर पर जो पुल है, वह भारतीय और दुश्मन दोनों के टैंकों के लिए काफी महत्वपूर्ण था, क्यों कि टैंकों के गुजरने का यही एक रास्ता था। ग्यारहवीं कोर को लाहौर पर कब्जा ही नहीं करना था, उसे पाकिस्तान के भीतर बेचैनी भी पैदा करनी थी। योजना यह थी कि इछोगिल नहर तक के हर रास्ते पर कब्जा कर के पाकिस्तान को प्रतिक्रिया करने पर मजबूर किया जाए। इस प्रक्रिया में भारतीय टुकड़ी को ज्यादा से ज्यादा पाकिस्तानी जमीन पर कब्जा भी करना था। ग्यारहवीं कोर ने अपनी तीनों इन्फैंट्री डिविजनों को इछोगिल नहर और भारत से लाहौर पहुंचने के तीन अलग–अलग रास्तों पर कब्जा करने के लिए लगा दिया। इछोगिल नहर के हिस्से को देखते हुए ग्यारहवीं कोर को तीन हिस्सों में बांट दिया गया। हर हिस्से का काम था कि वह सीमा और नहर के बीच के अपने हिस्से पर दुश्मन का सफाया करे। उच्च कमांडर ने नीति का खांचा तैयार कर दिया, जिसके तहत तीन डिविजनल कमांडर नहर पर कब्जा करने के लिए अपनी अलग–अलग रणनीतियों पर चल रहे थे। उत्तर से दक्षिण की ओर 15 इन्फैंट्री डिविजन ने डोगरई कस्बे को चुना। 7 इन्फैंट्री डिविजन ने बर्की और 4 माउंटेन डिविजन ने बेदिया–बालनवाला क्षेत्र को अपना टारगेट बनाया। इनमे से हर डिविजन को अपना अंतिम लक्ष्य पाने से पहले इछोगिल नहर से पहले तैनात दुश्मनों का सफाया करना था।

मेरे नेतृत्व में साथ चलो

लेफ्टिनेंट कर्नल डेसमंड ई हेड – डोगराई नायक

आधुनिक सैन्य इतिहास में डोगराई के युद्ध जैसा कोई दूसरा नहीं है। 21–22 सितंबर, 1965 की रात इस युद्ध में एक इन्फैंट्री बटालियन ने एक साहसिक, निर्भीक और अपरंपरागत तरीके से किए गए हमले में अपने से आकार में बड़ी रक्षक बल का सफाया कर दिया था। 3 बलूच, 30 टैंक हमलावर इकाई, 23 कैवल्री (बख्तरबंद गाड़ियों वाली सेना), टोही और समर्थन (रिकॉनसंस एंड सपोर्ट – आर एंड एस) सामानों आदि के साथ यह क्षेत्र पाकिस्तानी 16 पजांब बटालियन और उप–इकाईयों के कब्जें में था। 22 सितंबर को 3 बलूच, 12 पंजाब और 8 पंजाब द्वारा कब्जे के विरोध में जवाबी कार्यवाही के बाद लेफ्टिनेंट कर्नल डेसमंड ई हेड के नेतृत्व में 3 जाट ने डोगराई गांव और उससे सटे इछोगिल नहर पर कब्जा कर लिया। यह सब कुछ ही घंटों में 1:30 बजे से दोपहर 12:00 के बीच घटित हुआ। छह टैंक को नष्ट कर दिया गया और छह पर कब्जा कर लिया गया। युद्ध के बंदियों की बात की जाए तो इसमें पाकिस्तानी 16 पंजाब के कमांडिंग – लेफ्टिनेंट कर्नल जीएफ गोलेवाला और मेजर एच बेग और 106 जेसीऔर व अन्य, इसके अलावा अगले दिन 305 लाशों को इकट्ठा किया गया। पांच अधिकारियों और 59 लोगों की जान देकर 3 जाट ने भारी कीमत चुकाई थी, जबकि छह अधिकारी, पांच जेसीऔर और 142 लोग इसमें घायल हुए थे। इसमें 6–20 सितंबर के बीच शहीद और घायल हुए जवानों की संख्या को नहीं जोड़ा गया है, इस दौरान एक अधिकारी, एक जेसीओ और 23 लोग शहीद हुए थे और तीन अधिकारी, तीन जेसीओ और 72 लोग घायल हुए थे। यदि सटीक आंकड़ों में बात करें तो इस अद्वितीय विजय के लिए बटालियन के 50 प्रतिशत से अधिक ने अपनी जान गंवाई थी या घायल हुए थे। 6 सितंबर को 3 जाट ने आईबी से डोगराई की ओर कूच किया, लाहौर से कुछ ही मील दूर पश्चिमी छोर पर नहर से बाटापोर तक पुल

को पार किया। लेकिन ब्रिगेड मुख्यालय के वापस बुलावे पर, जो कि इस इकाई की उपलब्धियों से अनभिज्ञ था, उन्हें आसानी से प्राप्त इन ठिकानों को छोड़ पीछे वापस लौटना पड़ा। 6 सितंबर से 23 सितंबर के दौरान संघर्ष विराम तक लेफ्टिनेंट कर्नल हेड ने अपनी बहादुर बटालियन 3 जाट का आगे से नेतृत्व किया। यद्यपि वे घायल थे, लेकिन उन्होंने इसे मामूली घाव कहते हुए पीछे हटने से मना कर दिया। उनका स्पष्ट लेकिन चुनौतीपूर्ण संदेश था कि 'मेरे पीछे चलो!'

आयरिश मूल के एक आंग्ला–भारतीय परिवार में ब्रिटेन में जन्मे कर्नल हेड आज़ादी के बाद भारतीय सेना अकादमी (इंडियन मिलिट्री अकादमी – आईएमए) से उत्तीर्ण होने वाले अधिकारियों के तीसरे बैच में शामिल थे। वे सितंबर 1948 में जाट रेजिमेंट में शामिल हुए थे, तब बटालियन जम्मू और कश्मीर ऑपरेशन में जुटी थी। आम तौर पर मुखर, देहाती जाट सैनिक और इस मृदुभाषी बहुश्रुत आंग्ला–भारतीय अधिकारी के बीच बहुत अधिक विरोधाभास नहीं था। लेकिन, चाहे वह खेल का मैदान हो या फिर युद्ध स्थल, लेफ्टिनेंट कर्नल (बाद में ब्रिगेडियर बने) डेसमंड ई हेड अपने को एक जाट के सांचे में ढ़ालते थे और जाट सैनिकों के बीच वह उनके अपने जैसे ही लगते थे। उन्होंने अपनी बटालियन के साथ साधारण लेकिन एक कठोर सैनिक के रूप में एक मजबूत संबंध विकसित किया था।

लेफ्टिनेंट कर्नल हेड ने सितंबर 1965 में तब अपने बटालियन, 3 जाट की कमान संभाली, जब युद्ध करीब था। सिक्किम के उच्च पहाड़ियों वाले वातावरण में तीन वर्ष व्यतीत करने के बाद बटालियन 15 इन्फैंट्री डिविजन के तहत 4 अगस्त को अमृतसर के निकट अपने नए ठिकाने 'खासा' पहुंच चुकी थी। कमान संभालने से पहले कर्नल हेड पलटन के सेकंड–इन–कमांड थे और इस तरह वे बटालियन, अधिकारियों व अन्य के लिए नए नहीं थे, इसका ऑपरेशन के दौरान उन्हें बहुत लाभ हुआ। वे इस मामले में भी भाग्यशाली थे कि उनके पहले सीओ लेफ्टिनेंट कर्नल जेएस मुंडी ने सैनिकों के नए स्थान पर आने के तुरंत बाद ही प्रत्येक सैनिक के लिए निशानेबाजी, शारीरिक फिटनेस और रात्रि प्रशिक्षण के उच्च मानक पर जोर दिया था। ये उच्च मानक युद्ध में बटालियन को मजबूत स्थिति में बनाए रखने के लिए जरूरी थे।

2 सितंबर को, जैसे ही अखनूर सेक्टर में पाकिस्तानी टैंकों ने मुन्नवर तवी को पार किया, 3 जाट को युद्ध के लिए तैयार रहने के चेतावनी आदेश मिले। चार दिन बाद, 6 सितंबर को बटालियन आईबी क्षेत्र में अपने प्रथम उद्देश्य को पाने के लिए रात के अंधेरे में युद्ध में संलग्न थी। इन चार दिनों में, लेफ्टिनेंट कर्नल हेड ने आगे के इलाके का दौरा कर इछोगिल नहर के बारे में खूफिया जानकारी जुटाई। दुश्मनों से भारतीय सैनिकों की रणनीति को छुपाने के लिए यह कार्यवाही

उन्होंने पुलिस की वर्दी पहनकर की। चूंकि बटालियन में युवा अधिकारी थे जिन्होंने शायद ही कभी प्लाटून का नेतृत्व किया था, उनकी बजाए अपने वरिष्ठ जेसीओ के पर्याप्त अनुभव के लाभ उठाने के निर्णय के रूप में कर्नल हेड ने एक और महत्वपूर्ण निर्णय यह लिया था कि युद्ध के दौरान ये अनुभवी सीओ कंपनियों की कमान संभालेंगे। यह एक पारंपरिक सैन्य पदानुक्रम को नजरअंदाज करने वाला और स्वयं में विश्वास जाहिर करने वाला वाला एक बड़ा सौदा था, लेकिन बाद की घटनाओं ने यह साबित कर दिया कि यह एक उचित कदम था।

3 जाट का युद्ध का पहला कार्य यह था कि वह गोसाल की पाकिस्तानी गांवों पर कब्जा करे और डोगरी की तरफ ऑपरेशन शुरू करने के लिए एक मजबूत आधार तैयार करे और उसे सुरक्षित करे। जब 6 सितंबर को 4:00 बजे जाट पाकिस्तानी सीमा में आईबी की सीमा से आगे बढ़ने लगे, वे युद्ध में आईबी को पहली बार पार करने वाले कुछ चुनिंदा सैन्य टुकड़ियों की सूची में शामिल हो गए। इस क्षेत्र में पाकिस्तान की स्थिति हल्की थी, क्योंकि उन्होंने यह अनुमान नहीं लगाया था कि इस क्षेत्र में भारतीय सेना पूरे दल–बल के साथ आक्रमण कर सकती है। गोसाल–डायल में जिन दुश्मनों का 3 जाट ने सामना किया था, उनमें एक बलूच कंपनी और कुछ चालित आर एंड एस सामग्री शामिल थे। एक छोटी अवधि की मजबूत संघर्ष के बाद या तो दुश्मन मारे गए, हिरासत में ले लिए गए या वापस लौटने के लिए भाग खड़े हुए, और 7:00 बजे तक जाटों ने अपना पहला लक्ष्य प्राप्त कर लिया था।

ये भिड़ंत कर्नल हेड के लिए व्याकुल कर देने वाले क्षणों के बिना नहीं था, जो कि इसके केंद्र में थे। सीओ के दल इस स्थल पर सबसे पहले पहुंचे जबकि राईफल कंपनी अब भी पिछले छोर से कुछ सौ मीटर दूर गोसाल के समाशोधन की प्रक्रिया में थे। वाघा बॉर्डर की सीमा चौकी, जिस पर दूसरे बटालियन ने हमला कर दिया था, से वापस आते हुए एक पाकिस्तानी लेफ्टिनेंट और उनकी पार्टी को ला रही लॉरी से अचानक उनका सामना हो गया। दोनों दल एक दूसरे को देखकर आश्चर्यचकित थे, और कर्नल हेड पर फायर करते हुए दुश्मन लेफ्टिनेंट ने अपनी प्रतिक्रिया पहले दी। उनका निशाना चूक गया और कर्नल ने जवाबी फायरिंग की, जिससे पाकिस्तानी अधिकारी की पिस्तौल जमीन पर गिर पड़ी। जब तक लॉरी का दूसरा व्यक्ति अपनी स्थिति संभालता तब तक कर्नल हेड ने उन्हें बंदी बना लिया। उसके कुछ ही क्षणों बाद कर्नल हेड का मौत से एक बार और सामना हो गया जब वाघा से भागकर आ रहे तीन पाकिस्तानी सैनिकों ने घने घास के एक पैच में से अचानक उनके सामने आये। अपने अचंभे पर काबू पाते हुए कर्नल हेड ने उनसे पहले उन पर फायर करने के लिए अपना कारबाईन उठाया। नए जारी

किए गए हथियार के बारे में अनभिज्ञता के कारण वे भूल गए कि उन्होंने उसको सुरक्षित अवस्था में रखा हुआ था और जब उससे फायर नहीं हुआ तो उन्हें लगा इसमें रोक पड़ गयी है। सौभाग्य से कर्नल हेड के बड्डी लांस नायक कुवर लाल ने उनकी जान बचाई।

7:00 बजे तक बटालियन ने अपना उद्देश्य पूरा कर लिया था लेकिन संचार अवरोध के कारण ब्रिगेड कमांडर को सूचित नहीं कर पाए थे। हालांकि ब्रिगेड कमांडर, ब्रिगेडियर रिख ने शीघ्र ही वहां पहुंच कर ऑपरेशन का जायजा लिया। 3 जाट ने कम से कम नुकसान उठाकर अपना लक्ष्य पा लिया था और उनका मनोबल ऊंचा था। वहीं पड़ोसी बटालियन को कई दुश्वारियों से गुजरना पड़ा और सीओ ने डोगरी पर कब्जा जमाने के अपने मुख्य कार्य हेतु आगे बढ़ने के लिए अपनी अक्षमता को जाहिर कर दिया। ब्रिगेड कमांडर के पूछने पर कर्नल हेड ने खुशीपूर्वक डोगरी पर कब्जा करने के कार्य को स्वीकार किया।

दो घंटे के बाद, कर्नल हेड ने अपने दिए गए नए कार्य के बारे में समझाने के लिए अपने 'ओ' समूह (1) को एक जगह पर बुलाया। अब तक बटालियन की गाड़िया, जीप पर लगे रिकॉयललेस (आरसीएल) टैंक रोधी बंदूकें, मोर्टार और इस्तेमाल हुए आयुध की पूर्ति के लिए असला, आगे आ चुके थे। इकाईयों के लिए यह आम बात होती है कि जब वे ऑपरेशन के लिए जाते हैं तो अपने साथ हथियार और पर्याप्त गोला–बारूद और भोजन के लिए राशन साथ लेकर जाते हैं जो अगले चौबीस घंटें की लड़ाई पर्याप्त हो। गोला–बारूद और हथियारों से लैस गाड़ियां जिसे 'एफ' (फाइटिंग) टोली कहा जाता है, तब बुलाई जाती है जब युद्ध के लंबा खिंचने की स्थिति उत्पन्न हो जाए। दिन के समय खासा से गाड़ियां जीटी रोड होते हुए रवाना हुई थी और बटालियन के स्थान पर पहुंचने के बाद उसे फैलाना था, लेकिन उन्हें ऐसा करने के लिए समय नहीं मिल पाया। आकाश में पाकिस्तान का एफ–86 एअरक्रॉफ्ट प्रकट हुआ और एफ टोली पर बम की बारिश और कैनन फायर का हवाई हमला शुरू कर दिया और 'ओ' समूह उसके आस–पास जमा हो गया। इस दुर्भाग्यपूर्ण घटना में जाट को आरसीएल बंदूक, मार्टार आदि की क्षति के साथ–साथ अपने सैनिकों की जानें भी गंवानी पड़ी। तोप फॉरवार्ड ऑब्जर्वेशन ऑफिसर (एफओओ) के साथ–साथ 3 जाट के जवान भी शहीद हो गए। अब बटालियन के पास न तो भारी हथियार थे और न ही इसके एफओओ जो आवश्यकता पड़ने पर तोप की गोलाबारी का जवाब दे सकते।

लेफ्टिनेंट कर्नल हेड इस गहरी क्षति के बावजूद अपने दूसरे लक्ष्य की ओर बढ़ते हुए अपने अपने बटालियन का मनोबल और उत्साह नहीं गिरने दिया और महसूस कराया कि सफलता बस एक छोटे से ऑपरेशन से दूर है। अब बस दुश्मन

के फिर से संभलने से पहले डोगरी पर कब्जा कर ईचोगील नहर पर पहुंचना था। इसलिए उन्होंने दिन के समय पूरे साहस से अपने लक्ष्य की ओर जाट जवानों का नेतृत्व किया। इस ऑपरेशन के लिए सैन्य टुकड़ी के 14 हॉर्स के तीन टैंक मुहैया कराये गये। इस कॉलम की ओर बढ़ते हुए उनके पास केवल भारी फायरिंग के साध नहीं साथ में थे। जब वे डोगराई की तरफ बढ़ रहे थे, दूसरी ओर से उन पर गोलियों की बौछार होने लगी। सारे सैनिक चारों ओर छितर गए और एक–दूसरे को कवर करते हुए आगे बढ़ते गए। तब जाकर कर्नल हेड को एहसास हुआ कि पुराने पड़ चुके मानचित्रों में जिस डोगराई को छोटे–से गांव के तौर पर दिखाया गया है, वह अब इछोगिल नहर के पूर्वी किनारे के सहारे फैला एक छोटा कस्बा बन चुका था। थोड़ी देर की गोलाबारी के बाद इस कस्बे पर कब्जा जमाए पाकिस्तानी पुराने क्षतिग्रस्त पुल के सहारे पीछे हटते दिखाई देने लगे। 3 जाट ने अपने उद्‌देश्य डोगराई को सुरक्षित कर लिया था और खुद को साढ़ें ग्यारह बजे तक इछोगिल नहर के पूर्वी किनारे पर जमा लिया था। कर्नल हेड ने अपने कमांडरों के साथ क्षतिग्रस्त पुल का नजदीक से मुआयना किया। उन्हें यह जानकर बेहद हैरानी हुई पुल के आसपास का बहुत–सा हिस्सा मानचत्रि में दिखाया तक नहीं गया था। बाद में उन्हें पता चला कि मानचित्र को अंतिम बार अपडेट किए जाने के बाद यहां बाटापोर नामक कस्बा बस गया था, जिसका यह नाम यहां स्थित बाटा जूते की फैक्ट्री के नाम पर पड़ा था।

कर्नल हेड ने दो कंपनियों को आंशिक तौर पर क्षतिग्रस्त पुल को पार करने का आदेश दिया। अभियान शुरू होने के आठ घंटों से भी कम वक्त के भीतर पाकिस्तान में प्रवेश के लिए सबसे बड़ी बाधा माने जाने वाली इछोगिल नहर पर भारतीय सेना का कब्जा हो चुका था। अब भारत लाहौर पर हमला बोलने के लिए बिल्कुल तैयार था। अफसोस की बात थी कि 3 जाट ने जो पराक्रम दिखाया था, वरिष्ठ कमांडर उसके साथ उस तेजी से सामंजस्य नहीं बैठा पाए। उन हालात में सबसे बेहतर यह होता कि पूरी ब्रिगेड मिली कामयाबी का फायदा उठाते हुए आगे बढ़ती जाती। दुर्भाग्य यह रहा कि बटालियन का मुख्यालय से कोई संपर्क ही नहीं था। ऐसे में, रणभूमि पर जो कामयाबियां मिल रही थीं, मुख्यालय उनसे पूरी तरह अनभिज्ञ था। 3 जाट पूरी तरह से दुश्मन के इलाके में घुस चुकी थी, बावजूद इसके कि न तो उसे भारी हथियारों का सहारा था, न किसी और तरह का कोई सहयोग। मुख्यालय से उसका संपर्क भी नहीं के बराबर था। बहादुर सैनिक कम हथियारों के साथ दुश्मन के आगे टिके रहे। मगर, जब पाकिस्तानी टैंको को पूरी ताकत से अपनी ओर आता देखा गया, तब कर्नल हेड ने अपनी दोनों कंपनियों को नहर के पूर्वी हिस्से में डोगराई की तरफ पीछे हटने का आदेश दिया। इसके तुरंत

बाद 14 हॉर्स के टैंक ट्रूप लीडर लेफ्टिनेंट ब्रिजेंद्र सिंह ने कर्नल हेड को सूचित किया कि उनके अधिकारी ने उन्हे गोसाल–डायल की ओर पीछे हटने और यही आदेश 3 जाट के प्रमुख तक पहुंचाने का निर्देश दिया है।

इस प्रकार युद्ध के बिल्कुल पहले दिन कर्नल हेड के नेतृत्व में 3 जाट को जो अविस्मरणीय बढ़त मिली थी, वह एक दम से छिनती हुई महसूस होने लगी। मगर 3 जाट के लिए यह अंत नहीं था। पूरी बटालियन संतपुरा में अपने बेस कैंप पर लौट गई और फिर वहां पूरे 15 दिनों तक जमी रही। पूरी बटालियन अपनी जगह टिकी रही और दुश्मन के प्रहारों का जवाब देती रही। कर्नल हेड ने यह भी सुनिश्चित किया कि बटालियन की बेहद आक्रामक गश्तें होती रहें, ताकि दुश्मन पर दबाव बना रहे। इस बीच 18 सितंबर को ऑल इंडिया रेडियो पर कर्नल हेड को महावीर चक्र मिलने की खबर सुनकर पूरी बटालियन खुशी से झूम उठी।

17 सितंबर को ब्रिगेडियर निरंजन सिंह ने 21–22 सितंबर की रात को डोगराई पर कब्जा करने के आदेश दे दिए। एक इन्फैंट्री बटालियन को माइल 13 नामक ठिकाने पर कब्जा करना था। अभियान का यह हिस्सा 21 सितंबर को साढ़े ग्यारह बजे शुरू होना था। 3 जाट पर डोगराई और नहर क्षेत्र पर कब्जा करना था। यह हमला 22 सितंबर को डेढ़ बजे शुरू होना था। कर्नल हेड ने पूरी योजना का अध्ययन किया और फिर 22 सितंबर को डोगराई पर कब्जे की योजना तैयार की। तकरीबन रोज उन्होंने दुश्मनों के खेमे के पास गश्ती दल भेजे, ताकि दुश्मन के कमजोर क्षेत्रों की पहचान हो सके। उन्होंने अपने सेकंड कमांड मेजर दुर्जन सिंह शेखावत के साथ व्यक्तिगत तौर पर एक सैन्य सर्वेक्षण किया। पूरी तैयारियों के बाद भी डोगराई पर पूरी तरह से कब्जा आसान नहीं होने वाला था। बात अगर तैयारियों की हो तो 3 जाट पूरी तरह से मजबूत स्थिति में दिख रही थी। दुश्मन नो मेंस लैंड में आने वाला था नहीं, और इससे गश्ती दलों का काम आसान होने लगा था। सारे कमांडर उस पूरे क्षेत्र से पूरी तरह से परिचित हो चुके थे। हमले से पहले की हर रात में गोलाबारी एक आम बात हो चुकी थी।

लेफ्टिनेंट कर्नल हेड ने 21 सितंबर को पांच बजे हमले के आदेश दे दिए। उसके बाद उन्होंने राइफल कंपनी के लिए एक दिशा निर्धारित की। उनका पूरा ध्यान हमले के मूल दर्शन यानी नेतृत्व पर था। उनका पहला नियम था कि अपने लीडर के आदेश का पालन करो। सेक्शन में सेक्शन कमांडर, एनसीओ में प्लाटून कमांडर और इसी क्रम में कंपनी कमांडर नेतृत्व के पद सोपान में सबसे आगे थे। दूसरा नियम यह था कि अपने उद्देश्य की ओर बढ़ते वक्त अगर कुछ भी रास्ते में आए, तो उसे गोली से उड़ा दो। तीसरा नियम यह था कि जब लक्ष्य नजर के सामने हो, तो हर हिलती चीज पर गोलियों की बौछार कर दो। नायक सिरि राम

अपने सेक्शन से पहले ही कह चुके थे कि अगर वह घायल हो जाते हैं, तो भी सभी लक्ष्य की ओर बढ़ते रहेंगे। 3 जाट में यह सोच बिल्कुल सामान्य थी। निर्देश बस यही था, 'मेरा अनुसरण करो'। इसके तरीके जरूर सबके लिए अलग–अलग थे। मसलन, मेजर आर एस संधू 'प्रीतम प्रीतम' की गुहार लगाते थे, ताकि उनके सैनिक उनका पीछा करते रहें। दरअसल, पूरी यूनिट में यह सोच व्याप्त थी, 'हम जाट ऐतिहासिक योद्धा हैं और इसे साबित करने का यह हमारे सामने सबसे बड़ा मौका है।' 21 सितंबर को कर्नल हेड ने हर एक सैनिक से बात की। सैनिकों का मनोबल बढ़ाने के लिए उनसे इतना कहना ही काफी था, 'यह आपके लिए बेहद बड़ा दिन है, जब आप इतिहास रचेंगे। मरने से डरना क्यों, आखिर ऐसा होने पर आप सर्वोच्च सम्मान के भागी होंगे।' नाम, नमक और निशान की विचारधारा से प्रेरित उनके सैनिकों ने पूरे हौंसले से लड़ाई की, और फिर जो हुआ, वह इतिहास बन गया।

जो योजना बनी थी, वह अद्भुत थी। यह अद्भुत क्यों थी, उसकी व्याख्या युद्ध की व्याख्या समझने के बाद होगी। चार राइफल कंपनियों को चार लक्ष्य दिए गए थे, जिन पर उन्हें एक क्रम से एक के बाद एक कब्जा करना था। हर एक को कामयाब होना ही था। अगर–मगर की कोई गुंजाइश ही नहीं थी। डी कंपनी के लिए डोगराई के उत्तर पूर्व का, सी कंपनी के लिए डोगराई के उत्तर व पश्चिम का, ए कंपनी को डोगराई के पूर्व का और बी कंपनी को जीटी रोड के दक्षिण के क्षेत्र पर कब्जे का लक्ष्य दिया गया था। कमांडिंग ऑफिसर को डी कंपनी के पीछे रहते हुए हमला बोलना था। पूरे अभियान की अच्छे से तैयारी की जा चुकी था। कमांडिंग ऑफिसर की सुरक्षा पर पूरा ध्यान दिया गया था, ताकि कमांड की निरंतरता बनी रहे। मगर कर्नल हेड थोड़े अपरंपरागत थे, और सभी को पता था कि वह आगे से पूरी लड़ाई का नेतृत्व करेंगे। दूसरी बटालियन को माइल 13 पर हमला शुरू करने की नौबत ही नहीं आई। 3 जाट का हमला तब शुरू होना था, जब उससे पहले के हमले में कामयाबी हासिल हो जाए। मगर, 3 जाट इंतजार करने वालों में से नहीं थी। सेना की टुकड़ियों ने वक्त से पहले ही अपना स्थान छोड़ दिया था। मेजर आर डी वत्स डी कंपनी का नेतृत्व संभाले थे, जिसे डोगराई के उत्तर–पूर्व का लक्ष्य दिया गया था। सी कंपनी भी अपने लक्ष्य की ओर बढ़ने लगी थी। अन्य दो राइफल कंपनियां मेजर आशा राम त्यागी और मेजर आर एस संधू के नेतृत्व में अपने लक्ष्य की ओर बढ़ने लगीं। जल्द ही कमांडिंग ऑफिसर अपनी टुकड़ी के साथ डी और सी कंपनी के बीच डोगराई गांव पहुंच कर लड़ाई में शामिल हो गए थे।

डोगराई का पूरा इलाका विस्तृत कंक्रीट के स्तंभों से पटा पड़ा था। यहां के घरों की छतों पर बालू से भरे बोरे रखे रहते थे। इलाके के जो ऊंचे स्थान थे, वे सैनिको के लिए दूर–दराज तक नजर रखने के काम आते थे। हर गली में लड़ाई का खेल चल रहा था। जैसे–जैसे रात बढ़ने लगती यह लड़ाई और कठिन होती जाती। घरों के पास के इलाके में लड़ाई सैनिकों के लिए किसी बुरे सपने सरीखी थी। हर धमाके के साथ उठने वाला धुआं और धूल में यह पहचानना मुश्किल हो जाता था कि कौन दोस्त है, और कौन दुश्मन। अगले कुछ घंटों में लड़ाई और तीखी होती गई। सैनिकों का उत्साह और दृढ़ता देखने लायक थी। हर इमारत या तो साफ कर दी जाती थी, या उसे आग के हवाले कर दिया जाता था। गोला–बारूद, रॉकेट लॉन्चर, ग्रेनेड इत्यादि बेहद असरदार ढंग से उपयोग हो रहे थे। धीरे–धीरे 3 जाट ने अपनी पकड़ बनानी शुरू कर दी और लक्ष्य पर कब्जा कर लिया गया। हालांकि दुश्मन सेना का प्रतिरोध रात के शुरुआती घंटों तक चलता रहा।

इस दौरान लेफ्टिनेंट कर्नल हेड भी डोगराई में चल रही घमासान के बीचों बीच थे। कोई नहीं समझ पा रहा था कि कौन शत्रु है और कौन मित्र। एक बार तो कर्नल हेड, कैप्टन बाली और उनकी प्लाटून के सामने ही आ गए थे, मगर उनकी आवाज पहचान लेने से उनकी जान बच गई। एक और ऐसा ही मौका आया जब उनकी जान बस बाल–बाल बच गई। उनके रेडियो ऑपरेटर को गोली लग गई थी। इसके अलावा उनके एक और सैनिक लॉन्स नायक कुंवर लाल को भी अपनी जान से हाथ धोना पड़ा था। दरअसल, कमांडिंग ऑफिसर का सेना के साथ होने भर से सैनिकों में एक उत्साह भर जाता है, जो अपनी जान हथेली पर रख कर लड़ाई लड़ रहे थे। तमाम परिस्थितियां दुश्मनों के अनुकूल थीं, मगर फिर भी 3 जाट ने दुश्मनों के इरादे चूर–चूर कर दिए। जब सभी कंपनियों ने अपने उद्देश्य को प्राप्त कर लिया, तब कमांडिंग ऑफिसर के तीसरे आदेश को पूरा करने की बारी थी। तीसरा आदेश यानी जब सारे सैनिक अपनी जगह पर जमे हों, तब कोई भी हिलती चीज दिखने पर गोली मार दी जाए। जब दुश्मन को अपनी शिकस्त का एहसास हो गया, तब उनकी सेनाएं नहर की ओर भागीं, जहां पहले से ही मौत छिपकर उनका इंतजार कर रही थी। फिर जैसा कि उम्मीद थी, सुबह होते ही दुश्मन का प्रतिहमला हुआ। दक्षिण में इससे मोरचा लिया कैप्टन संधू और बी कंपनी ने, जबकि उत्तर में दुश्मन के हमले को बेअसर किया 12 पंजाब ने।

दुश्मन के इस भारी हमले में मेजर वत्स समेत कई भारतीय सैनिक शहीद हो गए। डी और सी कंपनियों में भी तमाम सैनिक वीरगति को प्राप्त हुए। कमांडिंग

आर्मी चीफ का डोगराई दौरा

ऑफिसर की चिंताएं बढ़ने लगी थीं। मगर लेफ्टिनेंट कर्नल हेड और मेजर शेखावत ने धैर्य का दामन नहीं छोड़ा। उन्होंने व्यक्तिगत तौर पर एंटी टैंक और छोटे हथियारों से आक्रमण की बागडोर संभाली। तेज आवाज में उन्होंने अपने सैनिकों को फिर से हमला बोलने का आदेश दिया। आरसीएल गन प्लाटून कमांडर सूबेदार प्रताप सिंह ने दुश्मन टैंकों का तब तक इंतजार किया, जब तक कि वे 500 यार्ड की दूरी पर नहीं आ गए। इसके बाद उन्होंने अपने सैनिकों से निशाना साधने का आदेश दिया। सिपाही लेहना सिंह ने डी और सी कंपनी में हिस्सा लिया और दुश्मन पर टूट पड़े। आखिरकार दुश्मनों को पीछे हटना पड़ा और 3 जाट को अपने कमांडिंग ऑफिसर के सीधे नेतृत्व में अंततः कामयाबी का स्वाद मिलने लगा। 14 हॉर्स टैंक सही समय आकर मोरचा संभालने लगे। 3 बलूच के एक और हमले को निष्फल कर दिया गया। इस बीच एक और प्रहार से लेफ्टिनेंट कर्नल हेड की जान बची। किस्मत अभी भी उनके साथ थी। इस बीच एक अच्छी खबर यह भी मिली कि सेकंड लेफ्टिनेंट करतार सिंह ने एक दुश्मन कमांडिंग ऑफिसर को कैद कर लिया था। यह योजना तीन वजहों से शानदार थी। पहली, यह योजना पहले की योजनाओं से बिल्कुल अलग थी, क्योंकि अगर ऐसा नहीं होता तो दुश्मन सेनाएं फिर से आक्रमण करने में तनिक भी देर नहीं लगातीं। दूसरी, डोगरई पर कब्जे को लेकर इस योजना में चारों उद्देश्यों को, यानी पूरे क्षेत्र पर कब्जे की कोशिश, बाहर जाने के सभी रास्तों पर कब्जा और सभी प्रति हमलों के खिलाफ कारगर

लेफ्टि कर्नल डीई हेड, 3 जाट कंपनी को बधाई देते हुए प्रधानमंत्री लाल बहादुर शास्त्री

डोगराई में 3 जाट रेजिमेंट

कब्जा किए गए पिल बॉक्स की सुरक्षा में तैनात सैनिक

रणनीति को बेहतर ढ़ंग से कवर किया गया था। दुश्मन पूरी तरह से इस योजना के जाल में फंस गया था। तीसरी वजह यह थी कि डोगरई के भीतर जमे दुश्मन एक–दूसरे का सहयोग करने की स्थिति में नहीं थे।

22 सितंबर, 1965 को लेफ्टिनेंट कर्नल हेड और 3 जाट को 6 सितंबर का वह दिन याद आया, जब डोगरई पर पहली बार उन्होंने कदम रखे थे। यह एक खराब फैसले का नतीजा था। एक ऐसा फैसला, जिसका खामियाजा फैसला लेने वालों ने नहीं, बल्कि 3 जाट के मृतकों और घायलों ने भुगता। 22 सितंबर को डोगरई पर कब्जे की सबसे महत्वपूर्ण वजह लेफ्टिनेंट कर्नल हेड का अद्‌भुत नेतृत्व था। इसके अलावा 3 जाट के सैनिकों का अभूतपूर्व पराक्रम को भी नकारा नहीं जा सकता, जो सभी जनरलों की उम्मीदों से कहीं ज्यादा था। 23 सितंबर को हुए युद्धविराम ने लड़ाई खत्म कर दी। 300 शवों को ट्रकों में भरकर इछोगिल नहर के पश्चिम में ले जाया गया। लेफ्टनिंट कर्नल हेड ने मानों पूरी दुनिया जीत ली थी। उन्होंने वह कर दिखाया था, जिसका दूसरे सिर्फ सपना ही देखते थे। जो सैनिक व अधिकारी मारे गए, उनके अफसोस के साथ ही उन्हें गर्व था अपने देश को जीत दिलाने पर और रणभूमि में सबसे योग्य सैनिकों के नेतृत्व करने पर।

युद्ध की समाप्ति के बाद 3 जाट से मिलने तमाम लोग आए। इनमें चीफ ऑफ आर्मी स्टाफ जनरल जे एन चौधरी, रक्षा मंत्री वाईबी चव्हाण और प्रधानमंत्री लाल

बहादुर शास्त्री शामिल थे। लेफ्टिनेंट कर्नल डेसमण्ड हेड अपनी सेवानिवृत्ति से पहले ब्रिगेडियर की रैंक तक पहुंच चुके थे। सेवानिवृत्ति के बाद भी वह पूर्व सैनिकों के कल्याण और सामाजिक कार्यों में लगातार संलग्न रहे। उत्तराखंड के कोटद्वारा में अपने पैतृक घर व जमीन को उन्होंने एक स्कूल के निर्माण के लिए दान कर दिया था। हेरिटेज अकादमी नामक यह स्कूल उनकी स्मृति में चलाया जा रहा है। 18 सितंबर, 2013 को उन्होंने अपनी अंतिम सांस कोटद्वार में अपनी इच्छित जगह पर ली। ईश्वर भारत के इस महान सपूत की आत्मा को शांति दे।

बहादुर, वीर और निडर का नेतृत्व
3 जाट: डोगराई के नायक

लेफ्टिनेंट कर्नल डीई हेड ने अपनी किताब में डोगराई के युद्ध में दोनों पक्षों की गूढ़ जानकारी दी है। कमांडिंग ऑफिसर (सीओ) के तौर पर जहां वह युद्ध के निर्विवाद नायक रहे, वहीं सही मायने में पूरी बटालियन ही पराक्रम और बहादुरी की मिसाल बन गई थी। प्रत्येक जवान एक नायक था, प्रत्येक जवान योद्धा था, प्रत्येक जवान मुक्तिदाता और प्रमुख था। हर किसी के किस्से का वर्णन करना तो संभव नहीं होगा लेकिन यहां कुछ ऐसे योद्धाओं का जिक्र किया जा रहा है जिन्होंने एक से अधिक तरीकों से हमले की योजना ही बदल डाली, भले ही इस योजना में दूसरे जवानों की दिलेरी की दाद दी गई। इसी क्रम में डोगराई के युद्धमैदान में कुछ जवानों की बहादुरी के किस्से हैं।

सूबेदार खजान सिंह

पांच सितंबर 1965 को जब 3 जाट युद्ध के लिए कूच कर रहा था, मायूस सूबेदार खजान सिंह पीलिया रोग की पीड़ा से उबरने के लिए अस्पताल में हतोत्साहित और खुद को बेकार मानते हुए पड़े थे। वह बचपन के उस पल को याद कर रहे थे जब वह हाथ में अपने दादा की तलवार लेकर उनके बाजूरहित अंगरक्खे को बड़े गर्व से देखा करते थे। उनके दादा, नेकीराम ने उत्तर पश्चिम सीमांत क्षेत्र (एनडब्ल्यूएफपी) में कई युद्ध लड़े थे, जहां एक कबाइली ने उन पर हमला कर उनकी एक बांह उड़ा दी थी। उनके पिता तुलसीराम ने दूसरे विश्वयुद्ध में कुत अल अमारा में लड़ाई लड़ी थी और भारतीय विशिष्ट सेवा पदक (आईडीएसएम) जीता था। उनके पिता के शब्द अब उन्हें याद आ रहे थे, "युद्ध तुम्हारे पूरे जीवनकाल में सिर्फ एक बार आयेगा। सुनिश्चित कर लेना कि तुम इससे दूर नहीं रहो।" अतः सूबेदार खजान सिंह अपनी बटालियन का साथ देने के लिए अस्पताल से भाग निकले, जो युद्ध के लिए बस कूच करने ही वाली थी।

कंपनी कमांडर कैप्टन आरएस संधू के नेतृत्व में बी कंपनी का वह दल प्रशिक्षण के लिए निकला था और चूंकि सूबेदार खजान सिंह सबसे वरिष्ठ जूनियर कमीशंड ऑफिसर (जेसीओ) थे इसलिए कंपनी उन्हें देखकर बहुत खुश हुई। उनके अचानक प्रकट होने के बारे में कोई भी ऑफिसर सवाल कर सकता था जिसे पता था कि वह अस्पताल में स्वास्थ्यलाभ कर रहे हैं लेकिन किसी ने नहीं पूछा। उन्हें ब्रैवो कंपनी का दायित्व संभालने को दिया गया क्योंकि लेफ्टि कर्नल हेड के निर्णय के मुताबिक इसके कंपनी कमांडर, कंपनियों के नेतृत्व का जिम्मा युवा अफसरों के बजाय अनुभवी जेसीओ को देना चाहते थे।

सूबेदार खजान सिंह 6 सितंबर को तड़के 4.00 बजे अपनी कंपनी का नेतृत्व करते हुए अंतरराष्ट्रीय सीमा (आईबी) पार कर चुके थे। बी कंपनी को सौंपे गए कार्य का मुख्य उद्देश्य गोसल–डायर के पास एक बगीचे पर कब्जा था, जो ग्रैंड ट्रंक (जीटी) रोड और ऊपरी बारी दोआब नहर (यूबीडीसी) के बीच फैला था और इस क्षेत्र में दोनों तरफ से समांतर फैला हुआ था। ए कंपनी जैसे ही अपने लक्ष्य की ओर बढ़ी, उस बाग की तरफ से गोलीबारी शुरू हो गई। लेकिन जब सूबेदार खजान सिंह और बी कंपनी बगीचे तक पहुंची, उन्होंने पाया कि दुश्मन सेना इस तरह मटरगश्ती कर रही थीं मानो यह युद्ध नहीं कोई प्रशिक्षण अभ्यास हो– एक ऑफिसर को तो फुर्सत से अपना चेहरा धोते हुए भी देखा गया। यह मशीनगन चला रहे एक संतरी की चेतावनी थी जिसने ए कंपनी पर फायरिंग की थी और फिर अपनी मशीनगन बी कंपनी की तरफ मोड़ दी।

सूबेदार खजान सिंह ने 'चार्ज!' (वह ऐसे निराले जाट जेसीओ थे जो अंग्रेजी जानते थे और इस गुण पर इतराने में चूकते नहीं थे) कहने के लिए अपना मुंह खोला ही था कि तभी उस मशीनगन चलाने वाले ने ताबड़तोड़ फायरिंग शुरू कर दी। सूबेदार खजान जमीन पर गिर पड़े, गोली उनकी ललाट में लगी थी। अपने कंपनी कमांडर को 'गंवा' देने से बी कंपनी के जाटों को अपने अभियान पर रोक लगानी पड़ गई। इसी बीच पाकिस्तानियों ने अपने सभी हथियारों से गोलीबारी शुरू कर दी। जाटों ने भी ओट लेकर जवाबी हमले शुरू कर दिए। तभी अचानक 'मृत' सूबेदार उठ खड़े हुए और 'जाट बलवान' चिल्लाते हुए दुश्मनों पर हमला कर दिया, जाट युद्ध का एलान होते ही उनका पहला लक्ष्य सीधा उसके ऑफिसर पर निशाना साधना था। अपने कंपनी कमांडर को देखकर बी कंपनी भी दुश्मनों के बंकरों की तरफ भागे और 21 बलूच के पाकिस्तानी सैनिक बहुत जल्द परास्त हो गए, उनके 21 जवान मारे गए और 17 जवानों को युद्धबंदी बना लिया गया।

बी कंपनी जब अपने मकसद में दृढ़ता से कामयाब होने की स्थिति में आ गई तब जाकर सूबेदार खजान सिंह ने अपनी ललाट के जख्म देखने की ओर

ध्यान दिया जहां उन्हें गोली लगी थी। उनकी ख़ुशकिस्मती रही कि गोली उनके हेलमेट में लगी थी–अगर दो सेंटीमीटर भी नीचे लगती तो वह अब तक शहीद हो चुके होते। जैसे ही रेजिमेंटल मेडिकल ऑफिसर (आरएमओ) ने उनकी ललाट की मरहम–पट्टी की, उन्हें फिर से अपने पिता के शब्द याद आ गए। उन्होंने सोचा, "अस्पताल से मैं इसलिए नहीं भागा हूं कि पहले दिन ही ढ़ेर हो जाऊं।" उन्होंने डॉक्टर को भरोसा दिलाया कि वह पूरी तरह स्वस्थ हैं और उनके मोर्चे पर लौटने के लिए मरहम–पट्टी ही काफी है। उन्होंने यही दलील सीओ को दी जो उनके जख्म की मरहम–पट्टी के वक्त ही आए थे।

लेकिन तभी दुश्मन के एक विमान से तेज फायरिंग होते ही उनकी बातचीत थम गई, दुश्मनों ने बगीचे के अंदर छिपे जाटों को देख लिया था। दुश्मनों ने दोबारा हमला कर दिया था और यह शायद सूबेदार खजान सिंह को ही खास निशाना बनाने के लिए था – संभवतः उनके सिर पर सफेद पट्टी बंधी होने के कारण दुश्मन उन्हें स्पष्ट रूप से पहचान पा रहे थे। गनीमत रही कि वह सैन्य विमान के हमले से बच गए और यह कहानी सुनाने के लिए जिंदा रहे।

सिर में लगी चोट के कारण आराम करने के किसी ख्याल से भी इनकार करते हुए सूबेदार खजान सिंह अपनी कंपनी और बाकी बटालियन के साथ डोगराई पर कब्जा करने के लिए निकल पड़े जिसे उन्होंने सुबह 11 बजे तक कब्जे में ले लिया। बटालियन को कुछ ही घंटे बाद गोसल–डायल क्षेत्र में बुला लिया गया। 12 सितंबर को लेफ्टिनेंट रघुबीर सिंह संधू फिर से बटालियन लौटे और कैप्टन रैंक की पदोन्नति के साथ, बी कंपनी की कमान संभाल ली। सूबेदार खजान सिंह खुशी–खुशी कंपनी के सीनियर जेसीओ पद पर फिर से लौट आए लेकिन नो मैन्स लैंड (अधिकाररहित क्षेत्र) में गश्ती दल के साथ बढ़–चढ़कर हिस्सा लेते रहे। ऐसे ही एक गश्त के दौरान एक बार फिर सूबेदार खजान सिंह को गोली लग गई। ऐसा लगता था कि उनकी रक्षा करने वाला देवदूत उसकी रक्षा के लिए ओवरटाइम करता है क्योंकि इस बार उनकी दाईं बाजू में गोली लगी लेकिन गोली निकालने में उन्हें कोई गहरा जख्म नहीं हुआ। लिहाजा उन्हें 22 सितंबर को डोगराई क्षेत्र में हमला करने के अभियान में शामिल होने की अनुमति मिल गई।

22 सितंबर को बी कंपनी का लक्ष्य जीटी रोड के दक्षिण की तरफ था। अगले ही दिन जब संघर्षविराम की घोषणा की गई तो सूबेदार खजान सिंह को आखिरकार भर्ती कराया गया क्योंकि जब से उनके हेलमेट में गोली लगी थी, तभी से उन्हें लगातार सिर में दर्द हो रहा था। संघर्षविराम तक युद्ध लड़ने के बाद उन्हें डॉक्टर द्वारा अमृतसर के अस्पताल में भर्ती कराने के सुझाव पर कोई आपत्ति नहीं रह गई थी। यहीं पर पता चला कि हेलमेट पर लगी गोली के कारण उनकी खोपड़ी

में हेलमेट की धातु के छोटे–छोटे टुकड़े अंदर तक घुस गए थे। उनका ऑपरेशन कर इन टुकड़ों को निकाल दिया गया। कुछ दिनों बाद जब उनकी पट्टी हटाई गई तो किसी ने उसे पहचान लिया कि यही शख्स इस अस्पताल से भागा था। तब तक वह उस अस्पताल की मामूली हस्ती थे और इसके बाद ही उन्हें निर्भीक साहस और नेतृत्व क्षमता के लिए वीर चक्र से नवाजा गया था।

सूबेदार पाले राम - सी कंपनी

डोगराई पर 22 सितंबर की रात 1.30 बजे डी कंपनी ने गांव के उत्तर–पूर्वी हिस्से की तरफ से हमला किया था। दुश्मनों ने अंदर तक सुरक्षा घेरा बना लिया था और एक कृत्रिम मोर्चा भी बना लिया था। कंपनी जैसे ही गांव की सड़क तक पहुंची, पहले से ही ऊंचे और गुप्त ठिकानों पर मोर्चा ले चुके दुश्मनों ने उन पर हमला कर दिया और तभी युद्धघोष 'जाट बलवान!' का स्वर गूंजा। सी कंपनी उत्तर–पश्चिम क्षेत्र में अपना मोर्चा संभालने यहां से जा चुकी थी क्योंकि लेफ्टि. कर्नल हेड के मुताबिक दुश्मन छोटे–छोटे हथियारों से 'बिल्कुल हिंसात्मक और क्रूरता के साथ विध्वंसकारी' हमले पर उतारू हो गए थे। इसका असर ऐसा लगता था मानो दुश्मन दरांती से जवानों के पैर काट रहे हों और वे जमीन पर गिरते जा रहे थे – ऐसी स्थिति में मेजर एसआर यादव के नेतृत्व में सी कंपनी रिहाइशी क्षेत्र से 250 यार्ड की दूरी पर थी। ए और बी कंपनियां उस वक्त वह स्थान छोड़ने जा रही थीं, इसलिए छोटे हथियारों के हमले और ज्यादा खतरनाक तथा घातक साबित हो सकते थे। ठीक उसी वक्त युद्ध के शोरगुल में सी कंपनी के सूबेदार पाले राम ने बिगुल फूंक दिया, "सभी जवान मेरे साथ दाएं मुड़ जाएं और चार्ज करें!" यह अपील छोटे हथियारों से हमलावर दुश्मनों से निपट रहे जवानों के लिए थी। लेफ्टि कर्नल हेड के मुताबिक, "यह निःसंदेह सर्वश्रेष्ठ इंफेंट्री आह्वान था और ऑल टाइम वीरता पुरस्कार पाने की सबसे बेहतरीन कार्यवाही थी। और ऐसा करके निश्चित तौर पर खुद के लिए उन्होंने मौत को प्रत्यक्ष न्योता दिया था।" इस अद्वितीय हिम्मत, बहादुरी और पराक्रम में 108 जवान सूबेदार पाले राम के नेतृत्व में गोलीबारी के बीच ही आगे बढ़ने लगे।

इस जवाबी कार्यवाही में सूबेदार पाले राम के सीने और पेट में निश्चित तौर पर किसी मशीनगन से ही दागी गई छह गोलियां लगी थीं, इसके बावजूद वह कब्जा जमाए बंकरों तक पहुंच गए जहां इस तरह की गोलाबारी भी उन्हें नहीं रोक सकी। निश्चित है कि गोलियां उन्हें तभी लगी होगी जब उनकी गोलियों के बक्से पर रोशनी पड़ी होंगी। उनका शरीर निढाल हो चुका था लेकिन उनके

संघर्ष का जज्बा तब तक सैनिकों का मार्गदर्शन करता रहा जब तक कि उन्होंने दुश्मनों के सुरक्षा घेरे पर कब्जा न जमा लिया। उनके सहयोगियों ने उन्हें देखते ही अंदाजा लगा लिया था कि उनकी मौत हो चुकी है लेकिन फौलादी जिगर वाला यह योद्धा इतने जख्मों के बाद भी जिंदा था। सूबेदार पाले राम के आक्रमण करने के आह्वान पर कैप्टन हरदयाल राय और सूबेदार झाबू राम ने दिशा–निर्देश के मुताबिक सी कंपनी की दो टुकड़ियों का नेतृत्व किया और हमलावर दुश्मनों के करीब गोला–बारूद तथा बंकरों की रक्षा करने वाली रक्षापंक्ति पर हमला कर दिया। डी कंपनी के कैप्टन कपिल थापा ने भी सूबेदार पाले राम का आह्वान सुना तो अपनी प्लाटून का नेतृत्व करते हुए उसी दिशा में मुड़ गए और दुश्मन के अंदरूनी ठिकानों पर हमला किया। प्लाटून का नेतृत्व कर रहे कैप्टन हरदयाल ने देखा कि खोजी गोलियां उनकी तरफ ही आ रही हैं। निडर होकर आक्रमण जारी रखते हुए वह चिल्लाए, "मारो मारो, मेरे साथ चलो और मारो!" उनकी प्लाटून उनके साथ बढ़ती रही और दुश्मन के गोला–बारूद को तबाह कर दिया, जिसमें वह खुद और सिपाही मोहिंदर थे। कैप्टन थापा और उनकी प्लाटून ने दुश्मन की अलग–अलग रक्षापंक्तियों पर यही कार्यवाही दोहराई लेकिन युद्ध की समाप्ति तक बहादुर कैप्टन खेत रह गए, जिनकी शूरवीरता को बाद में सम्मानित किया गया। तीन प्लाटून ने दुश्मन के 12 पंजाब और 18 बलूच (अगले दिन दोनों यूनिट के कुछ आदमियों के शव मिले तो कुछ को युद्धबंदी बना लिया गया) की दो प्लाटून पर हमला किया था और आमने–सामने के मुकाबले में अगले कुछ ही घंटों में उन्हें तबाह कर दिया था। इस लड़ाई की कीमत उन्हें अपने 81 जवानों की जान गंवाकर या उनके गंभीर जख्मी होने के रूप में चुकानी पड़ी थी, सिर्फ 27 सैनिक ही अगली लड़ाई लड़ने के लिए बच गए थे जो सुबह में जवाबी हमला करने वाले थे। सूबेदार पाले राम ने नेतृत्व की एक कार्यवाही से युद्ध की रणनीति बदल डाली थी और तीनों प्लाटून ने अच्छी नीयत और आंख मूंदकर उन पर भरोसा किया। दूसरा निर्णय सहजबोध से लिया गया हो या सोच–समझकर, लेकिन सही था और उस परिस्थिति के अनुकूल था। दुश्मनों के पास सूबेदार पाले राम के नेतृत्व में किए गए उग्र हमले का मुकाबला करने का कोई मौका नहीं था; बाद में सूबेदार पाले राम को वीरचक्र सम्मान से नवाजा गया।

कैप्टन कपिल थापा

डी कंपनी की मध्यवर्ती प्लाटून का नेतृत्व करते हुए उत्तर–पूर्वी डोगराई पर कब्जा करने का दायित्व कैप्टन कपिल थापा को सौंपा गया। डी और सी कंपनियां दोनो

एक साथ अभियान के लिए निकलीं – डी कंपनी के आरडी वास्ता ने दो अग्रिम प्लाटून का नेतृत्व किया जबकि कैप्टन कपिल थापा कुछ दूरी बनाकर ऐसे उनका अनुसरण कर रहे थे जैसे अभ्यास चल रहा हो। डी कंपनी और सी कंपनी का आक्रमण जब शुरू हुआ तो दुश्मन की तोप और मोर्टार उनके ठिकाने पर गोले बरसाने लगे। युद्ध के शोरगुल में कैप्टन थापा की प्लाटून धीरे–धीरे दाईं तरफ बढ़ने लगी और सी कंपनी के करीब आ गई और इसी मुकाम पर सूबेदार पाले राम ने बिगुल फूंककर दाईं तरफ आक्रमण करने का आह्वान किया था। आक्रमण का यह आह्वान बहादुर कैप्टन के कानों तक पहुंचा तो उनमें तेजी से हमला करने की स्वतः स्फूर्ति शक्ति आ गई। कैप्टन थापा के लिए आक्रमण का यह आह्वान ईश्वर की ओर से था, लगातार गोलीबारी और शक्तिशाली गोलों को फटते देख वह दुश्मनों से आगे बढ़कर आमने–सामने के मुकाबले के लिए व्यग्र हो गए। उसी क्षण उन्होंने अपनी प्लाटून को अपना अनुसरण करने का आदेश दिया और प्लाटून बाएं जाने के बजाय दाएं मुड़ गई और सी कंपनी के साथ हमले में शामिल हो गई। कैप्टन थापा की दूरदर्शिता थी या नियति, वह आगे बढ़ते हुए दुश्मनों के गोला–बारूद और बंकरों के बीच ऐसी जगह जाकर फंस गए, जो एकदम अंदर थी और जहां सी कंपनी का हमला जारी था। प्लाटून ने सिलसिलेवार और व्यवस्थित तरीके से प्रत्येक पिलबॉक्स या बंकर को हटाते हुए कैप्टन थापा को निकाला। उस युद्धस्थल पर लड़ाई धीमी और लंबी चली थी, छिपे हुए दुश्मनों को निकालने के लिए की गई प्रत्येक कारवाई एक चुनौती थी। प्लाटून एक–एक करके, एक–एक घर पर कब्जा करती रही। दुश्मन तब तक प्रत्येक बंकर से लड़ते रहे जब तक कि 3 जाट के सैनिकों ने उनके प्रतिरोध पर काबू नहीं पा लिया।

यह तो तय था कि कैप्टन थापा की किस्मत किसी–न–किसी मुकाम पर उनका साथ छोड़ेगी ही। यह स्थिति तब आई जब उन्होंने एक व्यक्ति को अपनी तरफ एक ग्रेनेड फेंकते देखा और यह उनके पैर के ठीक आगे फटा तथा इसके धातु के टुकड़े उनके शरीर में घुस गए। जख्मी हालत में वह लड़खड़ाते हुए उस व्यक्ति तक पहुंचे जो दुश्मन का मशीनगन कमांडर था, तब वह व्यक्ति अपने गनर पर चिल्लाया कि निशाना जमीन की तरफ नीचे लगाओ ताकि गोलियां कैप्टन थापा को लग सके। पलभर में ही उन्होंने कमांडर को ढ़ेर कर दिया। कैप्टन थापा जैसे ही एक ग्रेनेड हमले में गिरे, हवलदार हवा सिंह ने मदद के लिए उनकी बांह थाम ली। उन्होंने हवलदार हवा सिंह से कहा कि हमले का नेतृत्व करने के लिए तेजी से आगे बढ़ो, मैं भी आ रहा हूं। खून से लथपथ और दर्द में भी वह अपने जवानों के साथ बंकरों की तरफ बढ़ते गए। आगे बढ़ते हुए तब तक फायरिंग करते रहे, जब तक कि दुश्मनों की जवाबी फायरिंग शांत नहीं हो गई। आखिरकार, उन्हें एक

डोगराई कस्बे पर कब्जा करने के बाद सुरक्षा में तैनात जाट सैनिक

और बंकर मिला जहां से दुश्मनों ने उन पर गोलियां बरसा दी, तभी उनकी बंदूक में रोक पड़ गई। कैप्टन थापा बारूद की मैगज़ीन बदलने के लिए जमीन पर लेटने का प्रयास कर ही रहे थे कि दो गोलियां उनके हेलमेट में जाकर लगी और उसे छेदते हुए उनके सिर के अंदर घुस गई। अब तक कैप्टन की प्लाटून दुश्मन के रक्षा घेरे के अंदर घुसते हुए उनके ठिकानों को पूरी तरह तबाह कर चुकी थी और वह अपनी यूनिट द्वारा सौंपे गए दायित्व को पूरा करने के बाद ही शहीद हुए। एक दिलेर योद्धा ने 3 जाट का गौरव बढ़ाने के लिए अपनी जिंदगी कुर्बान कर दी।

कैप्टन थापा युद्ध के भ्रम में ही अपनी कंपनी से निकले थे, लेकिन डी कंपनी अब भी उनकी चीजों को सहेजकर रखी हुई है। सी कंपनी की सफलता में उनकी प्लाटून का योगदान यादगार रहा – इसने पाकिस्तानी प्लाटूनों के खिलाफ, संतुलन अपने पक्ष में झुका लिया और बाकी चीजें तो इतिहास में दर्ज ही है। कैप्टन कपिल थापा को नेतृत्व, बहादुरी और पराक्रम के लिए एमवीसी सम्मान से नवाजा गया।

मेजर आसा राम त्यागी

मेजर आसा राम त्यागी ने ही ए कंपनी का नेतृत्व करते हुए 22 सितंबर को डोगराई के पूर्वी हिस्से में हमला बोला था। मुख्य कर्तव्य निभाने से पहले उन पर बटालियन को मोर्चे पर तैनात करने और यूनिट लाइन की दाईं तरफ अग्रिम रक्षा पंक्ति सुनिश्चित करने की भी अतिरिक्त जिम्मेदारी थी ताकि दूसरी कंपनियां दुश्मनों की कार्यवाही के व्यवधान और मध्यस्थता के बगैर आक्रमण को अंजाम दे सकें। एक

अतिरिक्त तदर्थ प्लाटून को भी कमान में रखा गया। उन्होंने दूसरी जिम्मेदारी बड़ी तत्परता से पूरी की। बी, सी और डी कंपनियां उत्साहित थीं और अब ए कंपनी को संगठित कर लक्ष्य पर हमला करना था जिसमें डोगराई की सीमा पर दुश्मन के टैंक ठिकाने भी शामिल थे। नायब सूबेदार सरदारा के नेतृत्व में दाई तरफ से सुरक्षा घेरा बनाने वाली प्लाटून को जब मेजर आसा राम त्यागी ने डोगराई पर हमले में शामिल होने के लिए ढूंढ़ा तो नहीं मिल पाई– वह देर नहीं करना चाहते थे, इसलिए बटालियन के मोर्टार ऑफिसर कैप्टन राठी को इसका निर्देश दिया। तदर्थ प्लाटून को बटालियन मुख्यालय के साथ आने का दायित्व सौंपा गया। कैप्टन राठी और तदर्थ प्लाटून को निर्देश देने के बाद मेजर त्यागी ने ए कंपनी और कंपनी मुख्यालय की दो प्लाटून को आक्रमण करने का आदेश दिया, यह आह्वान मामूली लेकिन तेज गरजते हुए था, 'फॉलो मी!'

जैसे ही ए कंपनी ने वह जगह छोड़ी, दुश्मन की तोप और मोर्टार से गोलों की वर्षा होने लगी – न सिर्फ ए कंपनी वहां से निकलने में सफल रही, बल्कि बटालियन मुख्यालय और रेजीमेंटल मेडिकल ऑफिसर्स भी 200 यार्ड तक की दूरी पर उस बैराज से सुरक्षित निकलने में कामयाब रहे।

मेजर त्यागी ने उस लक्ष्य पर हमला बोलने की योजना बनाई जहां दुश्मन के टैंक रात के वक्त रखे जाते थे और वह जगह थी डोगराई का पूर्वी हिस्सा। उस लक्ष्य का रास्ता डी कंपनी के आक्रमण क्षेत्र के अधीन वाले भवनों से कुछ दूरी पर खुले मैदान से होकर गुजरता था। जैसे ही ए कंपनी आगे बढ़ी, चारों तरफ से छोटे हथियारों, ग्रेनेड, मशीनगनों से गोलीबारी शुरू हो गई और लगातार चमकते फ्लैश से युद्धमैदान जगमगा उठा। हालांकि मेजर त्यागी का लक्ष्य अब भी अंधेरे में छिपा हुआ था। कंपनी लक्ष्य के बहुत करीब पहुंच चुकी थी, तभी मेजर त्यागी के पीछे की तरफ से कंधे को छेदती हुए एक गोली कंधे की दूसरी तरफ चली गई। संभवतः यह उस क्षेत्र के किसी दुश्मन के हथियार से चली गोली थी जिस पर हमले की जिम्मेदारी डी कंपनी को सौंपी गई थी। जैसे ही कंपनी हवलदार मेजर, राम सिंह और एक अन्य जवान ने उन्हें तेजी से आगे बढ़ने के लिए मदद की, त्यागी चिल्लाए, 'मूव, मूव!' आगे बढ़ते हुए ही मेजर त्यागी ने नायब सूबेदार छोटू राम को सबसे पहले टैंक पर निशाना साधने का आदेश दिया, "साहब टैंकों को पहले मारना, टैंकों को पहले मारना।" अब तक पूरा डोगराई शहर गोलीबारी की चपेट में आ चुका था, जाट हमले किए जा रहे थे और दुश्मनों की गोलीबारी खुले मैदान से हमलावर सैन्य टुकड़ियों को मार गिराने के लिए पूरे जोर–शोर से शुरू हो गई थी। दुश्मन का टैंक दस्ता अभी पहुंचा ही था और जैसे ही उन्होंने जाटों को फायरिंग करते देखा, वे टैंकों के नीचे झुक गए लेकिन लक्ष्य वाले ठिकाने से

किसी ने कंपनी मुख्यालय की ओर फायरिंग कर दी जिसकी एक गोली मेजर त्यागी के सीने में लगी। कंपनी हवलदार मेजर राम सिंह ने मेजर त्यागी की बांह पकड़ी और आगे बढ़ते रहे। अपनी पूरी अंदरूनी शक्ति से वह चिल्लाए 'जाट बलवान!' और वे दोनों टैंकों पर झपट पड़े। राम सिंह जैसे ही टैंक दस्ते पर हमला करने के लिए आगे बढ़े उन्होंने सबसे पहले बड़ी तेजी से कंपनी के मुख्यालय पर फायरिंग कर रहे दुश्मन के उस सैनिक को मार गिराया। अगली कार्यवाही लेफ्टि कर्नल हेड इस प्रकार बयां करते हैं: 'मेजर रहमत खान टैंक के बुर्ज तक का आधा रास्ता तय कर चुके थे तभी एक गोली उसकी पीठ में जा घुसी, वह मुड़ा और लुढ़कता चला गया और जैसे ही उसका पैर जमीन पर पड़ा, त्यागी का संगीन उसके पेट में धंसा। उसने त्यागी के शरीर की तरफ अपनी पिस्टल का मुंह करते हुए दो गोलियां दाग दी। दोनों मेजर आपस में गुत्थम–गुत्थी करते हुए जमीन की तरफ लुढ़कते जा रहे थे और एक पाकिस्तानी सैनिक ने अपने ऑफिसर को बचाने की सोचते हुए एक चाकू त्यागी की तरफ फेंका। एक अन्य दुश्मन सैनिक के साथ जमीन पर युद्ध कर रहे राम सिंह को पता नहीं चल पाया कि उसका संगीन निकल चुका है लेकिन फिर भी उन्होंने चाकूबाज पर झपट्टा मारा, एक पत्थर उनके हाथ लगा जो उछला और गिर गया, उछलकर फिर गिरा, जबकि छोटू दूसरी टैंक पर खड़े थे और उन्होंने घने अंधेरे में नीचे फायरिंग की।'

ए कंपनी अब सड़क के करीब भवनों पर अपना ध्यान केंद्रित कर चुकी थी और हमला शुरू करते हुए बंकरों का सफाया करने लगी थी। सख्त प्रतिरोध के बाद दुश्मन कमजोर पड़ गया और अपने लक्ष्य को सुरक्षित करने में जुट गए। गंभीर रूप से जख्मी मेजर त्यागी ने कार्य पूरा होने तक उस जगह से हटने से इनकार कर दिया – जब निढाल हो गए तभी हटे। मेजर त्यागी को सुरक्षित स्थान पर ले जाया गया, वे बुरी तरह जख्मी हो चुके थे। सबसे पहले टैंकों पर कब्जा करने का फैसला सुनिश्चित कर चुका था कि दुश्मन अपनी घूम–घूमकर जवाबी गोलाबारी की क्षमता खो चुके हैं। युद्ध खत्म होने तक कोई जवाबी हमला संभव नहीं था और ए कंपनी तथा बटालियन बख्तरबंद हस्तक्षेप के खौफ से निडर होकर हमले जारी रख सकती थी। दुश्मन कहीं और से जवाबी कार्यवाही करे, उससे पहले ही उन्होंने सूबेदार सूबे सिंह को रक्षा पंक्ति को मजबूत करने का हुक्म दिया। 13 मील वाले पूर्वी हिस्से पर अब भी दुश्मन का कब्जा था और दक्षिणी हिस्सा खुला था जहां से जवाबी हमला किया जा सकता था। ए कंपनी ने मोर्चा संभालने के लिए निर्देशों का पालन किया और उसके बाद जवाबी हमला शुरू किया गया।

अंधेरा इतना घना था कि गलियों में भ्रम पैदा हो रहा था लेकिन सीओ की पार्टी वहीं पहुंची जहां त्यागी आराम कर रहे थे। लेफ्टि. कर्नल हेड ने उन्हें यह

आश्वासन देते हुए सांत्वना दी कि यूनिट मेडिकल ऑफिसर, कैप्टन तिमारेड्डी के नेतृत्व में चिकित्सा सहायता पास में ही उपलब्ध है। लेफ्टि कर्नल के, बी कंपनी के हालात जानने के लिए जाने से पहले मेजर त्यागी ने सीओ से कहा कि उन्हें बचाने वाले जिले सिंह को सड़क के दूसरी तरफ गोली मार दी गई है। कंपनी कमांडर को बचाने के लिए उनका बलिदान पराक्रम की एक शानदार मिसाल है।

मेजर त्यागी की इच्छाशक्ति और शारीरिक सौष्ठव ने उन्हें सेना अस्पताल में भर्ती होने तक जिंदा रखा। हालांकि उनका जख्म इतना गहरा था कि शरीर पर इतनी सारी गोलियां और जख्म होने के तीन दिन बाद ही शूरवीर मेजर की सांसों की आखिरी डोर 25 सितंबर को टूट गई। इस पराक्रमी सैनिक को दुस्साहसिक कारनामे के लिए एमवीसी सम्मान से नवाजा गया।

मेजर आरएस संधू

लड़ाई का हिस्सा बनने को बेताब मेजर आरएस संधू 12 सितंबर को अपनी पलटन के पास पहुंचे और बी कंपनी की कमान संभाली। उन्हें अपना पहला मौका 19 सितंबर को मिला जब उन्हें उस रात को दो प्लाटून के साथ एक हमला शुरू करने का कार्य सौंपा गया। इस कारवाई के दौरान संधू ने खासतौर पर अपने रचनात्मक दिमाग का इस्तेमाल कर कुछ खास कारवाई की, जिसने पूरी तरह से दुश्मन को भौंचक्का कर दिया और उन्हें चारों ओर से बिना सोचे समझे गोलीबारी करने को मजबूर कर दिया। इससे न केवल वे अपनी जगहों से हटे बल्कि उनके संसाधन भी बर्बाद हुए क्योंकि एक भी भारतीय सैनिक को मारा नहीं जा सका था। संधू की कार्यवाही इतनी सफल थी कि चार घंटों तक चली इस कार्यवाही को पाकिस्तानी दस्तावेजों में ए कंपनी के खिलाफ 12 पंजाब (पाकिस्तान) के सफल बचाव के तौर पर दर्ज किया गया था। (प्रश्नोत्तर) क्या यह पाकिस्तानियों की हार नहीं थी?'

कैप्टन आरएस संधू ने मौखिक संदेश और दो शारीरिक संकेत के जरिये उन्हें 'मेरा अनुसरण करो!' का निर्देश दिया। अपने सैनिकों का ध्यान खींचने और उनका अनुसरण करने के लिए पहले वह चिल्लाएंगे, 'प्रीतम प्रीतम!' और दूसरा उन्होंने अपने सैनिकों की नजर में अपनी पहचान के लिए अपनी पगड़ी के पीछे एक सफेद फीता बांध दिया था तथा उनसे कहा, 'अब आपके पास दो चीजें हैं, फीता और मेरी आवाज और आपको निश्चित रूप से उनके करीब रहना है।'

सी कंपनी के नक्शेकदम पर चलते हुए कैप्टन आरएस संधू ने अपनी प्लाटून का नेतृत्व लक्ष्य की ओर अपने शुरुआती स्थान से काफी दूर तक किया, डोगरी के पूर्वी किनारे पर 3 बलूच का प्लाटून जीटी रोड के दक्षिणी इलाके की उनकी बढ़त को थामे हुए था और इछोगिल नहर के उपर बनी क्रॉसिंग की रक्षा कर रहा

था। छह सितंबर को इस पुल को उड़ा दिया गया था और अब वहां पार करने के लिए मात्र एक रस्सी का पुल था। जैसे ही बी कंपनी गांव के किनारे पहुंची, उन्होंने गोलियां चलानी शुरू कर दीं। सौभाग्य से यह एक प्रभावशाली गोलीबारी नहीं थी। एक व्यक्ति जो घायल हुआ, नायक श्री राम थे जिनका उल्लेख लेफ्टि कर्नल हेड के विवरण में किया गया था। उन्होंने अपने सेक्शन को यह निर्देश दिया था कि अगर वह घायल हो जाते हैं तो वह उन्हें आगे ले जाएं इसलिए उनका सेक्शन एकत्रित हुआ और उन्हें लक्ष्य की ओर ले गया।

बी कंपनी ने लक्षित चौराहे पर हमला किया। पहले नायब सूबेदार रामफल की प्लाटून ने हर तरफ से एक सेक्शन के साथ पहली लेन पर निशाना साधा और बचाव करने वालों को चौंका दिया, उन्होंने दुश्मन पर ग्रेनेड फेंके और बड़ी आसानी से उन्हें पराजित कर दिया। जल्दी ही वे लेन के आखिरी मोड़ पर पहुंच गए जो दक्षिण और जाल्लो की ओर खुलता था।

यहां उन्होंने मोर्चे पर दो मशीनगन लगा रखे थे, इनमें से एक की दिशा ऊपर छत की ओर थी। दो अन्य प्लाटून नहर के दोनों ओर सड़क पर आगे बढ़ते हुए अपने कंपनी कमांडर का अनुसरण कर रहे थे, जहां एक पिलबॉक्स से एक मशीन गन के जरिए गोलीबारी की जा रही थी। इस पिलबॉक्स से सड़क के दोनों ओर गोली चलाई जा रही थी। इसे बंद कराने के लिए लांस नायक अर्जुन राम ने अपनी मशीन गन छोड़कर एक जली हुई पेट्रोल की बोतल ली और दूसरे हाथ में पिस्तौल लिया तथा पिलबॉक्स पर हमला किया और एक ही बार में उन्होंने दुश्मन की ओर इसे फेंककर उनका सफाया कर दिया। हाथ में पकड़े मशीन गन को उन्होंने नीचे रख दिया और पिस्तौल से जवाबी हमला करने लगे। उन्होंने गन को पकड़ा और गोकुल राम के समर्थन में (प्रश्नावली) गोकुल राम का पद क्या था? पिलबॉक्स में ग्रेनेड रखने की जगह पर चले गए। नायक सूबेदार अर्जन सिंह ने अगली लेन और एक चार प्रकोष्ठ का परिसर साफ किया। कैप्टन संधू के अपरापंगत रवैये ने बलूच प्लाटून को चकित करने में मदद की और उनकी प्रतिरोधक क्षमता बिखर गई तथा इछोगिल कनाल पर क्रॉसिंग अब पूरी तरह से 3 जाट के कब्जे में थी।

जब पाकिस्तानी ब्रिगेड कमांडर ने सुना कि भारतीय जल्लो मोड़ पहुंच गए हैं तो पाकिस्तानी ब्रिगेड कमांडर ने 3 बलूच के सीओ को 16 पंजाब की मदद करने का आदेश दिया। कैप्टन संधू विरोधी के तयशुदा हमले को ध्वस्त करने के लिए अपनी कंपनी को तैयार करने में व्यस्त रहे, लेकिन दुश्मनों के इछोगिल कैनाल से सामने आ जाने के बाद वो ऐसा नहीं कर पाए। 22 सितंबर सुबह साढ़े चार का समय है. अधिक से अधिक संख्या में दुश्मनों को मारने के लिए बी कंपनी के हथियार सही जगहों पर लगाए गए थे जिससे कई लोग गोली लगने से जमीन पर

गिर गए, कुछ भाग खड़े हुए लेकिन केवल कुछ ही बी कंपनी के पास पहुंच पाए, जिनमें से एक मेजर करीम खान भी था जिसे सुव्यवस्थित सुरक्षा पंक्ति के समीप कैप्टन संधू ने मार गिराया। सूबेदार खजान सिंह हमला करने वाले बी कंपनी का हिस्सा थे और उन्होंने जवाबी हमले को असफल कर दिया। उनके साहस ने उनका साथ नहीं छोड़ा और वह लगातार गोलाबारूद वितरित करने के लिए दौड़ रहे थे और थके हुए सैनिकों में जोश भर रहे थे और स्वाभाविक रूप से उन्हें हथियारों के तैयार होने के प्रति आश्वस्त कर रहे थे। दुश्मन ने 22–23 सितंबर की रात दक्षिण से ए और बी कंपनियों पर एक और जवाबी हमला किया। दोनों कंपनियों ने एक सराहनीय काम किया। हमले को विफल कर दिया गया था और अगली सुबह उन्होंने पाक की 8 पंजाब के सैनिकों के 68 शवों को देखा। संघर्षविराम उल्लंघन की घटना के बाद बेहद शांत और साहसी नेता कैप्टन संधू के सिर पर उपलब्धि और जीत का तगमा सजा।

आखिर में हमें सिपाही लहना सिंह की तारीफ करनी होगी जिन्होंने कम से कम 30 दुश्मन सैनिकों को मौत के घाट उतारा लेकिन यह संख्या 50 के करीब जाकर थम गई। इस सैनिक ने अपना मोर्चा संभाला और अपनी लाइट मशीन गन से उस ओर गोलियां दागीं जहां से कैनाल का 360 डिग्री का सम्पूर्ण दृश्य और उत्तर डोगराई का पूरा नजारा दिखता था। 3 जाट के डोगराई पर कब्जा करते ही दुश्मन आतंकित हो गए और कैनाल को पारकर भागने की कोशिश करने लगे। लहना सिंह ने पानी में तैरकर भागने की कोशिश कर रहे कम से कम 30 को मार गिराया। बाद में 12 पंजाब डोगराई के उत्तर में जवाबी हमले के लिए बख्तरबंद के साथ इकट्ठा हुई, उन्होंने इंफैंट्री में खौफ पैदा कर दिया था। अब तक उन्होंने कितनों को मार गिराया था इसकी गिनती नहीं थी लेकिन सी और डी कंपनियों के बचे हुए सैनिकों द्वारा की गई पूरी गोलीबारी और उनके स्वयं द्वारा किया गया हमला सुबह सात बजे 22 सितंबर के जवाबी हमले के विफल होने का कारण रहा। सिपाही लहना सिंह के अकेले योगदान के लिए उन्हें वीर चक्र से सम्मानित किया गया। एक अशिक्षित और साधारण व्यक्ति अपनी सूझबूझ और प्रतिबद्धता के कारण एक कभी न भुला सकने वाला नायक बन गया था।

इस बटालियन ने तीन एमवीसी पुरस्कार, चार वीर चक्र, सात सेना मेडल, आठ मेंशन इन डिस्पैचेज और आठ कमेंडेशन कार्ड हासिल किए। यह 3 जाट की बहादुरी, निष्ठा, साहस, दृढ़ता, पराक्रम, नायकत्व, नेतृत्व, उद्देश्य, समाधान, शौर्य और आत्मशक्ति की पराकाष्ठा थी।

डोगराई में पिल बॉक्स पर गर्व से फहराया तिरंगा
जाट राष्ट्रीय गर्व

पटियाला के महाराजा के साथ सीओ 3 जाट लेफ्टि कर्नल डीई हेड, एमवीसी

पटियाला के महाराजा और ब्रिगेडियर निरंजन सिंह के साथ सीओ और अन्य कब्जा किए गए पाक पैटन टैंक के सामने

लेफ्टि कर्नल हेड के साथ विजयी 3 जाट

ध्वंस्त पुल का निरीक्षण करते हुए

बर्की

15 इन्फैंट्री डिविजन के दक्षिण में समानांतर और एक साथ हुए ऑपरेशन के तहत 7 इन्फैंट्री डिविजन को भिकिविंड–खालरा–बर्की सड़क के साथ–साथ बढ़ते हुए इसके तहत सौंपे गए क्षेत्र में इछोगिल नहर तक सभी पाकिस्तानी ठिकानों पर कब्जा कर लेने का आदेश दिया गया। नहर पर बर्की, सौंपे गए क्षेत्र के लगभग बीचों–बीच स्थित एक महत्वपूर्ण कस्बा था। डिविजन को विशेष तौर पर इस कस्बे को और इसके पास के पुल पर कब्जा करने के लिए कहा गया था।

जीओसी 7 इन्फैंट्री डिविजन मेजर जनरल, एचके सिब्बल ने दो चरणों में हमला करने की रणनीति बनाई। पहले चरण में 48 इन्फैंट्री ब्रिगेड को सीआईएच (सेंट्रल इंडिया हॉर्स) के टैंकों की मदद से 6 सितंबर की रात तक खालरा से बर्की की ओर बढना था और इस पर और इसके पास पुल पर कब्जा करना था। इसके साथ–साथ 17 राजपूत को सीआईएच की एक टुकड़ी के साथ वान–बेडियन धुरी के साथ सीमा पार करना था और 6 सितंबर की रात्रि तक बेदियां पर कब्जा करना था। दूसरे चरण में 65 इन्फैंट्री ब्रिगेड समूह को उस क्षेत्र में इछोगिल नहर तक बचे–कुचे दुश्मनों को सफाया करना था और अपने अधिकार वाले डिविजन के क्षेत्र में सभी पुलों को ध्वस्त करना था।

ग्यारहवीं कोर के तीनों डिविजन में 7 इन्फैंट्री डिविजन सौंपे गए कार्यों को पूरा करने में सबसे अधिक सफल रही थी। सूर्यास्त से पहले आईबी को पार करते हुए, उस शाम तक डिविजन की टुकड़ियां अपने प्रारंभिक उद्‌देश्यों हुदिआरा और नुरपुर पर कब्जा जमाने में सफल हो गई। बर्की के रास्ते में आने वाले दो अन्य गांवों – बरका कलां और बरका खुर्द पर 7 और 8 सितंबर को कब्जा कर लिया गया। बर्की पर उग्रतापूर्वक लड़ते हुए भारी युद्ध के बाद जिसमें दुश्मनों ने 45 मिनट की अल्प अवधि में ही कम से कम 2,500 तोप के गोले दागे थे, 11 सितंबर की सुबह तक कब्जा कर लिया गया।

इसके उपरांत जैसा कि हम बाद में देखेंगे ज्यादातर कार्यवाही दक्षिण की ओर 4 पहाड़ी डिविजन क्षेत्र में स्थानांतरित हो गई। लेकिन पहले, हम कुछ युद्धों पर नजर डालते हैं और जो लोग लड़े उनके बारे में विस्तारपूर्वक जानते हैं।

निःस्वार्थ सेवा

सूबेदार अजीत सिंह – बर्की

एक लंबा, छरहरा जेसीओ अपने प्लाटून के जवानों को नए जारी किए गए, 7.62 मिमी के स्वयं से लोड हो जाने वाले राइफल की जटिलताओं के बारे में निर्देश दे रहे थे। राइफल को उसके बैरल के पास से एक हाथ से उठाते हुए और उस भारी हथियार को आसानी से लहराते हुए, वे उसके गुणों के बारे में बताने लगे कि किस प्रकार से यह आधुनिक राइफल .303 बोल्ट एक्शन राईफल से अलग है, जिसे सैनिक अभी तक उपयोग कर रहे थे। जेसीओ सूबेदार अजीत सिंह एक कुशल हथियार इंस्ट्रकटर थे, और एक माने हुए निशानेबाज भी। शूटिंग रेंज में हथियारों के साथ उनकी महारत, खेल के मैदान में हॉकी खेलने के उनके कौशल के साथ मेल खाती थी। बटालियन की हॉकी टीम को उनके रूप में एक लंबे समय बाद इतना मजबूत खिलाड़ी मिला था। उन्हें इस बात का गौरव प्राप्त था कि कोई भी विरोधी उनके पास से आसानी से गेंद नहीं ले जा सकता था।

यह 3 सितंबर, 1965 की तारीख थी और 4 सिख बटालियन को अपने नए ठिकाने फिरोजपुर गए महीना भर भी नहीं हुआ था। पुहंचते ही उन्हें नई राइफलें जारी की गई थी जो कि उनकी परिचित 303 राइफलों से आधुनिक थीं। हल्के होने के अलावा इन्हें हाथ से बार–बार लोड किए बिना लगातार फायर किया जा सकता था। लेकिन क्षितिज पर युद्ध के बादल घने होते जा रहे थे, अतः उन्हें इस हथियार से वाकफियत और इसे चलाने की कला से जल्द से जल्द युक्त करना बहुत जरूरी हो गया था, क्योंकि कभी भी युद्ध शुरू हो सकता था। अजीत सिंह अपना पूरा जोर लगाकर इसी काम में लगे हुए थे।

क्लास के बीच ही संदेश आया कि सीओ साहब बटालियन को संबोधित करना चाहते हैं और इसलिए सबको गुरुद्वारे के पास एकत्रित होने को कहा गया है। अपने अनुभव के आधार पर और ऑल इंडिया रेडियो पर नियमित समाचार सुनने के कारण, सूबेदार अजीत सिंह ने इसके संदर्भ को भांप लिया था। उन्होंने सुना था कि कैसे पाकिस्तानी घुसपैठिये जम्मू और कश्मीर में घुस चुके हैं, हाजी पीर पर मेजर रंजीत सिंह दयाल के कारनामों के बारे में और छम्ब सेक्टर में पाकिस्तान

के बड़े पैमाने पर हमले के बारे में भी सुना था। उनकी अंतरात्मा कह रही थी कि अब युद्ध छिड़ने में ज्यादा देर नहीं थी। और सीओ के शब्दों ने उन्हें सही साबित किया। सीओ लेफ्टिनेंट कर्नल अनंत सिंह जो तभी ब्रिगेड मुख्यालय से वापस आए थे, ने कहा –

'पल्टन को चार घंटे के लिए युद्ध का नोटिस मिला है। पलाटून को अपनी शूरवीरता का प्रदर्शन करने का फिर एक बार मौका मिल रहा है। इस युद्ध में, भगवान ने चाहा तो हम दुबारा से उन जगहों पर कब्जा कर लेंगे जो देश के विभाजन के दौरान हम छोड़ आए थे। सारागढ़ी के बहादुरों के कारनामों को और 1962 के वीर शहीदों को याद करो, बलिदान के लिए तैयार रहो और अपने प्यारे वतन के लिए साहस और समर्पण से भरा प्रदर्शन करो।'

सारागढ़ी का उल्लेख होते ही वहां उपस्थित सभी सैनिकों में गौरव का संचार हो गया। यहां सीओ का संदर्भ 1897 में बटालियन के 21 सैनिकों द्वारा लड़े गए सारागढ़ी युद्ध से था। तब इस बटालियन को 36 सिख के रूप में जाना जाता था। सारागढ़ी, अफगानिस्तान में स्थित एक गांव था। बटालियन की इस छोटी टुकड़ी पर 10,000 अफगानी कबाईलियों ने हमला कर दिया था। लेकिन बटालियन वहां तब तक डटी रही जब तक उनका एक भी व्यक्ति जीवित था। बटालियन नौ दिनों बाद ही उस युद्ध की सालगिरह मनाने वाली थी।

घटनाक्रम तेजी से आगे बढ़ रहे थे, जैसा कि अमूमन युद्ध के समय में होता ही है। 6 सितंबर को सूबेदार अजीत सिंह ए कंपनी के एक हिस्से के रूप में अपने प्लाटून के साथ आईबी पार कर रहे थे। कंपनी को रख हरदीत सिंह नामक सीमा पार के एक पोस्ट पर कब्जा करने का कार्य सौंपा गया था। शांति काल में सीमा पार के इन पोस्टों पर अर्द्धसैनिक बल तैनात हुआ करते हैं, और जब युद्ध की आशंका बढ़ जाती है तब इन पर नियमित सैन्य टुकड़ियों की तैनाती कर दी जाती है। भारतीय सेना के एकाएक हमले की वजह से ये फेरबदल करने का मौका दुश्मन को नहीं मिल पाया था। भारतीय सैनिकों के यकायक हमले ने पाकिस्तानी रेंजरों को एकदम चकमे में डाल दिया और उनमें अफरातफरी मच गयी। कुछ रेंजर मारे गए, कुछ बंदी बना लिए गए, और कुछ हाल बेहाल भाग खड़े हुए।

कंपनी के कमांडर मेजर शमशेर सिंह मनहास, ने कंपनी को एकजुट किया और उनकी सराहना करने के बाद उन्हें अगले कार्य के लिए तैयार रहने को कहा। अगले दिन बटालियन के लिए बिना किसी खास घटना वाला था, लेकिन 8 सितंबर को कंपनी को ब्रह्मनाबाद गांव को दुश्मनों से खाली कराने का आदेश मिला। उनकी सहायता के लिए लेफ्टिनेंट कंवलजीत सिंह के नेतृत्व में डी कंपनी को भी भेजा गया। दुश्मन सैनिक भी यहां युद्ध के लिए ज्यादा तैयार दिखाई नहीं पड़े, और जैसे ही तोप की गोलाबारी के बाद सिख सैनिक गांव के पास पहुंचे,

पाकिस्तानी खेमा धराशायी हो गया। इससे पहले कि भारतीय जवान जीत का जश्न मना सकते, दुश्मन की भारी गोलाबारी शुरू हो गयी। भागते हुए पाकिस्तानी सैनिकों ने फायर सहायता के लिए संदेश भेजा था और अपने लोगों को भारतीय सैनिकों द्वारा गांव पर कब्जा करने की बात बताई थी।

खोए हुए गांव को वापस पाने के लिए, पाकिस्तान की ओर से जवाबी हमले का अनुमान लगाते हुए, हमले का सामना करने के लिए सिखों को गत रात्रि को गांव से आगे बढ़ने और सुबह तक वहां तैनात होने का आदेश दिया गया। इस अल्प अवधि में दुश्मन के तोप के हमले से खुद को सुरक्षित करने के लिए सिख सैनिक केवल छोटे–छोटे मोर्चे ही खोद सकते थे, ताकि वे दुश्मन की गोलाबारी से आड़ ले सकें। दिन चढ़ने के साथ–साथ सूबेदार अजीत सिंह ने देखा कि उनकी टुकड़ी प्यास से व्याकुल होती जा रही है। उन पर लगातार हो रही तोप की गोलाबारी और अधिक कठिन स्थिति उत्पन्न कर रही थी। लेकिन सिखों के आस पास ही गन्ने के खेत थे, उन्होंने इसका भरपूर सदुपयोग किया। वे बारी बारी से इसमें घुस कर रसीले गन्नों से अपनी प्यास बुझाते और दुश्मनों की नजर से भी बचे रहते। उस रात उन्हें पता लगा कि उनकी बटालियन को उनकी वर्तमान स्थिति से कोई एक किलोमीटर दूर इछोगिल नहर के पास के एक बड़े गांव 'बर्की' को कब्जे में लेने का आदेश दिया गया है। बटालियन के लिए यह सम्मान की बात थी। जैसा कि मेजर शमशेर ने सूबेदार अजीत और बाकी कंपनी को अवगत कराया, 'बर्की डिविजन का मुख्य निशाना है और हमें इस पर कब्जा करने की ज़िम्मेदारी मिली है। अजीत सिंह ने सीओ के शब्दों को याद किया और यह निश्चय किया कि वे सारागढ़ी के बहादुरों के नाम अवश्य रोशन करेंगे।

जनरल हरबक्श सिंह ने अपनी किताब 'वार डिस्पैचेज' में बर्की की विकटता का वर्णन निम्न प्रकार से किया है:

'बर्की का दुर्ग भेदना बहुत ही मुश्किल कार्य था। दुश्मनों ने एक कंपनी को गांव के भीतर और दो कंपनियों को इछोगिल नहर के पूर्वी छोर पर तैनात कर रखा है। इसके अलावा इस क्षेत्र में एक कंपनी टोही दल के रूप में और एक बटालियन सहायता के लिए तैनात थी। पूरे क्षेत्र का चारों ओर से शत–प्रतिशत सुरक्षा की दृष्टि से फायर के लिए सटीकता से सर्वेक्षण किया गया था। इस क्षेत्र में कुछ टैंक भी तैनात किए गए थे। सुरक्षा की व्यापक तैयारी की गई थी। गांव में प्रवेश करने वाले सभी रास्तों पर सीमेंट–कंक्रीट के पिल्ल बॉक्स बनाए गए थे जो बाहर से मिट्टी के घर होने का भ्रम पैदा करते थे। ये सभी 15 वर्ग फीट के थे जिनकी दिवार और छत की मोटाई 3 फीट थी। इन सभी मजबूत बिंदुओं पर तीन आदमी का एक दल स्वचालित हथियारों से लैस होकर तैनात होता है। सभी पिल्ल बॉक्स में लम्बे समय तक लड़ने के लिए गोलाबारूद और राशन रखा गया

था। इन सुरक्षा उपायों के बीच, यहां तक कि भारी गोलाबारी के बीच गांव के अंदर व्यापक टनलिंग से दुश्मन के सैनिक अंदर ही अंदर आ–जा सकते थे। संक्षेप में कहें तो, बर्की स्वचालित हथियारों से लैस और कवच व तोपों से युक्त एक किले की तरह था। इस पर कब्जा करना किसी के लिए भी बहुत चुनौती भरा काम था।'

और 4 सिख वह पलाटून थी जो इस चुनौती का सामना करने के लिए कमर कस चुकी थी। सीओ द्वारा तैयार किए गए योजना के मुताबिक तीन कंपनी – ए, सी और डी – हमले में भाग लेने वाली थी जबकि बी कंपनी को आरक्षित रखा गया था। बर्की गांव भिखविंड–बर्की–लाहौर सड़क के दोनों और फैला हुआ था। ज्यादातर आबादी सड़क के दाहिने ओर थी, जबकि गांव का पुलिस स्टेशन और कुछ घर सड़क के बांई ओर थे। एक छोटा नाला, जिसे बर्की नाला कहा जाता था, गांव के आगे सड़क के दोनों तरफ बहता था, और इछोगिल नहर गांव के पीछे कुछ दूरी पर बहती थी। ए और सी कंपनी को सड़क के दांई ओर धावा बोलना था और डी कंपनी को सड़क के बांई ओर। सेंट्रल इंडिया हॉर्स के टैंक भी हमलावर बल के हिस्सा थे, जिसे डी कंपनी के साथ आगे बढ़ते हुए लक्ष्य के बीच में रुकावट बनने वाले दुश्मन पर फायर करना था; 19:50 बजे तक ए और सी कंपनियां अपने एफयूपी में तैयार थी, और पहले से ही दुश्मन की गोलाबारी उन पर बरसनी शुरू हो गयी थी। डी कंपनी को एफयूपी तक टैंकों को निर्देशित करने के लिए पीछे रखा गया था। दुर्भाग्य से टैंक को समय पर नहीं भेजा जा सका और डी कंपनी को जूझ रही अन्य दो कंपनियों की सहायता के लिए भाग कर जाना पड़ा। लेकिन वो किस्सा थोड़ी देर बाद।

दुश्मनों को बर्की पर हमला होने की आशंका थी, इसके लिए सुरक्षात्मक तैयारी करने के लिए उनके पास पर्याप्त समय था। वे घरों के भीतर बंकर बनाकर चालाकी से भ्रमित कर रहे थे। बंकरों के अलावा जगह–जगह मोर्चे खोदे हुए थे और कुछ टुकड़ियों को इछोगिल नहर के किनारों पर भी तैनात किया गया था। इस प्रकार से हमलावर सिख सैनिक तीन तरफ से फायरिंग के बीच फंस गए, कमांडरों के लिए दुश्मन की सटीक स्थिति का पता लगाना मुश्किल हो गया था। सिखों ने निर्बाध रूप से आगे बढ़ना जारी रखा। 'जो बोले सो निहाल' का नारा और उसके बाद रस्मी जवाब 'सत श्री अकाल' की गूंजों ने चारों और से आ रही बंदूक की फायरिंग और गोलाबारी के आवाज को भी दबा दिया था। गति धीमी लेकिन सिख आगे बढ़ रहे थे, कवर दर कवर फायरिंग करते।

सूबेदार अजीत सिंह की प्लाटून ए कंपनी का अंग थी, जो हमले में बांईं ओर और सी कंपनी इसके दांईं ओर तैनात थी। चूंकि टैंक जिनसे फायर से उनका हमला आसान हो जाता, अभी नहीं मिल पाए थे, अतः कंपनी कमांडर ने मोर्टार से अतिरिक्त फायर करवाया। जब हमलावर टुकड़ी गांव से केवल 400 गज की दूरी

पर थी, तो गांव से आता तेज फायर हमले को आगे बढ़ने में बाधा पहुंचा रहा था। सूबेदार अजीत सिंह ने देखा कि उनके आस–पास जवान दुश्मन की गोलाबारी का शिकार हो रहे हैं। अपने लोगों को शहीद होते देख आमतौर पर शांत रहने वाले अजीत सिंह क्रोधित हो उठे। उनके दिमाग में कुछ चल रहा था। तब उन्होंने मौत की झड़ी लगा रहे और उनके रास्ते की रुकावट बनने वाले उस स्थान पर निशाना साधने की सोची।

एक सुव्यवस्थित पिल्ल बॉक्स जो सामने से मशीनगन की सटीक फायरिंग कर रहा था उनकी समस्या का कारण बन रहा था। सूबेदार अजीत सिंह अचानक अपनी जगह से उठे और ज़ोर से युद्ध का नारा लगाते हुए उस पिल्ल बॉक्स की ओर तेजी से लपके। जैसे ही उस बक्से के पास पहुंचे उसमें से मशीन गन की गोलियों ने उनके सीने को छलनी कर दिया, लेकिन वे रुके नहीं। उन्होंने इसके अंदर एक ग्रेनेड फेंका, जिससे मशीनगन का क्रू तभी ध्वस्त हो गया। उसके बाद वे पिल्ल बॉक्स के बाहर ढेर हो गए।

जब तक कि उनका प्लाटून और बाकी कंपनी इसे समझ पाती, अजीत सिंह ने अपनी जान की कीमत देकर उनके रास्ते में आ रही इस बाधा को समाप्त कर दिया था। उनके इस साहसिक कृत्य ने पूरी कंपनी और प्रत्येक आदमी को जोश से भर दिया था। अब भारतीय सैनिक आगे बढ़े। शीघ्र ही सैनिकों का झुंड बिना अपनी सुरक्षा की अधिक चिंता किए पाकिस्तानी बंकर की ओर कूच कर गए।

बर्की पुलिस स्टेशन में भारतीय सैनिक

पाकिस्तानी इस दृढ़ संकल्प के सामने टिक नहीं पाए, और उनके अग्रिम टुकड़ी को मार गिराया गया या उन्हें उनके स्थान से खदेड़ दिया गया।

बाकी बचे गांव को खाली कराने के लिए कुछ घंटे और दृढ़प्रतिज्ञ हमले की जरूरत पड़ी, और 21:30 बजे तक बर्की पर कब्जा कर लिया गया। यह युद्ध उग्रतापूर्वक लड़ी गई कुछ लड़ाइयों में से एक थी। इसमें दुश्मनों ने केवल 45 मिनट के दौरान 2,500 तोप के गोले दागे। पाकिस्तानी सेना के मेजर अजीज भट्टी, जिन्हें दो कंपनियों के साथ इस अभेद्य सुरक्षा कवच की सुरक्षा का जिम्मा सौंपा गया था, को बाद में मरणोपरांत पाकिस्तान का सर्वोच्च वीरता पुरस्कार, निशान–ए–हैदर प्रदान किया गया।

लेकिन इस समय तो सबके मन में सूबेदार अजीत सिंह का वह साहसिक कदम था जिसने हमले के रुख को पलट कर रख दिया। उन्होंने सच्चे रूप में लगभग 70 साल पहले सारागढ़ी में अपने पूर्ववर्तियों द्वारा शुरू की गई परंपरा को जारी रखा था। उनकी बहादुरी को उन्हें महावीर चक्र प्रदान कर सम्मानित किया गया।

अकेले चलो
लेफ्टिनेंट कंवलजीत सिंह – बर्की

उसी समय चौथी सिख बटालियन की अल्फा और चार्ली कंपनियां बर्की पर हमले के लिए आगे बढ़ रही थीं। डेल्टा कंपनी अपने कार्यवाहक युवा कंपनी कमांडर लेफ्टिनेंट कंवलजीत सिंह के नेतृत्व में उन टैंकों का इंतजार कर रही थी जो हमला करने के लिए उनसे आकर मिलने वाले थे। उनको टैंकों के साथ मिलने और लकड़ी के तख्तों (जिन्हें बोलचाल की भाषा में स्लीपर कहा जाता है) से भरे हुए सिविलियन ट्रकों के पीछे चलने का आदेश दिया गया था। उनको ये स्लीपर्स बर्की नाले पर बिछाने थे ताकि उनके ऊपर से टैंक आसानी से गुजर सकें। टैंकों को पार करने में मदद करने के बाद उनकी मदद के साथ कंपनी ने बर्की पुलिस स्टेशन पर हमला करना था। टैंकों की अगुवाई करते हुए सड़क के दोनों ओर दुश्मनों के ठिकानों पर फायरिंग करनी थी ताकि पैदल सेना के लिए हमला करने का लक्ष्य आसान हो सके। लेफ्टिनेंट कंवलजीत अधीरता के साथ इंतजार कर रहे थे क्योंकि घड़ी हमले के लिए उनको दिए गए समय को पार कर चुकी थी और दूर–दूर तक टैंक नजर नहीं आ रहे थे।

वे शाम 7.30 बजे से इंतजार कर रहे थे और जब शाम 8.00 बजे तक टैंक नहीं आए, कंपनी कमांडर ने एडजुटेंट से पूछा कि क्या उन्हें टैंकों के आने का इंतजार करना चाहिए या फिर अपनी योजना के मुताबिक हमले के लिए आगे बढ़ जाए। उनको बिना टैंकों के ही आगे बढ़ने का आदेश मिला और डेल्टा कंपनी बर्की पुलिस स्टेशन की ओर बढ़ गई। उनके हमला करने के तुरंत बाद ही उनको पीछे से टैंकों की गड़गड़ाहट सुनाई देने लगी और जल्द ही सड़क के दाहिनी ओर उन लक्ष्यों पर फायर खोल दिया जिन पर अल्फा और चार्ली कंपनी हमला बोल रही थीं। चूंकी हमला करने वाली टुकड़ियां भी टैंकों के फायर करने की दिशा में ही थीं, टैंक कमांडर से संपर्क किया गया और फायर को सड़क के बायीं ओर मोड़ने को कहा गया, जिस तरफ पुलिस स्टेशन था और जहां पर हमला करना अभी बाकी था।

डेल्टा कंपनी ने जल्द ही टैंकों के देर से पहुंचने से पैदा हुए भ्रम को भुलाकर खुद को पुलिस स्टेशन पर हमले के लिए संगठित किया। बहुत जल्द ही 'बोले सो

निहाल!' और 'सत श्री अकाल!' के नारे आसमान में गूंजने लगे क्योंकि साहसी सिख अपने लक्ष्य पर टूट पड़े थे। तब तक अल्फा और चार्ली कंपनी पहले ही सड़क के दायीं ओर अपने लक्ष्यों को कब्जे में ले चुकी थीं और इसलिए डेल्टा कंपनी को पुलिस स्टेशन पर हुए प्रतिरोध को पार कर उसे कब्जे में लेने में ज्यादा समय नहीं लगा। दुश्मन को अस्त–व्यस्त होकर भागते हुए देखा जा सकता था और यहां तक कि उनमें से कुछ तो इछोगिल नहर में कूद गए और सिखों के घातक प्रकोप से बचने के लिए तैरकर नहर पार करने की कोशिश में थे।

इस बीच, दुश्मन अपने टैंकों को इछोगिल नहर के दूसरे किनारे पर ले आया और सिखों पर घातक रूप से हमले कर रहा था। इस खतरे से निपटने के लिए आगे बढ़ रहा भारतीय टैंक का ट्रैक एंटी टैंक माइन के कारण ध्वस्त हो गया। जाहिर है दुश्मन ने पीछे हटते समय जल्दी से ये माइंस बिछा दी थीं। अन्य टैंक आगे बढ़े और नहर के उस पार दुश्मन के टैंको स भिड़ गए जो जल्द ही वापिस लौट गए।

अपने हमले और पुनर्गठन के दौरान 4 सिख रेजिमेंट ने पाया कि इछोगिल नहर का पूर्वी तट दुश्मन के कब्जे से पूरी तरह बाहर था और उन्होंने इसे कब्जे में लेने का अवसर झट से लपक लिया।

बर्की पर कब्जे की बटालियन के बेहतरीन हमलों में से एक शानदार हमले के रूप में तारीफ की गई। इस कार्यवाही में 4 सिख बटालियन के 39 जवान शहीद हुए और 121 सैनिक घायल हुए। युद्ध विराम के बाद भारत के राष्ट्रपति, डॉ एस राधाकृष्णन ने बर्की का दौरा किया, सैनिकों के साथ चाय पी और बटालियन के बलिदान और विजय के लिए अत्यधिक बधाई दी।

पिल बॉक्स पर लेफ्टि कंवलजीत सिंह

बर्की माइलस्टोन

सेना की देखभाल
सूबेदार मेजर कुल बहादुर थापा

इन्फैंट्री बटालियन में सूबेदार मेजर (एसएम) सबसे वरिष्ठ जेसीओ (जूनियर कमीशंड ऑफिसर) होता है और प्रायः सबसे ज्यादा, यहां तक कि सीओ (कमांडिंग ऑफिसर) से भी ज्यादा सेवा अनुभव वाला व्यक्ति होता है। ब्रिटिश हुकूमत के दौरान, एसएम की प्रमुख जिम्मेदारियों में एक सीओ को सलाह देना भी होती थी, जैसे सैनिकों के रिवाज, कल्याण और मनोबल से जुड़े हुए मामलों पर सलाह देना।

स्वतंत्रता के आगमन पर अधिकारियों और सैनिकों के बीच सांस्कृतिक फासला नहीं रहा, लेकिन एसएम उतनी ही महत्वपूर्ण संस्था बना रहा जितना कि सीओ। हर सैनिक जो यूनिट में भर्ती होता है वह एसएम की तरफ देखकर आकांक्षा करता है कि एक दिन वह भी उस रैंक पर पहुंचेगा। सीओ सभी प्रमुख मामलों में एसएम से सलाह लेता है और उसके द्वारा दी गई सलाह आमतौर पर फैसले लेने में प्रमुख घटक होती है।

युद्ध में वह लड़ाई के मैदान से थोड़ा पीछे रहकर प्रशासनिक क्षमता के साथ सहयोगी की भूमिका निभाता है। उसकी मुख्य जिम्मेदारियों में प्रशासनिक जिम्मेदारियों जैसे अपने शहीद सैनिकों के अंतिम संस्कार या उनके पार्थिव शरीर को उनके पैतृक स्थान पर पहुंचाने का इंतजाम, मरने वाले दुश्मन सैनिकों को सुपुर्द करना और उच्च अधिकारियों को सुपुर्द करने से पहले युद्ध बंदियों का ध्यान रखना आदि भी शामिल हैं। ऐसे में उसका सामना जिस दुश्मन से होता है या मृतक होता है या युद्ध बंदी। बहुत कम अवसर होते हैं जब वह वास्तविक फायरिंग लाइन के करीब होता है या वास्तविक खतरे का सामना करता है, केवल उस स्थिति को छोड़कर जब दुश्मन की तोपें पीछे के क्षेत्रों में गोले बरसा रही हों। लेकिन 6/8 गोरखा राइफल्स के सूबेदार मेजर कुल बहादुर थापा अलग ही किस्म के थे।

दूसरा विश्व युद्ध लड़ चुके थापा, कई बार घायल हो चुके थे और जर्मनी से मुकाबले में लगी गोलियों के निशान उनके आभूषण थे। वह दो बार युद्ध बंदी बने और दोनों ही बार जर्मनी के युद्ध बंदी शिविरों से भाग निकले। भारत की आज़ादी

के बाद वह वर्ष 1956 में हवलदार के रूप में 2/8 गोरखा राइफल्स से 6/8 गोरखा राइफल्स में हस्तांतरित कर दिए गए। अपनी नई बटालियन में वह तरक्की हासिल करते हुए सूबेदार मेजर के रैंक तक पहुंचे और इसी पद के साथ वह युद्ध भूमि में पहुंचे। उनको केवल इस बात का पछतावा था कि उनसे युद्ध भूमि से बाहर रहकर केवल प्रशासनिक भूमिका निभाने की उम्मीद की जा रही थी। कई बार वे सोचते कि काश वे सूबेदार ही होते और किसी भी कंपनी के साथ युद्ध में सक्रिय रूप से भाग लेते।

बटालियन, 7 इन्फैंट्री डिविजन सेक्टर में ज़बर्दस्त लड़ाई कर रही थी। यह खालड़ा–बर्की धुरी पर 4 सिख की दुश्मन के साथ भिड़ंत से शुरू हुई थी, जिसकी कारवाई को हमने पिछले अध्याय में देखा है। सूबेदार मेजर थापा की बटालियन को जो लक्ष्य दिए गए थे उनमें सीमा की चौकियां घाविंडी और खालड़ा थीं। अन्य सीमा चौकियों पर जहां पाक रेंजर्स का हल्का पहरा होता है, इसके विपरीत खालड़ा के बारे में सूचना थी कि इस पर दुश्मन ने नियमित सैनिकों की एक सैन्य टुकड़ी (प्लाटून) तैनात की है। इसलिए इस चौकी को कब्जे में लेना कोई छोटी बात नहीं थी और इसे कब्जे में लेने की जिम्मेदारी लेने वाली बी कंपनी को भयंकर लड़ाई लड़नी पड़ी जिसमें उसे चौकी कब्जे में लेने से पहले कंपनी कमांडर कैप्टन आरसी बक्शी को खोना पड़ा। बक्शी को उनके इस साहसिक कार्य के लिए मरणोपरांत वीर चक्र प्रदान किया गया।

जब 4 सिख बटालियन बर्की पर कब्जा करने गई तो 6/8 गोरखा राइफल्स ने आईबी और इछोगिल नहर के बीच स्थित गांवों में बने दुश्मन के ठिकानों को साफ करने में मदद की थी। इस कार्यवाही में 6/8 गोरखा ने हुडियारा, गागा और पढ़ाना गांवों पर कब्जा किया था। बटालियन ने जाहमान गांव और उसके करीब पुल पर कब्जा करने का भी दो बार प्रयास किया। इस घोर युद्ध के थोड़े से समय में बटालियन लगातार आगे बढ़ रही थी और इस दौरान सूबेदार मेजर थापा ने अपने सैनिकों का मनोबल बनाए रखने के लिए अपने उत्तरदायित्व गंभीरता से निभाया।

वह जानते थे कि गर्म भोजन से ज्यादा सैनिकों के उत्साह में वृद्धि कुछ भी नहीं कर सकता क्योंकि उनको आगे बढ़ने और युद्ध के दौरान सीमित राशन में जिंदा रहना था। इसलिए उन्होंने जब भी फुर्सत मिलती, सैनिकों को गर्मागर्म भोजन आपूर्ति की जिम्मेदारी अपने कंधों पर ली, हालांकि यह उनकी ड्यूटी चार्ट में शामिल नहीं था। वह खुद जीप चलाकर हवाई हमलों और बमबारी से बचते–बचाते सैनिकों को भोजन पहुंचाते। एक बार तो वह 60 बकरों का प्रबंध करने में कामयाब रहे और सभी सैनिकों को उस दिन गरमा–गरम मटन मिला और गोरखा मटन को कितना पसंद करते हैं, यह सब तो जानते ही हैं!

युद्ध क्षेत्र की ओर उनकी एक चढ़ाई के दौरान वह जीप चलाने में व्यस्त थे अग्रिम पंक्ति में लड़ रहे सैनिकों को कुछ खाना पहुंचाने के लिए घनी अंधेरी रात में रास्ता खोज रहे थे। वह लाइट जलाने का खतरा मोल नहीं ले सकते थे क्योंकि ऐसा करने पर निश्चित ही दुश्मन की गोली उन तक पहुंच जाती। यह भी हो सकता था कि अति उत्साह में अपने खुद के सैनिक भी गोलियां चला देते। इसलिए वह तारों की हल्की रोशनी पर ही रास्ता दिखाने के लिए निर्भर थे और पेड़ों और खेतों के बीच टेढ़े–मेड़े रास्ते पर आगे बढ़ रहे थे। अचानक उनकी जीप गड़गड़ाहट के साथ रुक गई और एसएम को लगा कि उनके शरीर की हर हड्डी गड़गड़ा रही है। उन्होंने सोचा कि उन्होंने गाड़ी ईंटों की दीवार में घुसा दी है और यह सुनिश्चित करने के बाद कि उनकी सभी हड्डियां सलामत हैं, जीप से बाहर कूदे और उस रुकावट को देखने लगे जो अंधेरी रात में उनकी जीप के आगे आ गई थी। यह एक टैंक निकला और संयोग से यह भारतीय सेना का था जो रात के लिए वहां रोका गया था। तेज टकराहट की आवाज से टुकड़ी भी सतर्क हो गई थी और अब अपने तैयार हथियारों से हक्के–बक्के जेसीओ का सामना करने को तैयार थे।

जब दोनों पक्षों ने एक दूसरे को दुश्मन नहीं दोस्त के रूप में पहचान लिया और यह निर्धारित कर लिया कि मशीन या एसएम दोनों को ही कोई नुकसान नहीं हुआ है तो वे दिल से हंसे। टैंक दल ने एसएम को उनके रास्ते पर आगे बढ़ने से पहले एक कप चाय पिलाई। इस मामूली हादसे ने उनकी अग्रिम युद्ध क्षेत्र की लगातार यात्राओं को कभी बाधित नहीं किया। युद्ध के मैदान में छिपे खतरों और नींद की कमी से हो रही थकावट को अनदेखा कर वह साहसी जेसीओ दौरा किया करते करते थे और लड़ रहे सैनिकों का मनोबल ऊंचा रखते थे। उनके प्रयासों का केवल यह पुरस्कार था, एक तो अपनी ड्यूटी से आगे बढ़कर काम करने में संतुष्टि का भाव और दूसरा सैनिकों और अधिकारियों से बराबर हासिल हो रहा सम्मान।

खेम करण

वर्ष 1965 में पंजाब के दो साधारण से गांव खेम करण और असल उत्तर देश–विदेश में जाने–पहचाने नाम बन गए थे। यहां तक कि अमेरिका के शहर डेट्रॉयट जहां पर अमेरिकी पैटन टैंक डिजाइन किए गए थे में भी इन गांवों का जिक्र किया गया है। ये वे दो गांव हैं जिनके आस–पास द्वितीय विश्व युद्ध के बाद सबसे भयंकर टैंक युद्ध लड़ा गया और यहीं 'अमेरिकी पैटन टैंकों' का कब्रिस्तान बना।

यह क्षेत्र 4 माउंटेन डिविजन के अधीन था जो 11वीं कॉर्प्स की तीन डिविजनों में से सुदूर दक्षिण वाली डिविजन थी। भारतीय कमांडरों के अनुमान के मुताबिक पाकिस्तान इस क्षेत्र में भारतीय पंजाब में आक्रमण कर सकता था और सूचना के मुताबिक वह इसी तैयारी में था। नहरों का रुख और सड़क नेटवर्क की मौजूदगी ने इस क्षेत्र को पाकिस्तानी आक्रमण के लिए सबसे अनुकूल बना दिया था जिसके जरिए वह तेजी से भारतीय सीमा में अंदर तक घुस सकता था और ब्यास नदी तक पहुंचकर अमृतसर क्षेत्र का संपर्क बाकी देश से तोड़ सकता था। इसलिए 11वीं कॉर्प्स ने जब 15 और 7 इन्फैंट्री डिविजनों के साथ लाहौर की तरफ कूच किया तो 4 माउंटेन डिविजन को भी यह काम सौंपा गया कि वह भारतीय सीमा पार करे और इछोगिल नहर की लाइन में रास्ते में मिलने वाले दुश्मन का सफाया करते हुए आगे बढ़े। इसके बाद 4 माउंटेन डिविजन, पाकिस्तानी क्षेत्र में एक सुरक्षित सेक्टर धारण करना था जहां से इस सेक्टर की तरफ दुश्मन के किसी भी आक्रमण को रोका जा सके।

इसके उत्तर दिशा में 15 और 7 इन्फैंट्री डिविजन सेक्टर की तरह ही 4 माउंटेन डिविजन को भी शुरुआत में तो दुश्मन के हल्के प्रतिशोध का ही सामना करना पड़ा। 6 सितंबर को बहुत सवेरे ही डिविजन की 9 जम्मू एंड कश्मीर राइफल्स और 13 डोगरा ने शुरुआती प्रतिरोध पर तेजी से विजय हासिल कर ली और उसी दिन दोपहर बाद तक अपने लक्षित ठिकानों को कब्जे में ले लिया। लेकिन न तो डिविजन और न ही बटालियन्स ने यह अनुमान लगाया था कि दुश्मन की जवाबी कार्यवाही इतनी तेज और ताकतवर होगी, और वे इसका सामना करने के लिए तैयार नहीं थे। वास्तव में पाकिस्तानी सेना ने 1 आर्मर्ड डिविजन की अगुवाई में इस क्षेत्र में अपने आक्रमण की योजना बनाई थी और पाकिस्तान के मजबूत जवाबी हमले ने 4 माउंटेन डिविजन की हमलावर ताकतों को आसानी से साफ कर किनारे कर दिया।

6 सितंबर की रात को, दुश्मन सेना ने भारी जवाबी हमले में तोपखाने और

टैंकों के मजबूत सहयोग से भारतीय बटालियनों को उन ठिकानों से बेदखल कर दिया जिन पर दिन की लड़ाई में उन्होंने कब्जा किया था। 7 सितंबर की सुबह तक इस सेक्टर में भारतीय स्थिति काफी नाजुक हो चली थी और काफी हद तक यह साफ हो गया था कि भारतीय सेना इस सेक्टर में आगे आक्रमण करने की स्थिति में नहीं है। साथ ही यहां से पाकिस्तान खुद भारतीय सीमा में घुसने की चाहत पाल रहा था। 4 माउंटेन डिविजन के जीओसी ने पाकिस्तान की भारतीय सीमा में घुसने की इच्छा को भांप कर उसे नाकाम करने के लिए अपने छिन्न–भिन्न हुए बलों को फिर से संगठित करके असल उत्तर गांव के पास एक रक्षात्मक क्षेत्र लेने की इज़ाज़त मांगी जो मिल भी गई।

यह समय पर लिया गया फैसला था क्योंकि बमुश्किल रक्षात्मक ठिकाने बनाए ही थे कि 8 सितंबर की सुबह पाकिस्तानी हमले शुरू हो गए। दुश्मन की तरफ से पहला हमला बेहद मजबूत था क्योंकि पाकिस्तानी सेना ने दो स्क्वाड्रन शैफी (chaffe) टैंकों के और एक स्क्वाड्रन पैटन टैंकों के उस सुबह 10 बजे हमले में उतारे। इस हमले को 9 (डेक्कन) हॉर्स की भारतीय स्क्वाड्रन की उम्दा रक्षात्मक कार्यवाही ने नाकाम कर दिया हालांकि उनके पास पाकिस्तानी टैंकों से कहीं कम ताकतवर शर्मन टैंक थे।

कॉर्प्स कमांडर ने स्थिति का मूल्यांकन किया और पाकिस्तान के 1 आर्मर्ड डिविजन के उपयोग से हुए भारी हमले से निपटने के लिए अपनी आर्मर्ड रिजर्व–2 (इंडीपेंडेंट) आर्मर्ड बिग्रेड को उतारने का फैसला किया जो 4 माउंटेन डिविजन की कमांड में दी गयी।

अगले दो दिन पाकिस्तानी बख्तरबंदों के भारतीय सीमा में घुसने की मंशा से बार–बार हमले होते रहे। भारतीय इन्फैंट्री (पैदल सेना) की दृढ़ कार्यवाही ने रक्षा पंक्ति तोड़ने के पाकिस्तानी सेना के मंसूबे को पूरा नहीं होने दिया और भारतीय आर्मर के दांव ने उन्हें इस मोर्चाबंदी को पार करने से वंचित कर दिया। भारतीय आर्मर कमांडरों की ओर से टैंकों की कुशलतापूर्ण तैनाती से दुश्मन के टैंक जाल में फंसते चले गए और बड़ी संख्या में नष्ट कर दिए गए।

10 सितंबर तक पाकिस्तान के हमले अपनी ताकत खोने लगे। भारतीय टैंकों और इन्फैंट्री के एंटी टैंक हथियारों की जवाबी कार्यवाही में उसने अपने 75 टैंक खो दिए। पाकिस्तान की 1 आर्मर्ड डिविजन कथित तौर पर कसूर तक पीछे हट गई। उसके पीछे हटने के पीछे टैंकों के खोने के अलावा प्रमुख कारण सियालकोट में भारतीय सेना की पहली कॉर्प्स का हमलों में काफी आगे बढ़ जाना और भारी खतरा पैदा कर देना भी था। पाकिस्तान ने ब्यास की ओर हमले की योजना बनाई जिसकी कीमत उनको चुकानी पड़ी। हालांकि खेम करण के आसपास पाकिस्तानी सेना अब भी भारतीय सीमा में जमी हुई थी, जिसे फिर से कब्जे में लेना बाकी था।

दुश्मन की इस घुसपैठ को उखाड़ फेंकने के लिए जवाबी हमले करने की योजना बनाई गई। इस कार्यवाही के लिए 4 माउंटेन डिविजन को अतिरिक्त यूनिट्स दी गई जिसमें 4 सिख भी शामिल थी, जो बर्की पर सफल कब्जे की ज़बर्दस्त लड़ाई लड़ चुकी थी। पहला जवाबी हमला 11–12 सितंबर को किया गया, लेकिन खेम करण में मौजूद दुश्मन सेना को कम आंकने और दुश्मन आर्मर के अवषेशों के चलते हताहतों की संख्या और युद्ध बंदियों के रूप में भारी कीमत चुकाने के बावजूद यह विफल रहा। दूसरा मजबूत प्रयास 22 सितंबर को किया गया, लेकिन ज्यादा प्रगति नहीं हो सकी और 23 सितंबर को युद्ध विराम के साथ ही ऑपरेशनों को रोक दिया गया। ये 16 दिन बहुत भारी युद्ध और वीरता के अलौकिक कारनामों के गवाह बने।

साहस फर्ज़ से भी बढ़कर

कंपनी क्वार्टर मास्टर हवलदार अब्दुल हमीद – खेम करण

एक इन्फैंट्री कंपनी में, कंपनी क्वार्टर मास्टर हवलदार (सीक्यूएमएच) रसद–राशन, कपड़े और लड़ते रहने के लिए सैनिकों की अन्य आवश्यकताओं की आपूर्ति के लिए जिम्मेदार होता है। एक अनिवार्य, लेकिन जब युद्ध हो रहा हो तब कम आकर्षण वाली नौकरी क्योंकि यह आपको युद्ध से दूर रखती है। 4 ग्रेनेडियर्स की चार्ली कंपनी के नव–नियुक्त सीक्यूएमएच अब्दुल हमीद को जब उनकी पुरानी भूमिका में लौटने का आदेश दिया गया तो वह बहुत खुश था। वह हाल ही तक 106 एमएम आरसीएल एंटी–टैंक गन दस्ते के कमांडर थे और बटालियन में सबसे अनुभवी आरसीएल गनर्स् में से एक था, जिसने अपनी सेवा के 9 साल में से 5 साल एंटी टैंक दस्ते में बिताए थे। एक सैनिक की प्रतिष्ठा एवं साहस को अपने पारिवारिक पेशे टेलरिंग पर प्राथमिकता देते हुए अब्दुल हमीद 1954 में भारतीय सेना में शामिल हुए। 1962 के चीन युद्ध का अनुभव उनके पास था और वे नामका चू पर, चीनी हमले के समय अपने कई करीबी दोस्तों और साथियों को शहीद होते देख चुके थे। अब्दुल हमीद खुद उन गिने–चुने लोगों में से थे जो उस लड़ाई में जिंदा बचे थे। अब उनके पास एक दूसरे युद्ध में खुद को साबित करने का मौका मिला था और वह इस बात से खुश थे कि वह इस मौके को केवल राशन आपूर्ति करने में बिताने वाले नहीं थे।

4 ग्रेनेडियर्स बटालियन, 4 माउंटेन डिविजन के आक्रमण का हिस्सा थी और 6 सितंबर को अपने लक्ष्य थेह पन्नू पुल पर कब्जा करने में सफल हो चुकी थी। यहां तक कि यह दुश्मन की भारी गोलाबारी और टैंकों के सहयोग से किए हमलों के बीच भी अपने ठिकानों पर कब्जा बरकरार रखने में कामयाब रही थी। लेकिन फिर पूरी डिविजन को ही वहां से पीछे हटने और असल उत्तर गांव के आसपास रक्षात्मक क्षेत्र बनाने का आदेश दिया गया था क्योंकि इस क्षेत्र में पाकिस्तान के बड़े हमले की आशंका जताई जा रही थी। चार्ली कंपनी को असल उत्तर से भिकिविंड

और अमृतसर की ओर जाने वाली सड़क पर चीमा नामक छोटे से गांव के पास तैनात किया गया। वे इस क्षेत्र में 7 सितंबर की रात पहुंच गए और पूरी रात गांव के पास खेतों में मोर्चे खोदने में बिताई। खेतों में खड़ी गन्ने की फसल बड़ी मददगार थी क्योंकि दुश्मन जमीन से या आसमान से आसानी से उनकी उपस्थित का पता नहीं कर सकता था।

रातभर मेहनत के बाद जल्दबाजी में खोदे गए उथले मोर्चों में दुबके हुए 4 ग्रेनेडियर्स के जवानों ने 8 सितंबर को शाम 7.30 बजे उनकी ओर बढ़ती हुई गड़गड़ाहट की आवाज सुनी जो दुश्मन के टैंकों की कतार की लग रही थी। वे कुछ दूरी पर उड़ती धूल को तो देख सकते थे, लेकिन टैंकों को नहीं देख पा रहे थे क्योंकि रोशनी काफी कम थी। यह उनके लिए भी उपयुक्त था क्योंकि इसका मतलब था कि टैंक भी उनको नहीं देख सकते थे। जल्द ही जमीन गड़गड़ाने लगी क्योंकि तोपखाने के गोले उनके चारों ओर गिरने लगे। गोलों के विस्फोट के साथ घातक छर्रे, धुएं और धूल के गुब्बार के साथ फैल रहे थे जिससे दृश्यता और कम हो गई थी। अगले कुछ घंटों में दुश्मन ने अग्रिम बटालियन 1/9 गोरखा राइफल्स के ठिकानों को ध्वस्त कर दिया और ग्रेनेडियर्स के ठिकाने पर हमला बिल्कुल निकट था।

सी कंपनी की कमान एक युवा अधिकारी लेफ्टिनेंट एचआर जानू संभाल रहा था जिसका उत्साह और धैर्य उनके तुलनात्मक रूप से, कम अनुभव के मुकाबले काफी ज्यादा था। दरअसरल, बटालियन तिब्बत बॉर्डर पर नए ठिकाने पर तैनाती के लिए जाने की प्रक्रिया में लगी थी तभी अचानक उनको युद्ध के लिए लामबंद होने के आदेश मिले थे। इसके परिणामस्वरूप कंपनी के ज्यादातर कंपनी कमांडर्स बहुत दूर नए ठिकाने पर थे और पूरे युद्ध के दौरान बटालियन की सभी कंपनियों की अगुवाई युवा अफसर या जेसीओ कर रहे थे। युवा कंपनी कमांडर ने अब्दुल हमीद को अपनी आरसीएल डिटेचमेंट चीमा गांव की ओर जाने वाली सड़क पर लगाने और बाकी कंपनी को अपना फायर रोककर रखने का आदेश दिया।

वह बड़े गन्नों के खेतों की मदद से कंपनी की मौजूदगी को छिपाकर रखना चाहता था ताकि उनकी मौजूदगी का पता चलने से पहले टैंक उनकी रेंज में आ जाएं। चूंकी टैंकों की फायरिंग रेंज काफी लंबी होती है, ऐसे में यदि उनको ग्रेनेडियर्स की छोटी रेंज में आने से पहले ही उनको इन्फैंट्री की मौजूदगी पता चल जाता तो दुश्मन के टैंक जवाबी फायर के डर के बिना उनको नष्ट कर सकते थे।

अब्दुल हमीद और उनकी आरसीएल टुकड़ी ने छुपकर पोजिशन ले ली और बढ़ती प्रत्याशा के साथ इंतजार करने लगे क्योंकि गड़गड़ाहट के साथ भारी दैत्याकार टैंक जैसे–जैसे नजदीक पहुंचने लगे उनका आकार बढ़ता हुआ नज़र आया। उनके नीचे की धरती कांप रही थी और दुश्मन के तोपखाने की गोलीबारी

से उड़ी धूल से सांस लेना मुश्किल हो गया। प्रशिक्षण के दौरान दुश्मन के टैंकों के प्रतीक के रूप में लगाए गए डीजल के खाली बैरल पर फायर करना एक अलग बात होती है, लेकिन यह शायद पहला मौका था जब उनका दुश्मन के असली टैंकों से सामना हो रहा था। बैरल के विपरीत यह उन पर उल्टा हमला कर सकते थे, यहां तक कि उनको एक जगह घेरकर कुचल सकते थे। आरसीएल दल अच्छी तरह प्रशिक्षित था और जानता था कि पहले ही शॉट में टैंक को ध्वस्त करना अनिवार्य है, अन्यथा टैंक की टुकड़ी उनकी मौजूदगी का पता लगते ही तुरंत जवाबी फायर करेगी और घातक टैंक फायर के खिलाफ उनके पास कोई सुरक्षा नहीं है। यही नहीं यदि वे पहले फायर में ही टैंक को मार गिराते भी हैं तो उनको दूसरे टैंकों के फायर से बचने के लिए तुरंत अपना ठिकाना बदलना पड़ेगा।

आरसीएल टुकड़ी ने तीन टैंकों को खेतों के बीचों बीच खतरनाक तरीके से आगे बढ़ते हुए देखा, उन पर लगी बंदूकें लगातार दाएं–बाएं घूम रही थीं क्योंकि टैंकों के अंदर बैठे गनर खतरों और ठिकानों पर सावधान निगाह रख रहे थे। अब्दुल हमीद ने अपनी टीम को सतर्क करने और सबसे आगे चल रहे टैंक पर निशाना साधने का आदेश देने के लिए हाथ उठाया। वे सांसें रोककर इंतजार कर रहे थे और जैसे ही आरसीएल ने फायर किया उन्होंने देखा कि उनका गोला दुश्मन के टैंक से टकराया और उसको ध्वस्त कर दिया। मन ही मन प्रार्थना करते हुए दल तेजी से जीप में कूद गया और चालक ने प्रशिक्षित तरीके से जीप को पीछे लिया और अब्दुल हमीद ने अगली चुनी हुई फायरिंग पोजिशन की ओर इशारा किया। लेकिन उनको दूसरी पोजिशन से फायर करने की जरूरत नहीं पड़ी क्योंकि जैसे ही दुश्मन के पहले टैंक पर फायर किया गया बाकी दो के चालक दल यह देख टैंक छोड़कर भाग गए। कुछ समय के लिए पाकिस्तानी हमला रोक दिया गया, ऐसा लग रहा था।

टैंकों की दो टुकड़ियों की अगुवाई में हमला दो घंटे बाद फिर शुरू हुआ। अब्दुल हमीद और उनकी टीम सक्रिय हो गई और दुश्मन के एक अन्य टैंक को भी मार गिराया और दूसरे टैंकों पर वही असर हुआ जिससे वे या तो पीछे हट गये या टैंक छोड़कर भाग गए। तीसरा हमला 2.30 बजे हुआ, लेकिन यह बी कंपनी पर था और बी कंपनी ने भी उनको मारकर पीछे धकेल दिया। सवेरा होते–होते पाकिस्तान को लग रहा था कि दिनभर के लिए इतना काफी है और इस तरह वे ग्रेनेडियर्स की किसी भी पोस्ट पर कब्जा करने में नाकाम रहे, उनके हताहतों की संख्या काफी रही और भारी नुकसान हुआ। अब्दुल हमीद और उनकी टीम के लिए यह बहुत ही सफल दिन था। उन्होंने दो टैंक नष्ट किए थे और चार के चालक दल अपने टैंक छोड़कर भाग गए थे। उन्होंने रात का ज्यादातर समय घायलों की देखरेख और बंदूकों को साफ करने में बिताया ताकि अगले दिन की कठिन

लड़ाई के लिए तैयार रह सकें। इस रात इंजीनियर्स को भी एक मौका मिला ताकि रक्षात्मक पंक्ति से आगे कुछ एंटी–टैंक माइन्स बिछाई जा सकें।

अगले दिन यानी 9 सितंबर को भी बिल्कुल वैसा ही घटनाक्रम था, पाकिस्तानियों ने टैंकों की अगुवाई में ग्रेनेडियर्स के डिफेंस को तोड़ने की बार–बार कोशिश की और रक्षक टीम दृढ़ता से ठिकानों पर जमी रही। अब्दुल हमीद और उनकी टुकड़ी ने दुश्मन के दो और टैंक उड़ा दिए और कई अन्य एंटी–टैंक माइन्स के शिकार हो गए।

10 सितंबर को पूरी बटालियन में पूर्वानुमान से आशंकित हवा थी क्योंकि अब तक उन्होंने महसूस कर लिया था कि यह भारी हमला था। बटालियन को सुबह फिर भारी गोलाबारी का सामना करना पड़ा और आशंका थी कि दुश्मन की इन्फैंट्री हमला करेगी। हर जवान अपने मोर्चे को मजबूत कर रहा था, हथियार उठाए हुए और तैयार थे। लेकिन इन्फैंट्री (पैदल सेना) के हमले के बजाय पाकिस्तानी टैंकों ने डिफेंस को तोड़ने के लिए एक और प्रयास किया। तीन टैंकों की एक टुकड़ी सड़क पर फैलकर आगे बढ़ते हुए दिखाई दी, जबकि तोपखाने की भारी गोलाबारी ने भारत के एंटी टैंक हथियारों को दबाने की कोशिश की। इससे बिना विचलित हुए अब्दुल हमीद के नेतृत्व वाली अदम्य आरसीएल टुकड़ी ने उनके चारों ओर होती भारी गोलाबारी के बीच अपने ठिकाने बदलते हुए पांचवें और छठे टैंक को भी मार गिराया।

तीसरी मुठभेड़ में दुश्मन की गोलाबारी इतनी भारी थी कि आरसीएल गन को जवानों के लिए चलाना बहुत ही मुश्किल था, अब्दुल हमीद ने अपने दल को गोलाबारी से बचने का आदेश दिया और बंदूक को आगे बढ़ते दुश्मन के टैंक की दिशा में टिकाकर खुद चलाने लगे। स्वयं ही बंदूक को भरते और चलाते हुए अब्दुल हमीद ने सातवें टैंक को भी मार गिराया। अब उनके पास ठिकाना बदले का वक्त नहीं था क्योंकि उनके पीछे आ रहे दुश्मन टैंक ने जाहिर तौर पर पहले ही उन्हें देख लिया था और टैंक की गन उनकी तरफ कर रखी थी। अब्दुल हमीद ने तीव्रता से अपनी बंदूक भरी और निशाना टैंक पर साधा। उन्होंने फायर किया और ठीक उसी समय टैंक से भी फायर हुआ। अब्दुल हमीद ने आठवें टैंक को भी मार गिराया, लेकिन इसके लिए उन्हें अपनी जान गंवानी पड़ी।

देश ने उनके अदम्य साहस और वीरता को नमन करते हुए उन्हें सर्वोच्च सैन्य सम्मान परमवीर चक्र से नवाजा। आज भी पंजाब के चीमा गांव के पास भिक्किविंड से आने वाली सड़क पर अब्दुल हमीद का स्मारक बना हुआ है, जहां पर उन्होंने पाकिस्तानी टैंकों के खिलाफ महायुद्ध लड़ा और शहादत हासिल की। अब्दुल हमीद की आरसीएल जीप उनके सम्मान में जबलपुर स्थित ग्रेनेडियर्स रेजिमेंटल सेंटर में तैनात कर रखी है।

सीक्यूएमएच अब्दुल हमीद की पत्नी रसूलान बीवी, राष्ट्रपति एस राधाकृष्णन से परमवीर चक्र लेते हुए

सीक्यूएमएच अब्दुल हमीद की आरसीएल जीप, ग्रिनेडियर रेजिमेंट सेंटर में प्रदर्शित

अदम्य तिकड़ी
ग्रेनेडियर शफी, नौशाद और सुलेमान – खेम करण

अब्दुल हमीद के वीरतापूर्वक अंतिम लड़ाई कदम के बाद चार्ली कंपनी के क्षेत्र में ही एक घटना घटित हुई, जिसने इस क्षेत्र में युद्ध के रुख को मोड़ने में प्रमुख भूमिका निभाई। इसमें सी कंपनी के तीन 'नामी बदमाश' ग्रेनेडियर शफी, नौशाद और सुलेमान शामिल थे। उन तीनों ने एलएमजी संभाल रखी थीं जो उस पूरी सड़क को कवर कर रही थीं जिस पर अब्दुल हमीद ने दुश्मन के टैंक को आगे बढ़ने से रोका था।

चार्ली कंपनी के कमांडर लेफ्टिनेंट जानू ने जब पाया कि 7–8 सितंबर को हुई लड़ाइयों के दौरान उसके एलएमजी दस्ते में से एक ने अपने ठिकाने को छोड़ दिया था तो उसने इस महत्वपूर्ण हथियार का जिम्मा अपने सीनियर जेसीओ की सलाह के विपरीत इस अदम्य तिकड़ी ग्रेनेडियर शफी, नौशाद और सुलेमान को सौंपा। हमेशा मुश्किल में रहने की प्रवृत्ति और अनुशासन का अक्सर अवहेलना करने वाले ये तीनों उतने ही कुख्यात थे जितना इन तीनों को अलग करना मुश्किल था। कभी वे देर से आने के लिए सज़ा पा रहे होते या फिर परेड के दौरान बातें करने के लिए पकड़े जाते। लेकिन यह सब शांतिकाल में होता था और यह युद्ध था। यहां निडरता और दुश्मन के प्रति दुस्साहस की भावना बेहद कीमती होती है और लेफ्टिनेंट जानू ने बदमाश समझे जाने वाले इन जवानों में यह जज़्बा देखा था।

अब्दुल हमीद की आखिरी लड़ाई के थोड़ी देर बाद पाकिस्तानी रेकी और सपोर्ट बटालियन की तीन जीपें सड़क के रास्ते सी कंपनी की मौजूदगी के करीब पहुंचीं। इन तीन जवानों की एलएमजी इस सड़क को कवर करने के लिए तैनात की गई थी और वे सांसे थामे इन आकर्षक लक्ष्यों पर नजर टिकाए थे। चूंकी एलएमजी दुश्मन के टैंक के मजबूत स्टील पर निष्प्रभावी थी वे तीनों पहले हुई आरसीएल बंदूकों द्वारा की गयी टैंको पर गोलाबारी और उनकी बर्बादी में हिस्सा नहीं ले पाये थे। आखिर में पाकिस्तानी जीपों ने कुछ ऐसा दिखाया जिसको वे

खुद ही उड़ा सकते थे। अपने उत्साह में वे अपने कंपनी कमांडर के आदेशों को भूल गए (या उपेक्षा करना तय किया) कि बहुत जल्दी फायर नहीं खोलना है। एलएमजी ने अपनी घातक गोलियों की बौछार शुरू कर दी और अग्रिम जीप रास्ते से विचलित हो गई क्योंकि गोली उसके चालक को लगी। उसके अन्य साथी भी जल्द ही एलएमजी की बौछार की चपेट में आ गए और दूसरी जीप के साथ भी ऐसा ही हुआ। लेकिन इससे पहले की टुकड़ी एलएमजी को तीसरी जीप पर निशाना लगाने के लिए तैयार करती, यह तेजी से घूमी और जल्दबाजी में पीछे हट गई। कंपनी कमांडर जो इस लड़ाई को अपनी कमांड पोस्ट से देख रहे थे उन तीनों को फायर इतनी जल्दी खोलने से रोकने के लिए दौड़े। उन्होंने कहा कि यदि थोड़ा और इंतजार करते तो पीछे हटती वह जीप भी इतनी करीब होती कि उसे आसानी से मारा जा सकता था।

कमांडर की डांट सुनने के बाद उस तिकड़ी ने फिर से सड़क पर नजर गड़ा दी। करीब 11 बजे जीपों की एक और कतार सड़क पर आती दिखाई दी। इस बार उन्होंने अपने फायर को तब तक रोका जब तक कि पहली जीप उनकी खंदक से आगे नहीं निकल गई और जब उन्होंने देखा कि जीप में बैठे लोग कौन थे तो वे आश्चर्य के साथ अपने मोर्चे से बाहर कूद पड़े। जीप में पाकिस्तानी सेना का मेजर जनरल (बाद में उसकी पहचान पाकिस्तान की 1 आर्मर्ड डिविजन के जीओसी, मेजर जनरल नासिर अहमद खान के रूप में हुई।) था। जीप को एक बिग्रेडियर (बिग्रेडियर एआर शमीम, कमांडर 1 आर्मर्ड डिविजन आर्टलरी बिग्रेड) चला रहा था। जब जीप उनके मोर्चे के पास रुक गई तो उस तिकड़ी में से एक खड़ा हुआ। यह मानकर कि अकेला सैनिक भटका हुआ होगा पाकिस्तानी जीओसी ने उसे वाहन के पास आने का आदेश दिया। जब सैनिक विलंब करने लगा तो जीओसी अपनी जीप से बाहर आ गया और जाहिर तौर पर उसे गोली मारने के लिए अपनी पिस्तौल निकाल ली। तभी उसके दोनों साथी मोर्चे से बाहर आ गए और बिना किसी हडबड़ाहट के जनरल को गोली मार दी। बिग्रेडियर ने बचने के प्रयास में तेजी से जीप को चारों ओर घुमाया, लेकिन उसे भी गोली मार दी गई।

गोलीबारी में घायल हुआ पाकिस्तानी जनरल, बिग्रेडियर द्वारा पैदा किए गए भ्रम का फायदा उठाकर गन्ने के खेतों में घुस गया जो पूरे क्षेत्र में व्याप्त थे। इससे पहले कि ग्रेनेडियर्स उसकी तलाश शुरू करते भारतीय और पाकिस्तानी दोनों की आर्टिलरी ने भारी गोलाबारी शुरू कर दी जिससे बचने के लिए उनको अपने मोर्चे में वापस घुसना पड़ा। इसके थोड़ी ही देर बाद पाकिस्तानी रेडियो नेटवर्क पर एक मैसेज पकड़ा गया जो जीओसी की मौत की पुष्टि कर रहा था। 'बड़ा इमाम मर गया।'

करीब 2 बजे पाकिस्तानी सेना ने अपने जनरल की लाश ढूंढने के लिए एक निर्धारित हमला बोला जिसमें 8 पैटन टैंकों के साथ इन्फैंट्री भी शामिल थी। चार्ली कंपनी के पास टैंक–रोधी गोलाबारूद खत्म हो रहा था और जवान दुश्मन के टैंकों से लड़ने की स्थिति में नहीं थे। उन्होंने अपनी जगह मजबूत मोर्चा बांधा और केवल दुश्मन को रोकने के लिए अपने स्थानों पर ही गोलाबारी की। पाकिस्तानी अपने जीओसी का शव ढूंढने में कामयाब रहे और जिससे पहले कि तोपखानों से गोलाबारी शुरू होती वे अपने टैंकों पर जीओसी की बॉडी को लेकर चले गए। लेकिन वे बिग्रेडियर शमीम के शव को वहीं छोड़ गए जिसे बाद में भारतीय सैनिकों ने बरामद किया।

पाकिस्तान की 1 आर्मर्ड डिविजन पिछले तीन दिन से आगे बढ़ने में नाकाम हो रही थी और उनके जनरल अफसर कमांडिंग (जीओसी) की मौत संभवत आखिरी कारण था जिसने उसे योजना वापस लेने और वापस लौटने पर मजबूर कर दिया। इस तरह परेशानी में डालने के लिए कुख्यात इस तिकड़ी ने दुश्मन को वापिस धकेलने में अहम भूमिका निभाई।

जीओसी 1 आर्मड डिविजन और पाकिस्तान कमांडर आर्टिलरी जीडीआर शफी, नौशाद और सुलेमान द्वारा मार गिराया गया। रोवर के चारों ओर मोड़ करने में कामयाब रहे लेकिन चालक को छोड़कर सभी अपने रहने वालों की गोली मारकर हत्या कर रहे थे।

मजबूत ढाल

लेफ्टिनेंट कर्नल ए एस वैद्य - खेम करण

लेफ्टिनेंट कर्नल एएस वैद्य (बाद में जनरल और सीओएएस) का जन्म 27 जनवरी 1926 को हुआ था। उन्होंने 20 जनवरी 1945 को रॉयल डेक्कन होर्स में कमीशन प्राप्त किया और द्वितीय विश्व युद्ध में बर्मा (म्यांनमार) के रंगून (यंगौन) की लड़ाई में हिस्सा लिया। उन्होंने 29 अगस्त 1964 से 7 सितंबर 1967 तक डेक्कन होर्स की कमांड संभाली। रेजिमेंट शरमन मार्क–4 टैंकों से सुसज्जित थी जिन्हें जाहिर तौर पर कोरियाई युद्ध के बाद खारिज कर दिया गया था, जिस पर 76 एमएम की गन थी। 2 (इंडिपेंडेंट) आर्मर्ड ब्रिगेड जिसके पास सभी टैंक शरमन थे, का हिस्सा होने के नाते रॉयल डेक्कन होर्स रेजिमेंट को अप्रैल से जून 1965 तक ऑपरेशन अब्लेज़ के दौरान जंदियाला गुरु से तरन तारन के बीच तैनात किया गया। 11 कॉर्प्स की रिजर्वस होने के नाते, रेजिमेंट ने पूरे कॉर्प्स सेक्टर की विशाल पैमाइश की। ऑपरेशन अब्लेज़ के बाद रेजिमेंट जुलाई 1965 में संगरूर लौट गई, लेकिन उसके तुरंत बाद अंबाला चली गई और बाद में सेना मुख्यालय के रिजर्वस के रूप में रख दी गई।

एक सितंबर को रेजिमेंट को 4 माउंटेन डिविजन के अधीन रखने के आदेश प्राप्त हुए और शॉर्ट नोटिस पर कूच करने को तैयार रहने के निर्देश थे। उसी दिन शाम को एक संदेश प्राप्त हुआ जिसमें कमांडेंट को, 4 माउंटेन डिविजन के मुख्यालय में रिपोर्ट करने को कहा गया था। कूच करने का आदेश 2 सितंबर को सुबह छह बजे मिला। टैंकों की दो ट्रेनें उसी दिन रवाना हो गईं और सरहाली खुर्द के करीब गंतव्य स्थान पर प्रस्थान 3 सितंबर को पूरा हुआ।

4 माउंटेन डिविजन के नाम से ही जाहिर है कि यह पहाड़ों में ऑपरेशन चलाने के लिए गठित और उपकरणों से सुसज्जित की गई थी। इसीलिए, इसके पास युद्ध के लिए कोई बख्तरबंद रेजिमेंट नहीं थी, यही वजह थी कि इसको मैदानी क्षेत्रों में भूमिका के लिए आखिरी क्षण में डेक्कन होर्स आवंटित की गई थी। इस तरह डिविजन की रेजिमेंट और इन्फैंट्री बटालियनों में पूर्व से कोई संयुक्त प्रशिक्षण आयोजित नहीं किया गया था। एक बड़ी समस्या यही थी कि डिविजन का रेडियो

उपकरण रेजिमेंटों के अनुकूल नहीं था। ये तो केवल कुछ ही समस्याएं थी जिनसे पार पाना युद्ध के लिए अत्यावश्यक था।

4 माउंटेन डिविजन की तरफ से आक्रमण पूर्व नियोजित तरीके से 6 सितंबर को शुरू हुआ। इस ऑपरेशन के दौरान डेक्कन होर्स के चार्ली स्क्वाड्रन, थेह पन्नू और बालानवाला को कब्जे में लेने के लिए 7 माउंटेन बिग्रेड को सौंपा गया था। अल्फा स्क्वाड्रन को 62 माउंटेन बिग्रेड की मदद का जिम्मा दिया गया जिसे खेम करण–कसूर धुरी को कब्जे में लेने का लक्ष्य मिला था। उसे रोही नाला पार कर इछोगिल नदी तक जाने का आदेश था। ब्रावो स्क्वाड्रन को इस ऑपरेशन के दौरान खेम करण क्षेत्र में आरक्षित रखा गया था।

7 सितंबर को पाकिस्तान ने 1 आर्मर्ड डिविजन की टोही रेजिमेंट को इछोगिल नहर पार करने और एक स्क्वाड्रन को पश्चिमी छोर पर हमला करने के लिए रवाना किया, जिसने दुश्मन के दो टैंक नष्ट कर दिए थे, लेकिन अपने दो टैंक भी खोए थे।

दोपहर बाद, 4 माउंटेन डिविजन ने सैनिकों को वापस लौटने और असल उत्तर और चीमा के सामान्य क्षेत्रों में रक्षात्मक क्षेत्र पकड़ने का आदेश दिया। इनमें से ए स्क्वाड्रन ने 9 जेएंडके राइफल्स को मुक्त कराने में बड़ी मदद की जिसको बड़ी संख्या में सैनिक खोने पड़े थे। डिविजन का रक्षात्मक सेक्टर खेम करण क्षेत्र में 62 माउंटेन ब्रिगेड ने कब्जे में कर रखा था जिसकी मदद बी स्क्वाड्रन कर रही थी। वहीं, चीमा क्षेत्र में 7 माउंटेन ब्रिगेड ने ए स्क्वाड्रन के सहयोग से रक्षात्मक क्षेत्र पर नियंत्रण बना रखा था। सी स्क्वाड्रन कालिया–सकांतरा क्षेत्र में पूर्व दिशा की रखवाली कर रहा था।

8 से 10 सितंबर की अवधि ने सबसे भारी युद्ध देखा क्योंकि पाकिस्तान की 1 आर्मर्ड डिविजन ने रक्षात्मक क्षेत्र को पार करने की कोशिश की और व्यास और हरिके पर बने पुल पर कब्जा कर 11 कॉर्प्स के ऑपरेशन क्षेत्र में डिफेंस को तोड़ने की कोशिश की। पाकिस्तान ने 8 सितंबर को रात 8.30 बजे हमला शुरू किया। तोपखाने के फायर की आड़ लेकर शैफी (chaffe) और पैटन टैंकों के दो दस्तों ने डिविजन की डिफेंस की ताकत का जायजा लिया। अग्रिम डिफेंस के 900 मीटर तक के क्षेत्र में वे घुसे और डेक्कन होर्स के टैंकों ने उनका मुकाबला किया। प्रभावशाली फायर के चलते पाकिस्तानी टैंक छोटे समूहों में बंट गए और दक्षिण–पूर्वी दिशा से चालाकी से डिफेंस में घुसपैठ करने की कोशिश की। खड़ी फसल का सहारा लेकर सीधे फायरिंग की भूमिका में मीडियम आर्टिलरी गन और टैंकों को नष्ट करने वाली इन्फैंट्री की टीमों की मदद से डेक्कन होर्स के टैंकों ने इस हमले का प्रभावी मुकाबला किया। डेक्कन होर्स दुश्मन के 11 टैंक नष्ट करने में कामयाब रही, जबकि उसे अपने 4 टैंक खोने पड़े। टैंकों को निशाना बनाने वाले

लेफ्टि कर्नल एएस वैद्य, कमांडेंट
डेक्कन हॉर्स अपने दल के साथ

दल और मीडियम गनों ने पाकस्तिान के तीन टैंक ध्वस्त किए। इस तरह के भारी नुकसान ने दुश्मन को पीछे हटने पर मजबूर कर दिया।

भारत के तैयार रक्षात्मक क्षेत्र के खिलाफ पाकिस्तान ने सामने, उत्तर–पूर्व और दक्षिण–पश्चिम से बार–बार हमला किया जिसमें बड़ी संख्या में सैनिक हताहत हुए। पाकिस्तान द्वारा अपनाई गई युद्ध नीति आश्चर्यचकित करने वाली थी क्योंकि वे लगातार उसी दूरी से हमला कर रहे थे जिस पर वे बार–बार विफल हो रहे थे। रक्षात्मक क्षेत्र बनाए हुए भारतीय डिविजन के लिए परिणाम काफी अच्छे थे।

दुश्मन ने 9 सितंबर को बख्तरबंद टुकड़ी के साथ फिर हमला किया और पूर्वी दिशा पर दबाव बना दिया। डिफेंस काफी मजबूती से जमा हुआ था जिससे दुश्मन को बड़ी संख्या में सैनिक खोने पड़े। 10 सितंबर को निराश दुश्मन ने सफलता हासिल करने के प्रयास में आखिरी हमला किया। दुश्मन ने कामयाबी मिलने के गलत ख्याल से डिविजनल हैडक्वार्टर्स के टैंक और हल्के वाहन खेम करण–भिकिविंड सड़क पर उतार दिए। इसकी अगुवाई खुद पाकिस्तान की 1 आर्मर्ड डिविजन के जीओसी का वाहन कर रहा था जिसके साथ आर्टिलरी ब्रिगेड के कमांडर भी थे। जैसा हमने पिछले खंड में देखा, भारतीय सैनिकों ने दोनों को मार गिराया।

कर्नल वैद्य ने रेजिमेंट की अगुवाई बेहद कठिन परिस्थितियों में की। रेजिमेंट 4 माउंटेन डिविजन के साथ प्रशिक्षित नहीं थी और अपने शांतिकालीन पड़ाव से

महमूदपुरा के पास छोड़े गए एम–47 पैटन

कूच करने के आदेश मिलने के बाद 6 सितंबर का हमला बहुत तेजी से किया गया था। रेजिमेंट बहुत भारी बाधाओं के खिलाफ लड़ रही थी जैसे दुश्मनों की ज्यादा संख्या, ज्यादा बंदूकें, हवाई सहयोग का न होना और डिविजन हेडक्वार्टर्स, बिग्रेड हेडक्वार्टर्स और बटालियनों से संचार का अभाव। संचार की समस्या से निपटने के लिए कर्नल वैद्य ने अपने कौशल का इस्तेमाल किया और जब वे स्क्वाड्रन कमांडरों से नहीं मिल रहे होते थे या डिविजनल हेडक्वार्टर्स का दौरा नहीं कर रहे होते थे, तब खुद को मीडियम रेजिमेंट गन क्षेत्र में रखते।

इस पूरी कार्यवाही के दौरान उन्होंने अपनी निजी सुरक्षा का ध्यान रखे बिना अनुकरणीय साहस का परिचय दिया। उनके शांत और परिपक्व दृष्टिकोण के कारण वह अपनी कमांड को संगठित करने और प्रेरित करने में सफल हुए जिससे उन्होंने उम्मीद से बेहतर प्रदर्शन किया। रेजिमेंट ने 21 टैंक खोए जो इसकी अधिकृत ताकत से आधा ही था और उसने दुश्मन के 36 से 40 टैंक ध्वस्त किए। कार्यवाही के दौरान रेजिमेंट के 51 सैनिक शहीद, घायल या लापता हुए। कर्नल वैद्य को उनके नेतृत्व और साहस के लिए महावीर चक्र (एमवीसी) से नवाजा गया। उनको यही पुरस्कार वर्ष 1971 के युद्ध के लिए भी दिया गया जिसमें उन्होंने शकरगढ़ सेक्टर में आर्मर्ड ब्रिगेड का नेतृत्व किया था। बाद में वह भारतीय सेना के चीफ ऑफ आर्मी स्टॉफ (सीओएएस) भी बने।

पैटन विनाशक

लेफ्टिनेंट कर्नल सलीम कालेब – खेम करण

जब पाकिस्तान की 1 आर्मर्ड डिविजन के जीओसी भारत की 4 ग्रनेडियर्स के तीन जवानों से अपनी दुर्भाग्यपूर्ण भेंट की तरफ बढ़ रहे थे, उसी समय उनके उत्तर–पश्चिम में तीसरी कैवल्री के सेंचुरियन और पाकिस्तान के पैटन टैंकों के बीच एक भयानक टैंक युद्ध चल रहा था। तीसरी कैवल्री के कमांडेंट लेफ्टिनेंट कर्नल सलीम कालेब की ओर से सोच–समझकर सुनियोजित तरीके से बुने गए जाल को फेंका गया और पाकिस्तानी उसमें चले आए या इसमें बेधड़क घुस आए।

तीसरी कैवल्री, 2 इंडिपेंडेंट आर्मर्ड ब्रिगेड की रेजिमेंट्स में से एक थी जिसे कॉर्प्स का रिजर्व रखा गया था। हालांकि ब्रिगेड 8 सितंबर की रात को 4 माउंटेन डिविजन की कमांड के अधीन आई, तीसरी कैवल्री पहले ही भिक्किविंड के आसपास स्थित थी ताकि वह अपने क्षेत्र में पाकिस्तानी घुसपैठ से निपट सके। जैसे ही दुश्मन के हथियारबंदों ने डिविजन के अग्रिम रक्षात्मक क्षेत्र पर हमला किया मात्र एक साल से रेजिमेंट की कमान संभाल रहे कर्नल कालेब ने रेजिमेंट को उन संभावित क्षेत्रों को कवर करने के लिए तैनात कर दिया जहां से पाकिस्तानी टैंक खेम करण से आगे बढ़ सकते थे। जबकि कंपनी क्वार्टर मास्टर हवलदार (सीक्यूएमएच) अब्दुल हमीद और बाकी ग्रेनेडियर्स पाकिस्तानी हमलों को विफल कर रहे थे, ए स्क्वाड्रन को छोड़कर पूरी तीसरी कैवल्री खेम करण–भिक्किविंड सड़क पर दुश्मन की हलचल को रोकने के लिए लगा दी गई। इसी तरह ए स्क्वाड्रन को मेजर एसवी वाडेरा के नेतृत्व में खेम करण–पट्टी रोड पर तैनात कर दिया गया।

कर्नल कालेब ने 9 डेक्कन होर्स के सीओ, एएस वैद्य से भी संपर्क स्थापित किया जिसके टैंक 4 ग्रेनेडियर्स और 7 माउंटेन ब्रिगेड की मदद करने के लिए आगे तैनात कर रखे थे। दोनों ने मिलकर एक योजना पर काम किया जिसके तहत यदि पाकिस्तानी, 7 माउंटेन ब्रिगेड की डिफेंस को तोड़ने में कामयाब हो जाते तो उनसे निपटना था। लेकिन इन्फैंट्री की अपने रक्षात्मक क्षेत्र में साहसी लड़ाई ने यह सुनिश्चित किया कि ऐसी स्थिति पैदा ही नहीं हुई। जब पाकिस्तानी टैंक वापस जाने लगे तो कर्नल कालेब ने तेजी से उनके वापसी का रास्ता काटने

का आदेश दिया। उन्होंने युवा लेफ्टिनेंट आरपी जोशी की अगुवाई में आधा सी स्क्वाड्रन पश्चिम से पाकिस्तानियों पर हमले के लिए भेजी। 6 टैंकों को ध्वस्त करने के बाद लेफ्टिनेंट जोशी भूरा करीमपुर की तरफ बढ़े लेकिन वहां उनको कोई भी पाकिस्तानी टैंक नज़र नहीं आए।

बी स्क्वाड्रन का पाकिस्तानी टैंकों से मुकाबला खेम करण–भिकिविंड सड़क पर 37.5 मील के पत्थर के पास हुआ। इस छोटी लेकिन तीखी झड़प में उनके सेंचुरियन पाकिस्तानियों के पैटन टैंकों से बेहतर साबित हुए। लेफ्टिनेंट जोशी दूर गन्ने के खेतों का अवलोकन करने के लिए टैंक से बाहर झांक रहे थे कि कहीं कोई दुश्मन का टैंक तो नहीं है। तभी उन्होंने एक तेज धमाका सुना और महसूस किया कि उनका टैंक फायर करते हुए भी थरथरा रहा था। नीचे देखकर बिना ऑर्डर ही फायर करने पर अपने गनर को डांटते हुए उन्होंने महसूस किया कि जो धमाका उन्होंने सुना था, वह उनके खुद के टैंक पर लगते हुए दुश्मन के गोले का था। एक पैटन टैंक ने करीब 800 मीटर दूरी से सीधे उन पर फायर किया था। हालांकि टैंक को हुई क्षति ज्यादा नहीं थी। दुश्मन का फायर टैंक के मोटे कवच को भेदने में नाकाम रहा। उसके बाद सेंचुरियन चालक दल पैटन का सामना करने से कभी नहीं घबराया। दिन की लड़ाई समाप्त होते–होते बी स्क्वाड्रन ने 5 पाकिस्तानी टैंक और ध्वस्त कर दिए।

उस रात कर्नल कालेब ने नक्शे का सावधानीपूर्वक अध्ययन कर तय किया कि अगले दिन की लड़ाई के लिए वह अपनी रेजिमेंट को किस तरह तैनात करेंगे। यह बिल्कुल साफ था कि उस दिन हुए भारी नुकसान और विफलताओं के बावजूद पाकिस्तानी अगले दिन सफलता की उम्मीद में कड़ा हमला जरूर करेंगे। उस दिन की कार्यवाही के बाद वह पूरी तरह आश्वस्त थे कि दुश्मन इन्फैंट्री के असल उत्तर और चीमा पर बने रक्षण को नहीं तोड़ पाएगा। उनकी खुद की जिम्मेदारी यह सुनिश्चित करने की थी कि दुश्मन उन ठिकानों को बाजू में छोड़कर महमूदपुरा और डिब्बीपुरा के आरक्षित क्षेत्रों में से न घुस आए।

दिन के दौरान उन्होंने पूरे क्षेत्र की गहन टोह ली थी और इस निष्कर्ष पर पहुंचे थे कि दूर तक फैले गन्ने के खेत उनके टैंकों के लिए छिपने का अच्छा काम करेंगे। उनकी योजना अपने दस्तों को दो अर्द्ध गोलाकार 'होर्स शूज' में इस क्षेत्र में छिपाने की और पाकिस्तानियों को सेंचुरियनों की विनाशकारी गोलाबारी का मजा चखाने से पहले उनको जितना संभव हो नजदीक आने देने की थी। दुश्मन का कोई भी टैंक यदि भारतीय पैदल सेना के रक्षात्मक क्षेत्रों को किनारे छोड़कर निकलने की कोशिश करेगा वह उस जाल में फंसेगा जिसे फैलाने की वह योजना बना रहे थे।

अगली सुबह पाकिस्तानी हमला प्रत्याशित ही था। उधर सीक्यूएमएच अब्दुल हमीद चीमा के आसपास रक्षण क्षेत्रों को तोड़ने की दुश्मन की हर कोशिश को नाकाम कर दे रहे थे, इधर कर्नल कालेब के टैंक उत्तर में घात लगाकार इंतजार कर रहे थे। टैंकों की पहली खेप ने दक्षिणी हॉर्स–शू बनाए हुए सी स्क्वाड्रन को बाईपास करने की कोशिश की। उन्होंने गन्नों के खेतों में छिपकर इंतजार किया और पाकिस्तान के पहले स्क्वाड्रन को नजदीक आने दिया। तब उन्होंने लगभग एक साथ घातक फायर खोल दिया जिसमें 4 पैटन टैंक मिनटों में ध्वस्त हो गए। पाकिस्तान के दूसरे दस्ते ने इन टैंकों से बचते हुए पश्चिम की ओर से घूम के निकलने की कोशिश की। लेकिन ऐसा करने पर वे ए स्क्वाड्रन के टैंक, जो उत्तरी हॉर्स–शू बनाए हुए थे, से जा भिड़े।

पाकिस्तानी आर्मर्ड का आक्रमण इस तरह अभेद्य भारतीय रक्षात्मक क्षेत्र और टैंकों के खिलाफ आया था। संभवतः इस आक्रमण की विफलता से ही पाकिस्तान की 1 आर्मर्ड डिविजन के जीओसी को इतना गुस्सा आया कि उस उकसावे में वह खुद यह देखने के लिए आगे आये कि ऐसा क्या है जो उन्हें आगे बढ़ने से रोक रहा है और बाद में उसकी भिड़ंत 4 ग्रेनेडियर्स के सैनिकों से हुई। लेकिन उत्तर की ओर, कर्नल कालेब और उनके स्क्वाड्रन इस बात से बेखबर थे कि यहां क्या चल रहा है। वे तो अपनी तरफ बढ़ रही पैटन टैंकों की लहर और दुश्मन के तोपखाने की भारतीय टैंकों पर हो रही बमबारी को रोकने में पूरी तरह व्यस्त थे। पाकिस्तानी टैंकों ने नक्शे पर बने खेम करण वाटर चैनल को आसानी से पार किया क्योंकि यह सूखाा था। भारतीय टैंक पूरी तरह छिपा कर रखे गए थे और पूरे क्षेत्र को कवर करने के लिए फैल गए और आगे बढ़ रहे पाकिस्तानी टैंकों को एक–एक करके बर्बाद कर सकते थे। पाकिस्तान को उलझाने के लिए भारतीय टैंकों की लामबंदी और लगातार ठिकाने बदलने के साथ यह लड़ाई तीन घंटे से ज्यादा देर चली। अब तक उस नहर से पानी बहने लगा था जिसके जरिए पाकिस्तानी टैंकों ने भारतीय सीमा में प्रवेश किया था। इस क्रॉसिंग की वजह से किनारों को हुए नुकसान की वजह से उनके पीछे का मैदान जलमग्न हो गया। परिणामस्वरूप, वह दुश्मन उस घातक मैदान से बाहर निकलने की तिकड़म करने लगा तो वहां कीचड़ में फंस गया।

रात बीतने तक भारतीय टैंक रात की सुरक्षित जगह पर पहुंच गए, जबकि पाकिस्तान के बचे–कुचे टैंक जो नष्ट नहीं हुए थे वे भी उस दलदली जमीन में फंस गए। रात के दौरान कर्नल कालेब ने आर्टिलरी से दुश्मन के टैंकों पर रुक–रुक कर फायरिंग करते रहने को कहा ताकि दुश्मन टैंकों के चालकों पर दबाव बना रहे और वे किसी भी तरह आराम नहीं कर सकें।

छोड़े गए पाकिस्तानी पैटन टैंक

अवरुद्ध किये रास्ते : भारतीय सैनिकों द्वारा क्षतिग्रत पैटन टैंक

अगली सुबह मेजर एससी वाडेरा के नेतृत्व में एक स्क्वाड्रन महमूदपुरा के नजदीक दुश्मन के टैंकों से फिर भिड़ गया। आधा दस्ता, उनसे सामने से उलझ रहा था जबकि आधा स्क्वाड्रन दक्षिण दिशा से घेर रहा था। दो दिशाओं से टैंकों और मशीन गनों की भारी फायरिंग और दलदली मैदान से पीछे हटने की नगण्य संभावना देख पाकिस्तानी टैंकों के दल उन्हें छोड़कर भागने लगे। लगातार हो रही फायरिंग ने कुछ को तो वहीं मार गिराया, जबकि अन्य कुछ जान बचाने के लिए भागकर गन्नों के खेतों में छिप गए। वे इस हड़बड़ाहट में अपने टैंक इंजन चलते हुए और वायरलेस सेट चालू छोड़कर ही भाग गए।

तीसरी कैवल्री के लेफ्टिनेंट पीजेएस मेहता के निर्देशन में 1 डोगरा के जवानों का एक दस्ता पाकिस्तानी चालक दल को पकड़ने के लिए गन्नों के खेतों में भेजा गया। जो पाकिस्तानी सैनिक बंदी बनाए गए उनमें पाकिस्तान की 4 कैवल्री के सीओ लेफ्टिनेंट कर्नल मोहम्मद नाजिर और उसके चार अधिकारी भी शामिल थे। दुश्मन के टैंक कई किलोमीटर में चारों ओर फैले पड़े थे जिनको बाद में भिक्किविंड के पास एक स्थान पर जमा कर दिया गया। बाद में उस जगह को उचित ही 'पैटन नगर' की उपाधि मिली। उनमें से कुछ तो पूरी तरह कार्यात्मक टैंक थे जिनको चलता छोड़कर चालक भाग गए थे। जब युद्ध के बाद प्रधानमंत्री लाल बहादुर शास्त्री ने इस क्षेत्र का दौरा किया तो जीर्णावस्था में पड़े दुश्मन के इतने ज्यादा टैंकों को देखकर हैरान रह गए। उन्होंने कहा, 'मैंने तो अपनी जिंदगी में इतनी ज्यादा बैलगाड़ियां भी क्षतिग्रस्त नहीं देखीं। कर्नल कालेब को महावीर चक्र से नवाजा गया और बाद में मेजर जनरल के रूप में 31 आर्मर्ड डिविजन के पहले जीओसी बने। इस पराक्रमी अधिकारी का निधन 28 जनवरी 2015 को हुआ।'

कब्जे में किए गए पाकिस्तानी हथियार

पैटन नगर में कब्जा किये गए पाकिस्तानी टैंकों को देखते जिज्ञासु ग्रामीण

पैटन नगर में प्रधानमंत्री लाल बहादुर शास्त्री

सियालकोट

पाकिस्तान लाहौर सेक्टर में पहले ही दबाव में था, उधर भारत ने एक अन्य महत्वपूर्ण पाकिस्तानी शहर सियालकोट की ओर एक नया मोर्चा खोल दिया जो सही मायने में लाहौर के मोर्चे से अधिक बड़ा और शक्तिशाली हमला था। लाहौर क्षेत्र में हमला 11वीं कॉर्प्स ने किया था जो शुरुआत में तो रक्षात्मक था जिसका प्राथमिक उद्देश्य अपने सीमावर्ती क्षेत्र को दुर्जेय इछोगिल नहर तक पहुंचाकर इसके रक्षात्मक स्थान को मजबूत करना था। लेकिन दूसरा हमला करने वाली नवगठित प्रथम कॉर्प्स 'स्ट्राइक' कॉर्प्स का प्रमुख उद्देश्य दुश्मन के क्षेत्र पर कब्जा करना और पाकिस्तान की युद्ध क्षमता को नष्ट करना था।

यह हमला 8 सितंबर 1965 को शुरू किया गया और 26 इन्फैंट्री डिविजन के साथ शुरू हुआ जिसने उत्तर में सियालकोट की ओर दुश्मन का ध्यान बंटाने के लिए हमला किया। 6 माउंटेन डिविजन ने चारवा–महाराजाके क्षेत्र पर हमला किया और कुछ संघर्ष के बाद इस पर कब्जा कर लिया। 14 इन्फैंट्री डिविजन ने पूर्व की ओर आगे बढ़ने के लिए इखनाल क्षेत्र में ब्रिज हैड बनाकर 1 आर्मर्ड डिविजन के आगे बढ़ने का मंच तैयार कर दिया। इसने 8 सितंबर को चढ़ाई शुरू की, लेकिन खराब मौसम ने इसकी प्रगति रोक दी। इसके बाद कमांडर ने 11 सितंबर को फिल्लोरा पर चढ़ाई के लिए अलग धुरी का चुनाव किया। जब आर्मर्ड ब्रिगेड पाकिस्तानी आर्मर से उलझी थी, 43 लॉरीड ब्रिगेड ने एक साहसी कार्यवाही में फिल्लोरा पर कब्जा कर लिया। पाकिस्तानी सेना ने इस लड़ाई में करीब 61 टैंक खोए।

1 आर्मर्ड डिविजन तब 14 सितंबर को चाविंडा पर कब्जा करने के लिए आगे बढ़ गई। पाकिस्तानी बख्तरबंद पहले ही इस क्षेत्र में केंद्रित होने लगे थे, इसलिए डिविजन काफी कम प्रगति कर पाई। हालांकि, वह 16 सितंबर को जसोरान और बातुर डोगरांडी पर कब्जा करने में कामयाब रही। 1 कॉर्प्स की ओर से चाविंडा पर कब्जा करने के लिए 18 सितंबर की रात किये गये अन्य प्रयास सीमित रूप से कामयाब रहे। हालांकि 1 कॉर्प्स, पाकिस्तान के 466 वर्ग किलोमीटर क्षेत्र पर कब्जा करने में कामयाब रही। इसके अलावा उसने करीब 180 पाकिस्तानी टैंकों को या तो नष्ट किया या कब्जे में लिया।

लेफ्टिनेंट कर्नल एच एल मेहता - महाराजके

सियालकोट की तरफ जैसे ही 1 बख्तरबंद डिविजन ने कूच किया, छह माउंटेन डिविजन को महाराजके और चरावा गांवों पर कब्जा करते हुए स्थिति मजबूत करने का दायित्व सौंप दिया गया। महाराजके का मोर्चा 69 माउंटेड ब्रिगेड को सौंपा गया जिसने इस गांव पर कब्जे के लिए 7 और 8 सितंबर की दरम्यानी रात को दो चरणों में हमले की योजना बनाई। मद्रास रेजिमेंट (3 मद्रास) की तीसरी बटालियन और कुमाऊं रेजिमेंट (9 कुमाऊं) की नौवीं बटालियन को पहले चरण में गांव आधा दाहिना हिस्सा कब्जा करना था जबकि मद्रास रेजिमेंट (4 मद्रास) की चौथी बटालियन को दूसरे चरण में बाईं तरफ आधा हिस्सा कब्जाना था।

4 मद्रास के सीओ लेफ्टि कर्नल एचएल मेहता ने दो कंपनियों, ए और सी, का नेतृत्व करते हुए हमले की योजना बनाई थी। ब्रिगेड का पहला चरण बिना व्यवधान के पूरा हो गया और लक्ष्यों पर दो बटालियनों ने कब्जा भी कर लिया। तब 4 मद्रास ने 8 सितंबर को रात दो बजे हमला शुरू किया। यह योजना पहले चरण जितना आसान नहीं थी। दाईं तरफ वाले आधे हिस्से पर ज्यादा मजबूत सुरक्षा घेरा था और दुश्मन सावधान एवं सतर्क हो गए थे। साथ ही बाईं तरफ की बची–खुची दुश्मन सैन्य टुकड़ियां भी वहां पहुंच गई थीं और अपनी ताकत संगठित करने लगी थीं। जैसे ही दोनों कंपनियों ने हमले के लिए प्रारंभिक रेखा को पार किया, उन पर आरसीएल, मशीनगन और तोपों से गोलियों और गोलों की ताबड़तोड़ बारिश शुरू हो गई। यह गोलीबारी इतनी तीव्रता के साथ हो रही थी कि हमलावर दस्ते को जमीन पर लेटना पड़ा और ऐसे हालात में एक इंच आगे बढ़ना भी असंभव हो गया। हमलावर कंपनियों के ठीक पीछे–पीछे चले आ रहे कर्नल मेहता ने इस हमले को रोकने के लिए रिजर्व कंपनी को आगे बढ़ा दिया। हालांकि दुश्मनों की गोलीबारी इतनी तीव्र थी कि सैनिकों की तादाद बढ़ाने के बावजूद हमले में कोई प्रगति नहीं हो पाई।

यह देखकर कर्नल मेहता अपने ठीक बगल में पीछे टहल रहे लेफ्टि. रमेश कुमार की तरफ मुड़े और बंकर तथा बाड़ों के एक समूह की तरफ इशारा करते हुए उनसे कहा, "मैं चाहता हूं कि तुम इन्हें उड़ा डालो।" लेफ्टि. रमेश गिने–चुने सैनिकों को साथ लेकर रेंगते हुए उस बंकर के करीब पहुंच गए, तभी हमलावर 'थंबी'

की तरफ एक एमएमजी से बहुत तेज फायरिंग हुई। एकदम करीब आकर उन्होंने बंकर में एक ग्रेनेड फेंक दिया और पीछे की तरफ से गोलीबारी शुरू कर दी, अंदर की तरफ चारों ओर अपनी कार्बाइन दागनी शुरू कर दी। एक छोटी लेकिन आमने–सामने की लड़ाई के बाद आसपास की खाइयों का भी सफाया हो गया। उस बटालियन की सिगनल प्लाटून की कमान संभाल रहे सूबेदार सीए माधवन नायर भी सीओ के पीछे पहुंच गए। अपने सहायक सैन्य अधिकारी के साहसिक कारनामे से प्रेरित होकर उन्होंने सिगनल प्लाटून के जवानों का एक दल जुटाया और दूसरे एमएमजी बंकर पर हमला कर दिया। उन्होंने घातक गोलीबारी की तरफ अंधाधुंध फायरिंग शुरू कर दी और वहीं शहीद हो गए लेकिन उनकी अनौपचारिक टुकड़ी ने हमला करने वाले एमएमजी की कार्यवाही को शांत कर दिया। जल्द ही अन्य अधिकारी और जेसीओ ने प्रत्येक बंकर की पहचान करते हुए उनका सफाया करने की मुहिम शुरू कर दी जिन्हें हमले के लिए रोककर रखा गया था। लेफ्टि एसके बोस और सूबेदार पीएम ग्रेगरी ने व्यक्तिगत रूप से दुश्मनों के ठिकानों पर हमले का नेतृत्व किया।

इससे जहां आगे बढ़ने की थोड़ी–बहुत हिम्मत बढ़ी, वहीं उजाला तेजी से बढ़ता जा रहा था और गन्ने के लंबे–लंबे झाड़ के कारण उनकी गतिविधि धीमी पड़ गई। धीमी गति से और मुश्किल से आगे बढ़ती मद्रासी सेना के लिए एक और मुसीबत दुश्मनों की फायरिंग और निगरानी की जद में होना था। यही वजह है कि बड़ी संख्या में हताहत होने के बावजूद दुश्मन अपने मोर्चों पर दृढ़ता से कायम थे। दिन का उजाला फैलने लगा था और कर्नल मेहता ने अपने पास मौजूद विकल्पों को तौलना शुरू किया। इसके बाद वह इस नतीजे पर पहुंचे कि वह दुश्मनों की बची–खुची सेना को डिगाने के लिए अपनी रिजर्व सेना का खुद नेतृत्व करेंगे। तीनों कंपनियां अपने–अपने लक्ष्य के लिए अभी भी युद्ध कर रही थीं, जबकि कर्नल मेहता बगल से हमले के लिए रिजर्व कंपनी का नेतृत्व संभाल चुके थे। दुश्मन एक नई दिशा से हो रहे हमले से हैरान रह गए और अब उनकी गोलीबारी अलग–अलग हिस्सों में बंट गई थी। दो दिशाओं से तेजी से करीब आते हमलों को देखकर दुश्मन बिना सोचे–समझे अंधाधुंध फायरिंग कर अपने गोले–बारूद की बर्बादी करने लगे। दिलेर मद्रासी सेना एक तरफ से अच्छी प्रगति कर चुकी थी, अपने सीओ द्वारा स्वयं नेतृत्व संभालने के कारण उनका उत्साह दोगुना हो गया था। खाइयों की अग्रिम पंक्ति तक पहुंचते हुए उन्होंने दुश्मन के बंकरों पर बुलंद जयघोष के साथ ताबड़तोड़ गोलीबारी शुरू कर दी, दुश्मनों पर गोलीबारी के साथ ही उनके शरीर में अपने संगीन घोंपने लगे। चारों तरफ गुत्थम–गुत्थी जैसी लड़ाई के कारण थोड़ी देर के लिए यह दृश्य भ्रमित उन्माद पैदा कर रहा था। कर्नल मेहता जवानों को प्रोत्साहित कर रहे थे, चीख–चीखकर निर्देश दे रहे थे और उनके ठीक बीच

से उन्हें आदेश दे रहे थे। या तो किसी स्वचालित हथियार का निशाना भटकने के कारण या किसी चौकस दुश्मन के कारण शायद पता चल गया होगा कि यही व्यक्ति हमलावर सेना को निर्देशित कर रहा है– एक गोली सीधे तौर कर्नल मेहता के सीने में लगी और वह वहीं ढ़ेर हो गए। जब तक वह अचेत होकर गिर नहीं पड़े, हमने उनके जवानों को आगे बढ़ाना जारी रखा। इस दुस्साहसिक हमले को जारी रखने के लिए बटालियन तेज गति से आगे बढ़ती जा रही थी और जल्दी ही सभी बचे–खुचे दुश्मन सैनिकों के ठिकाने को खाली करा चुकी थी। कर्नल मेहता इसके तुरंत बाद ही शहीद हो गए, लेकिन यह सुनिश्चित करने के लिए सबसे बड़ा बलिदान दे दिया कि उनकी बटालियन को मिले दायित्व को निभाया जाए। उन्हें मृत्योपरांत महावीर चक्र पदक से सम्मानित किया गया। सूबेदार नांबियार और सूबेदार ग्रेगोरी दोनों को वीरता चक्र से नवाजा गया जबकि खुद शहीद होने से पहले दो दुश्मन जवानों को अपने संगीन से ढ़ेर करने वाले सिपाही कन्नन को भी वीरता चक्र दिया गया। इस युद्ध में बटालियन को भारी नुकसान उठाना पड़ा था– एक अफसर, एक जेसीओ और अन्य रैंकों के नौ सैनिक हताहत हुए थे जबकि दो अधिकारी, एक जेसीओ और अन्य रैंकों के 31 जवान घायल हुए थे। बड़ी तादाद में दुश्मन सैनिक भी मारे गए थे – वे 16 मृत जवानों को छोड़ भाग खड़े हुए थे, उनके एक अधिकारी, एक जेसीओ और अन्य रैंक के 24 जवान युद्धबंदी बना लिए गए थे। आर्मी कमांडर लेफ्टि. जनरल हरबख्श सिंह ने अपनी पुस्तक 'वॉर डिस्पैचेज' में इस कार्यवाही का कुछ यूं जिक्र किया है:

"मोर्चा संभालने वाले प्रत्येक दल ने अपने साझा लक्ष्य की उपलब्धि के लिए बेहतरीन तालमेल के साथ काम किया। उनका नेतृत्व अनुकरणीय मानक का था।"

परमवीर
लेफ्टिनेंट कर्नल ए बी तारापोर – सियालकोट

यह उनका साहस ही था जिसकी वजह से उनको कैवल्री (अश्वारोही सेना) में जाने का मौका मिला था। उन्होंने स्वतंत्रता पूर्व हैदराबाद रियासत की सेना में 7वीं हैदराबाद इन्फैंट्री में सैकंड लेफ्टिनेंट के पद पर कमीशन प्राप्त किया। युवा तारापोर दरअसल कैवल्री में भर्ती होना चाहते थे। अश्वारोही यूनिट और कैवल्री ऑफिसर से जुड़े यश और आकर्षण, फुर्ती और गति उन्हें बचपन से ही आकर्षित करते थे। हालांकि उन्होंने मन मार के इन्फैंट्री में जाना परिस्थितिवश स्वीकार किया, लेकिन उस युवा ऑफिसर ने वहां पर भी कड़ी मेहनत कर अपने आपको तब तक बेहतरीन बनाया जब तक उनको वह मौका नहीं मिल गया जो वह चाहते थे।

हैदराबाद रियासत के सेना प्रमुख मेजर जनरल अल–एंड्रोस के निरीक्षण के लिए बटालियन सुसज्जित थी। जैसे कि हर यूनिट में निरीक्षण के नाम पर आमूमन होता है, सबसे जूनियर सैनिक से लेकर कमांडिंग ऑफिसर (सीओ) तक व्यस्तता से इसकी तैयारी में जुटे हुए थे। युवा तारापोर की कंपनी उस दिन अपने नियमित प्रशिक्षण के रूप में ग्रेनेड फायर करने वाली थी और कमांडर–इन–चीफ ने उस ट्रेनिंग को खुद देखने का फैसला किया।

प्रदर्शन के दौरान एक युवा सैनिक ने ग्रेनड फेंका जो लक्ष्य की तरफ जाने के बजाय फायरिंग क्षेत्र में ही गिर गया। तारापोर ने फायरिंग क्षेत्र में छलांग लगाई और झपककर उसे पकड़कर लक्ष्य की ओर फेंक दिया। उसकी त्वरित सोच और सजगता ने फायरिंग रेंज में खड़े कई लोगों को मौत के मुंह से या घायल होने से बचा लिया। इस पूरी घटना में सिर्फ एक व्यक्ति घायल हुआ वह खुद लेफ्टिनेंट तारापोर थे। उनके सीने पर ग्रेनेड से निकले कई छर्रे लगे जो हवा में ही फट गया था। उनके इस साहसपूर्ण कार्य ने मेजर जनरल अल–एंड्रोस को प्रभावित किया जो इस पूरे घटनाक्रम के गवाह थे। जब तारापोर अपनी चोटों से उबरे तो उन्होंने तारापोर को व्यक्तिगत रूप से बधाई देने के लिए अपने ऑफिस में बुलाया। जब उन्होंने तारापोर से पूछा कि क्या वह कोई खास पुरस्कार चाहते हैं तो तारापोर ने अपनी पुरानी इच्छा जाहिर करते हुए कैवल्री यूनिट में तबादले की गुजारिश की।

जनरल खुद एक अश्वारोही अफसर थे, उन्होंने इसको तुरंत स्वीकार कर लिया और तारापोर का तबादला प्रथम हैदराबाद इम्पीरियल सर्विस लांसर में कर दिया। देश की आज़ादी और हैदराबाद के भारत में विलय के बाद हैदराबाद रियासत की सेना को भी भारतीय सेना में मिला दिया गया। तारापोर का तबादला 17 पूना होर्स में हो गया। दूसरे विश्वयुद्ध के दौरान उन्होंने मध्य–पूर्व एशिया में रेजिमेंट में सेवा दी थी। जब 1965 की लड़ाई शुरू हुई तो वह इस रेजिमेंट की कमांड संभाल रहे थे।

3 सितंबर 1965 को कर्नल तारापोर अपनी रेजिमेंट के लिए सैन्य दल के बिना सामरिक अभ्यास (टीईडब्ल्यूटी) कर रहे थे, तभी उनको ब्रिगेड मुख्यालय से बुलावा आया। उस समय 1 आर्मर्ड डिविजन की 1 आर्मर्ड ब्रिगेड का हिस्सा रही उनकी रेजिमेंट मई से कपूरथला में स्थित थी। कच्छ के रण का मामला होने के बाद रेजिमेंट को अप्रैल में बबीना से हटाकर जंदियाला गुरु के नजदीक लगाया गया। ना युद्ध और ना शांति जैसी स्थिति बनी हुई थी, इसलिए यह फैसला किया गया कि रेजिमेंट को वापस बबीना भेजने के बजाय इसे युद्ध क्षेत्र के करीब तैनात किया जाए। वह ब्रिगेड हैडक्वाटर्स से जो आदेश लेकर लौटे तो उन्हें लगा कि इस बार उनकी रेजिमेंट को सच में युद्ध में जाने का मौका मिलने वाला है। दो दिन पहले ही छम्ब सेक्टर में भारतीय सीमा में घुसे पाकिस्तानी टैंकों ने इस बात का संदेश दे दिया था कि अब युद्ध छिड़ने वाला है। 5 सितंबर तक, रेजिमेंट को अंतरराष्ट्रीय सीमा के करीब इसके कोन्सेंट्रेशन एरिया में तैनात कर दिया गया, और कर्नल तारापोर ने 7 सितंबर को रेजिमेन्ट को ऑपरेशन के आदेश दिए।

1 आर्मर्ड ब्रिगेड को फिल्लोरा, थारोह ओर चाविंडा पर कब्जा करने के लिए रामपुर से फिल्लोर की तरफ बढ़ने की जिम्मेदारी दी गई थी। रेजिमेंट को ब्रिगेड के हमले के बाएं हिस्से की अगुवाई करनी थी और 16 कैवल्री इसके दाईं तरफ चल रही थी। 1 आर्मर्ड ब्रिगेड का लक्ष्य पाकिस्तानी क्षेत्र के अंदर घुसकर ज्यादा से ज्यादा इलाके पर कब्जा करना था और रास्ते में मिलने वाली दुश्मन सेना को नष्ट करना था। कर्नल तारापोर ने दो स्क्वाड्रन के साथ आगे बढ़ने, कवर करने और अधिकतम क्षेत्र पर कब्जा करने की योजना बनाई। तीसरे स्क्वाड्रन को रिजर्व में रखना तय किया गया।

अपने आदेश देने के बाद कर्नल तारापोर अपने स्क्वाड्रन कमांडरों में से एक, मेजर निरंजन चीमा को एक तरफ ले गए। 'निरंजन ध्यान से सुनो' उन्होंने कहा, 'यदि मैं युद्ध में मारा जाऊं तो मेरा दाह संस्कार कर देना।' आगे की योजना और विस्तार उनके लिए बेहद अहम था। वह जानते थे कि युद्ध के समय पारसी परंपरा में अंतिम संस्कार के प्रबंध हो पाना नामुमकिन था और ऐसी स्थिति बनने पर वह लोगों के मन में किसी तरह की दुविधा नहीं चाहते थे। उन्होंने मेजर निरंजन से कहा कि युद्ध में उनकी मौत की स्थिति में, वे चाहते हैं कि उनका बेटा बड़ा होकर

सेना और इसी रेजिमेंट में भर्ती हो। उन्होंने यह आदेश भी दिया कि उनकी अंगूठी और प्रार्थना करने की पुस्तिका उनकी पत्नी को सौंप दी जाए। मेजर निरंजन को नहीं पता था कि वह इस पर क्या प्रतिक्रिया दे और वह कर्नल को इस बात के लिए आश्वस्त करने की कोशिश कर रहे थे कि ऐसी परिस्थिति नहीं आने वाली है। 'निरंजन इन चीजों के लिए तैयार रहना बेहतर है – कोई नहीं जानता कि कल क्या हो,' उनका भविष्य–सूचक जवाब था।

17वीं पूना होर्स ने योजना के मुताबिक 8 सितंबर को सुबह 6.00 बजे दो दस्तों के साथ अंतरराष्ट्रीय सीमा पार की। आगे चल रहे टैंक कमांडरों ने दुश्मन की उपस्थिति के लिए क्षितिज का अवलोकन किया, लंबी गन्ने की फसल के ऊपर से उगते हुए सूरज ने उनके निरीक्षण में मदद की। वे जल्द ही एक जेसीओ की अगुवाई वाली पाकिस्तानी इन्फैंट्री की एक प्लाटून से जा भिड़े, जो उनके सामने ज्यादा देर टिक नहीं पाई और जल्द ही भाग खड़ी हुई। इसके तुरंत बाद उन पर दुश्मन का हवाई हमला हो गया, दुश्मन के विमान काफी नीचे उड़ रहे थे और दिन की रोशनी में आगे बढ़ रहे भारतीय टैंकों को आकर्षक निशाना समझकर मारने की फिराक में थे। अग्रिम टैंकों में से एक में .30 ब्राउनिंग गन संभाल रहे दफादार गुमान सिंह ने इसको दुश्मन विमानों का घोर दुस्साहस माना। इसने इस तेज–तर्रार सैनिक को एक बॉक्सर की तरह पलटवार के लिए प्रेरित किया। दुश्मन के लिए जोरदार अपशब्द बोलते हुए वह अपनी सीट पर खड़ा हो गया और ब्राउनिंग गन को चारों तरफ घुमाते हुए पाकिस्तान के सेबर जेट पर फायर के बाद फायर बरसा दिया। विमान ने भी इसी तरह जवाब दिया, लेकिन स्थिति पायलट के पक्ष में रही और विमान की तोप से निकली गोली गुमान सिंह की गर्दन में लगी और उनकी तुरंत मौत हो गई।

थोड़ा आगे अग्रिम दस्ते का मुकाबला दुश्मन के पैटन टैंको से हो गया और एक संक्षिप्त टैंक बनाम टैंक युद्ध शुरू हो गया। 16 कैवल्री, जो उनके दाएं चल रही थी, का सामना भी दुश्मन के टैंकों से हो गया। ब्रिगेड कमांडर ने स्थिति का आकलन वास्तविकता से अधिक गंभीर मानकर लगाया। लेकिन उनका यह अनुमान बाद में गलत साबित हुआ। वहां भारतीय आक्रमण को रोकने के लिए पूरी दो रेजिमेंट लगी थीं। इसके अलावा, 62 कैवल्री का एक स्क्वाड्रन जिसने ब्रिगेड के बाएं हिस्से की रक्षा करनी थी, खुद अंतरराष्ट्रीय सीमा के पास अटक गया। इस कमजोरी का फायदा दुश्मन ने उठाया जिसने ब्रिगेड की मध्यम आर्टिलरी बैटरी पर हमला कर उसे भारी नुकसान पहुंचाया। इस सबको देखते हुए ब्रिगेड ने रेजिमेंट्स को वापस हटने और सब्जपीर के चौराहे पर रक्षात्मक बॉक्स बनाने का आदेश दिया। आगे बढ़ने को 48 घंटे के लिए रोक दिया गया। इस गलती की

भारी कीमत चुकानी पड़ी, क्योंकि इसने दुश्मन को इस सेक्टर में ताकत का स्तर बढ़ाने का मौका दे दिया।

10 सितंबर को ब्रिगेड कमांडर ने फिल्लोरा पर कब्जा करने और चाविंडा की ओर बढ़ने का नया आदेश जारी किया। योजना में आर्मर की भारी नियुक्ति का उल्लेख किया गया था जो अपने स्थान रुड़की खुर्द से ब्रिगेड की सभी तीनों रेजिमेंट्स के साथ बढ़ेगी। 17वीं पूना होर्स ओर 4 होर्स को फिल्लोरा के दोनों तरफ फैलना था और दोनों दिशाओं से हमले के लिए घेरा बनाना था ताकि दुश्मन के बख्तर छोटे समूहों में बंट जाएं और उनको टुकड़ों में नष्ट किया जा सके।

यह चढ़ाई योजना के मुताबिक 11 सितंबर को सुबह 6.00 बजे शुरू हुई और करीब 8.00 बजे, लिब्बे के करीब उनका मुकाबला दुश्मन के टैंकों से हुआ। सी स्क्वाड्रन दुश्मन से भिड़ गया और दिलचस्प रणनीति 'कैटरपिलर' में उलझा लिया। अग्रिम टुकड़ी आगे बढ़ी और उसके पीछे दो सैन्य दलों ने अपनी स्थिर स्थिति से उसे कवरिंग फायर दिया और दुश्मन के टैंकों को उलझाए रखा। जब अग्रणी टुकड़ी उपयुक्त आवृत्त स्थिति तक पहुंच गई उसने पिछली दो टुकड़ियों को भी उसी लाइन में आगे बढ़ा दिया। इसी प्रक्रिया को अगली पोजिशन के लिए भी दोहराया गया। इसने कैटरपिलर की भांति 'फायर एंड मूव' को सुनिश्चित किया। इस तरह दुश्मन के प्रतिरोध से निपटते हुए पूना होर्स ने फिल्लोरा की तरफ बढ़ना जारी रखा।

दोपहर तक रेजिमेंट की सी स्क्वाड्रन ने लिब्बे से दुश्मन को साफ कर दिया और उसके तुरंत बाद 5/9 गोरखा राइफल्स के साथ फिल्लोरा पर हमला शुरू कर दिया। जब यह हमला प्रगति पर था, बी स्क्वाड्रन फिल्लोरा में प्रवेश को उत्तर–पश्चिम से कवर कर रही थी। वहीं, ए स्क्वाड्रन लिब्बे के मार्ग का पहरा दे रहा था। ठीक उसी समय सी स्क्वाड्रन पर जवाबी हमला हुआ और जल्द ही ए स्क्वाड्रन भी इस युद्ध में लिप्त हो गया। कर्नल तारापोर का टैंक भी, जो ए स्क्वाड्रन के करीब स्थित था, दुश्मन से भिड़ गया और दो दुश्मन टैंकों को मार गिराया। आगे रहकर नेतृत्व करके उन्होंने व्यक्तिगत उदाहरण पेश किया और दुश्मन की गोलाबारी के बावजूद अपने खुले टैंक के गुंबद से संचालन कर रहे थे, जैसा कि वह हमेशा अपने टैंक कमांडरों को करने के लिए कहते थे। टैंक के गुंबद को बंद करना सुरक्षा प्रदान करता है, लेकिन कमांडर को एकदम अंधा बना देता है। खुले टैंक में वह न केवल खुद के टैंक को निर्देशित कर पाता है, बल्कि अपनी यूनिट का नेतृत्व भी युद्ध में कर पाता है। इस कार्यवाही में वह बम की एक किरिच लगने से घायल भी हो गए, लेकिन प्राथमिक चिकित्सा के बाद बिना विचलित हुए उन्होंने लड़ना जारी रखा। दुश्मन के जवाबी हमले को परास्त करने के बाद फिल्लोरा पर शाम 3.30 बजे तक कब्जा कर लिया गया।

अपने घावों के बावजूद कर्नल तारापोर ने 14 सितंबर को अगले लक्ष्य वजीराली पर कब्जे के लिए रेजिमेंट का नेतृत्व किया। अगली बड़ी टक्कर 16 सितंबर को हुई, जब सेनाओं को जसोरन ओर बुतूर डोगरांडी पर कब्जे का आदेश दिया गया। इन दोनों ही लक्ष्यों पर सी स्क्वाड्रन ने कड़े और भारी संघर्ष के बाद कब्जा कर लिया। इन संवेदनशील स्थानों पर भारतीय सेना का कब्जा होने के परिणामस्वरूप दुश्मन ने इन पर वापस कब्जे के लिए अपनी सेना चाविंडा से हटाना शुरू कर दिया। सी स्क्वाड्रन के कमांडर कैप्टन अजय सिंह ने इस बढ़ते खतरे को देखा और अतिरिक्त बल भेजने को कहा। कर्नल तारापोर ने ए स्क्वाड्रन को उनकी मदद का आदेश दिया और एक बार फिर एक भारी कार्यवाही चाहते हुए अपने अड्जूटेंट कैप्टन सुरेंद्र सिंह के साथ अपने–अपने टैंकों में उनका साथ देना तय किया।

थोड़ी ही देर बाद दो स्क्वाड्रन और रेजिमेंटल हैडक्वार्टर्स के दो टैंक दुश्मन के भारी टैंक, एंटी टैंक और आर्टिलरी फायर से घिर गए। अपने चारों तरफ होती व्यापाक गोलाबारी से बेपरवाह, कर्नल तारापोर इन्फैंट्री की मौजूदगी को करीब से जानने के लिए अपने टैंक 'कूशब' से नीचे उतर आए। उन्होंने पाया कि वहां केवल एक इन्फैंट्री प्लाटून उपलब्ध थी जो बुतूर डोगरांडी को संभालने में सक्षम नहीं थी। इसलिए उन्होंने जसोरन में इकट्ठा होने का आदेश दिया जो मजबूती से भारतीय कब्जे में था। उनके खुद के टैंक को दुश्मन का एक गोला लगा था जिसने इसे स्थिर बना दिया था। किस्मत से वह उस समय टैंक में नहीं थे, हालांकि उनका इंटेलिजेंस अधिकारी लेफ्टिनेंट अमरजीत बल घायल हो गया था। परन्तु उनकी किस्मत ने केवल दो और घंटे ही साथ दिया, जब उनका अंदाजा सही साबित हुआ। दुश्मन की नए सिरे से शुरू हुई प्राणघातक गोलाबारी में वह बुरी तरह घायल हो गए। उनके नेतृत्व से प्रेरित रेजिमेंट ने दुश्मन के भारी आर्मर पर भीषण हमला किया और करीब 60 टैंक नष्ट कर डाले, जबकि रेजिमेंट के भी 9 टैंक नष्ट हुए। भारी घावों की वजह से जब तारापोर की मृत्यु हो गई तब भी उनकी रेजिमेंट दुश्मन को ललकार रही थी।

कर्नल तारापोर और उनकी रेजिमेंट का युद्ध में प्रदर्शन ऐसा था कि दुश्मन ने भी उनकी तारीफ की। युद्ध के दौरान पाकिस्तान के डायरेक्टर मिलिट्री ऑपरेशंस, लेफ्टिनेंट जनरल रहे और बाद में कमांडर–इन–चीफ बने गुल हसन खान अपने संस्मरण में लिखते हैं–

दो रेजिमेंट–हमारी 25 कैवल्री और भारत की पूना होर्स सर्वश्रेष्ठ प्रशिक्षित हैं। पहली की अगुवाई कर्नल नासिर अहमद कर रहे थे और उन्होंने सियालकोट–शकरगढ़ में दुश्मन के प्राथमिक हमले को रोकने में विस्मयकारी भूमिका निभाई। भारत की तरफ से पूना होर्स की कमान कर्नल तारापुरवाला

संभाल रहे थे। मुझे नासिर ने बताया था कि तारपुरवाला के मैसेज सुनना एक शिक्षा की तरह था। अपनी कमान पर उनकी मजबूत पकड़ थी।

इन कार्यों के दौरान अपनी रेजिमेंट के नेतृत्व के दौरान उनके साहस और नेतृत्व क्षमता के लिए कर्नल तारापोर को देश का सर्वोच्च वीरता पुरस्कार परमवीर चक्र प्रदान किया गया।

वीरता और प्रतिष्ठा

लेफ्टिनेंट कर्नल एम एम एस बक्शी – फिल्लोरा

रेजिमेंट 4 (हॉडसन्स) होर्स ने 11 सितंबर को फिल्लोरा पर कब्जा करने के लिए 17वीं पूना होर्स के साथ मिलकर दूसरा पंजा बनाया। रेजिमेंट ने सुबह 6.00 बजे आगे बढ़ना शुरू किया, जिसमें सी स्क्वाड्रन अगुवाई कर रहा था और अपने पहले लक्ष्य रुड़की कलां की तरफ पूरी रफ्तार से आगे बढ़ रहा था। अपने लक्ष्य के करीब पहुंचते ही स्क्वाड्रन पर दुश्मन का हवाई हमला हुआ और दस्ते के कमांडर मेजर सीबी देसराज उर्स की आंख में एक छर्रा लगने से वे घायल हो गए। इससे विचलित हुए बिना यह बहादुर ऑफिसर अपने स्क्वाड्रन के साथ आगे बढ़ते रहे और रुकने के लिए तभी सहमत हुए जब लक्ष्य हासिल कर लिया।

पहला लक्ष्य सफलतापूर्वक हासिल करने के बाद फिल्लोरा की तरफ चढ़ाई फिर शुरू हुई और इस बार ए और बी स्क्वाड्रन अगुवाई कर रहे थे। लेफ्टिनेंट कर्नल एमएमएस बक्शी काफी करीब से अपने खुद के टैंक में उनके पीछे ही चल रहे थे। उनके दल में कैप्टन (अब रिटायर्ड ब्रिगेडियर) रवि मल्होत्रा, रेजिमेंट सिग्नल अधिकारी सह इंटेलिजेंस ऑफिसर थे और अहमदनगर में अपना कोर्स छोड़कर युद्ध की वजह से हाल ही में रेजिमेंट में फिर से आये थे।

ए स्क्वाड्रन को जो बाएं से आगे बढ़ रहा था दुश्मन के टैंकों और आरसीएल बंदूकों का कई बार सामना करना पड़ा, लेकिन दुश्मन से बेहतरीन साबित होते हुए स्क्वाड्रन ने फिल्लोरा की तरफ बढ़ना जारी रखा। कर्नल बक्शी का टैंक उनके साथ चल रहा था और फिल्लोरा के नजदीक कमांडेंट एक उपयुक्त स्थान की तलाश में थे, जहां से वह आसन्न युद्ध के दौरान दोनों स्क्वाड्रनों की कमान और नियंत्रण का कार्य सुविधा से कर सकें। उन्होंने अपना टैंक डुल्मनवाली गांव के पास रोक दिया और अपनी सीट पर खड़े होकर अपनी दूरबीन से इलाके का मुआयना करने लगे। वह स्पष्ट रूप से पेड़ों की कतार वाली सड़क को देख सकते थे जो लिब्बे से फिल्लोरा को जाती थी जिसको उन्होंने आगे बढ़ने के लिए एक उपयोगी निशान माना अन्यथा इस क्षेत्र में ऐसा कोई निशान ही नहीं दिख रहा था।

अचानक उनकी नजर दुश्मन के दो पैटन टैंकों पर पड़ी जिन्होंने लिब्बे की तरफ मुंह करके पोजीशन ले रखी थी। उनकी तोपों के मुंह और ध्यान कर्नल बक्शी के टैंक की विपरीत दिशा में था। जाहिर है दुश्मन लिब्बे की तरफ से हमला होने की उम्मीद कर रहा था जो 1 आर्मर्ड ब्रिगेड का पिछला रिपोर्टिंग क्षेत्र था। बक्शी ने जल्दी से टैंकों की गिनती की और महसूस किया कि उनके अकेले के टैंक के खिलाफ एक पूरा स्क्वाड्रन है। उनके दोनों स्क्वाड्रन इतने पीछे थे कि समय पर हस्तक्षेप करने की स्थिति में नहीं होंगे। हालांकि दुश्मन के टैंक ने उनके टैंक को देखा नहीं था, कर्नल बक्शी के पास एक विकल्प था कि वह वहां से तेजी से निकल जाए और एक विस्तृत चक्कर लगाकर सुरक्षित क्षेत्र में पहुंच जाए। लेकिन युद्ध से भागना उनके चरित्र के पूरी तरह खिलाफ था। बिना एक क्षण की झिझक के उन्होंने अपने गनर को फायर के आदेश दे दिए। कैप्टन मल्होत्रा जो ऑपरेटर सह लोडर के रूप में अंदर खड़े थे, ने गन में एक आर्मर पियर्सिंग डिस्कार्डिंग सैबोट (एपीडीएस) राउंड भरा। गनर ने कर्नल बक्शी के निर्देशानुसार उनकी नजर के सामने उभरते हुए दुश्मन के टैंक की तरफ टिका दी। उन्होंने लक्ष्य के लिए डॉट बनाए और फायर कर दिया। सेंचुरियन गोले के फायर होने से हिला और उसका घातक गोला सटीक निशाने पर दुश्मन के टैंक को जा लगा। इससे पहले कि अगला राउंड भरा जाता, गनर, कर्नल बक्शी के बताए अगले निशाने पर गन को रखने लगा। दुश्मन को उसके पीछे स्थित खतरे का आभास होने तक दूसरा टैंक भी नष्ट हो गया। दोनों टैंकों से लपटें उठ रही थीं और सेंचुरियन के दल में खुशी की लहर थी।

वे यह खुशी ज्यादा समय तक नहीं मना सके क्योंकि दुश्मन ने संभलकर आक्रोशित होकर जवाब दिया। सेंचुरियन दो बार थरथराए और टैंक दल ने महसूस किया कि दुश्मन ने दो हिट मारे हैं। लेकिन कोई ज्यादा नुकसान नहीं हुआ था और टैंक दल ने तीसरे दुश्मन टैंक को भी मुकाबले में नष्ट कर दिया।

इसके साथ ही उनके खुद के टैंक पर भी फिर एक गोला आकर लगा। इससे भी ज्यादा खतरनाक तो यह हुआ कि उनके टैंक का टुर्रेत फंस गया। राउंड लोड के करने के बीच, कैप्टन मल्होत्रा फायर किए गए खाली खोखे बाहर फेंक रहे थे। उनका काम इस बात से और ज्यादा कठिन हो गया कि उनके लैदर के दस्ताने नहीं मिल रहे थे जिनकी मदद से वे गर्म गोलों को हैंडल कर रहे थे और वे टैंक साफ करने वाले सुततर से काम चला रहे थे। फायर किया गया एक खोखा जिसे वे भूल गए थे वह टैंक के टुर्रेत में फंस गया और उसे जाम कर दिया। इससे गन को घुमाना और निशाना साधना असंभव हो गया।

इस बात का अहसास होते ही कि फायर करने में नाकाम उनका टैंक दुश्मन के लिए आसान टार्गेट हैं, उन्होंने एक प्रबल साहसी फैसला लिया कि पूरी रफ्तार

के साथ दुश्मन के टैंकों की पंक्ति को तोड़ते हुए पारकर आगे अपनी स्क्वाड्रन में मिल जाएं। आदेश मिलते ही टैंक के चालक ने अनियंत्रित तरीके से चलाते हुए दुश्मन के चलते हुए टैंकों को पार कर दाहिनी ओर मोड़ लिया जहां वे अपनी स्क्वाड्रन के होने की उम्मीद कर रहे थे। तभी टैंक पर एक और गोला आकर लगा, इस बार यह इंजिन के करीब लगा और धमाके के साथ टैंक में आग लग गयी। कर्नल बक्शी ने चालक दल को टैंक को छोड़ने का आदेश दिया और उससे पहले सभी अतिरिक्त कार्बाइन अपने साथ लेना सुनिश्चित किया जो ऐसी स्थिति के लिए सभी टैंकों में रखी जाती हैं। इसके अलावा सभी टैंक चालक दल के प्रत्येक सदस्य के पास मात्र एक पिस्टल होती है। जैसे ही वे बाहर कूदे और वहां से दौड़े, कैप्टन मल्होत्रा ने पाया कि उनके बैल्ट से जुड़े पिस्तौलदान में ही अपनी पिस्तौल भूल गए हैं। बेल्ट उन्होंने इसलिए उतार दी थी क्योंकि यह गोले भरने में दिक्कत दे रही थी।

दुश्मन टैंकों के चालक भी अपने जलते हुए टैंक छोड़ चुके थे और अब जमीन पर से फायर कर रहे थे। नजदीक के गन्ने के खेत की आड़ लेने के लिए दौड़ते कर्नल बक्शी और उनके दल की दुश्मनों के साथ जमीन से लड़ाई तय थी। कर्नल बक्शी ने पीछा करते पाकिस्तानी चालक दल पर अपनी पिस्टल से 4 फायर किए ताकि उनके साथी गन्ने के खेत में घुस जाएं। एक बार अंदर घुसते ही वे काफी अंदर चले गए ताकि वे कवर का अत्यधिक फायदा उठा सकें, जबकि पाकिस्तानी सैनिक बाहर खड़े गन्ने की गहरी फसल में अंधाधुंध फायर करते रहे। मुश्किलों से घिरे चालक दल ने दुश्मन की दृष्टि और फायर लाइन से बाहर होने पर राहत की सांस ली, लेकिन वे पूरी तरह सुरक्षित नहीं थे।

रुक–रुक कर आर्टिलरी फायर क्षेत्र में जारी थे। गोले और किरचें उनके काफी करीब पड़ रहे थे। ठीक उसी समय एक हवाई हमला दुश्मन के टैंकों के चिथड़े उड़ा गया, जिसमें दुश्मन के छह और टैंक तबाह हो गए, लेकिन दो रॉकेट गन्ने के खेत में भी गिरे, जिससे भारतीय दल की बेचैनी कुछ समय के लिए बढ़ गई। दुश्मन टैंक के फायर से सुरक्षित बचने के बाद वे नहीं चाहते थे कि उनकी मौत उनके खुद के एयरक्राफ्ट से हो। वे करीब दो घंटे तक गन्ने के खेत में छिपे रहे, लेकिन तब तक दुश्मन के वे टैंक जो सलामत थे वहां से चले गए औ पीछे जलते हुए टैंक छोड़ गए। तभी उनको कुछ और टैंकों की आवाज सुनाई दी और वे सावधानी से अपने कवर से बाहर झांके और यह जानकर राहत की सांस ली कि ये उनके खुद के टैंक थे। दरअसल जो टैंक उन्होंने देखा वह 17वीं पूना होर्स के सैकंड इन कमांड, मेजर गिरिराज सिंह का था। जैसे ही वे गन्नों के खेत से निकले पूना होर्स के सैनिकों ने सोचा कि वे पाकिस्तानी हो सकते हैं क्योंकि पूरा क्षेत्र नष्ट हुए पाकिस्तानी टैंकों से भरा पड़ा था। जब उन्होंने अपनी टोपियां लहराई

और उन पर लगे हुए हॉडसन हॉर्स के बैज दिखाए तब वे आश्वस्त हुए कि ये तो अपने ही सैनिक हैं।

उनको सुरक्षित उनकी रेजिमेंट पहुंचाया गया और कर्नल बक्शी ने एक दूसरे टैंक पर अपना स्वामित्व जमाया ताकि वे युद्ध में फिर से शामिल हो सकें। तब तक फिल्लोरा पर दबाव पूरा हो चुका था और 17 पूना होर्स और हॉडसन्स होर्स के टैंकों ने चारों ओर बख्तरबंदों का घेरा बना दिया था और कस्बे को पूरी तरह सील कर दिया था। उसके बाद 43 लॉरीड ब्रिगेड ने कस्बे पर हमला कर कब्जा कर लिया। फिल्लोरा पर कब्जे के लिए लड़ाई के दौरान दुश्मन के कुल 21 टैंक हॉडसन्स होर्स ने नष्ट किए और क्षेत्र में छह अन्य को हवाई हमलों में नष्ट किया गया। बदले में रेजिमेंट का केवल एक टैंक नष्ट हुआ जो कमांडेंट का था। इसका बदला रेजिमेंट ने 14 सितंबर को पर्याप्त रूप से लिया जब अलहर के महत्वपूर्ण रेलवे स्टेशन को कब्जे में लेने के लिए हुई लड़ाई में उन्होंने पाकिस्तान की गाइड्स कैवल्री के सीओ लेफ्टिनेंट कर्नल जहांजेब खान का टैंक कब्जे में ले लिया। कर्नल बक्शी को उनके निडर साहस और वीरता के लिए महावीर चक्र प्रदान किया गया।

वीरता आखिरी दम तक

मेजर भूपिंदर सिंह – चाविंडा

जब कर्नल बक्शी का इकलौता टैंक दुश्मनों के टैंकों से भिड़ा हुआ था, हॉडसन्स होर्स के 2 स्क्वाड्रन मेजर भूपिंदर सिंह की अगुवाई में रुड़की कलां तक पहुंच गए थे और अगले पड़ाव की तरफ बढ़ रहे थे तभी कोटली खदम क्षेत्र में दुश्मन के भारी विरोध का सामना करना पड़ा। अगली कार्यवाही में उन्होंने दुश्मन के 9 टैंक और 4 आरसीएल गन नष्ट कर दिए, जबकि उनके अपने टैंकों में किसी तरह का नुकसान नहीं हुआ।

19 सितंबर को स्क्वाड्रन की अगली बड़ी भिड़ंत चाविंडा पर हमले के दौरान हुई। स्क्वाड्रन को सियालकोट–चाविंडा रेलवे लाइन के आगे तक बढ़ने का लक्ष्य दिया गया था, जहां से उसको हमलावर बल के दाहिने हिस्से को सुरक्षित करने के लिए सोडरेके की तरफ बढ़ना था। स्क्वाड्रन ने अभी रेलवे लाइन पार ही की थी कि उस पर तेज आर्टिलरी फायर हो गया। अपने रास्ते में गोलों की होती बारिश के बीच ही मेजर भूपिंदर सिंह ने अपनी स्क्वाड्रन को आगे बढ़ते रहने का आदेश दिया। जल्द ही दुश्मन के टैंक सामने थे और भयंकर लड़ाई शुरू हो गई।

मेजर भूपिंदर सिंह के टैंक को दुश्मन के पैटन टैंक का एक गोला लगा और उसमें आग लग गई। दुश्मन से वीरतापूर्वक लड़ना जारी रखते हुए वे हमले पर काबू पाने में कामयाब रहे हालांकि आर्टिलरी के बम अब भी उन पर गिरना जारी थे। इस पूरी कार्यवाही के दौरान मेजर भूपिंदर सिंह ने अपनी निजी सुरक्षा की पूरी तरह अवहेलना की और अपने चालक दल और स्क्वाड्रन की अगुवाई दृढ़ साहस के साथ की।

उनकी बढ़त धीमी, लेकिन निरंतर थी और दुश्मन के टैंकों एवं आरसीएल से रुक–रुक कर उनकी भिड़ंत होती रही। दुश्मन की आर्टिलरी से गोलाबारी भी उन पर लगातार जारी रही। सुबह 7.00 बजे तक उन्होंने अभी प्रगति कर ली थी जब मेजर भूपिंदर सिंह के टैंक पर एक बार फिर आघात हुआ। इस बार कोबरा एंटी–टैंक मिसाइल का हिट लगा था। टैंक तुरंत ही आग की लपटों में घिर गया। इस बार आग पिछली बार से ज्यादा चुनौतीपूर्ण थी। आग के प्रकोप के बावजूद

मेजर भूपिंदर सिंह और उनके चालक दल ने दुश्मन से लड़ना जारी रखा। अंततः मेजर भूपिंदर सिंह को जलने के कई घावों के साथ अस्पताल ले जाया गया। अस्पताल में जिंदगी के लिए भी वह उसी दृढ़ संकल्प के साथ लड़े जो उन्होंने दुश्मन के खिलाफ दिखाया था।

जब वह अस्पताल में थे तो प्रधानमंत्री लाल बहादुन शास्त्री ने अस्पताल का दौरा किया और उस बहादुर युवा ऑफिसर ने प्रधानमंत्री के मन पर एक अमिट छाप छोड़ी। अगले दिन दिल्ली में प्रधानमंत्री के दिए गए भाषण का सार इस तरह थाः

> *कल में सेना अस्पताल में हमारे कुछ घायल जवानों और अफसरों से मिला। वे बुरी तरह घायल हो चुके हैं, लेकिन मैंने एक भी आंसू या उदास चेहरा तक नहीं देखा। मैं एक अफसर भूपिंदर सिंह को देखकर बहुत प्रभावित हुआ, जिसका पूरा शरीर खून से लथपथ था। अभी तक उनके शरीर पर कहीं पर भी कपड़े का एक टुकड़ा भी रखना मुश्किल है। वह अपने बैड पर आंखें बंद करके लेटा हुआ था। उसने मुझसे इस बात के लिए माफी मांगी कि वह हालचाल जानने आए अपने प्रधानमंत्री का सम्मान करने के लिए खड़ा नहीं हो सकता। उसने मुझे बताया कि उसने दुश्मन के सात टैंक ध्वस्त कर दिए और उसकी पूरी यूनिट ने दुश्मन के 31 टैंक उड़ा दिए। उसने यह भी कहा कि वह फिर से स्वस्थ होने को लेकर आश्वस्त है, लेकिन यदि ऐसा नहीं भी हुआ तो कोई फर्क नहीं पड़ता क्योंकि देश अब अपना सिर ऊंचा रख सकता है। मैंने उसे बताया कि देश को आप पर कितना गर्व है, जिस तरह से भारतीय सेनाओं ने दुश्मन का मुकाबला किया उसके लिए देश के लोग आपके कितने आभारी हैं।*

प्रधानमंत्री का यह संक्षिप्त वक्तव्य मेजर भूपिंदर सिंह के बारे में बहुत कुछ कह देता है कि वह क्या आदमी थे। अपनी आखिरी सांसें लेते हुए पूरे शरीर पर जलने से हुए घावों से लड़ते हुए अस्पताल में 3 अक्टूबर को उनकी मृत्यु हो गई। उनको मरणोपरांत महावीर चक्र से सम्मानित किया गया।

कब्जा किए गए शत्रु टैंकों का निरीक्षण करते हुए रक्षामंत्री वाईबी चौव्हाण

सियालकोट सेक्टर में कब्जा किए गए पाकिस्तानी टैंक पर प्रधानमंत्री लाल बहादुर शास्त्री

दृढ़निश्चयी जांबाज
मेजर मोहम्मद अली राज शेख

मेजर एमएआर शेख का जन्म 6 मार्च 1931 को गुजरात के मंगरोल (जूनागढ़ रियासत का एक छोटा ठिकाना) के शाही परिवार में हुआ था। समझा जाता है कि 1947 में देश के विभाजन के समय मेजर शेख के विस्तृत परिवार के कुछ सदस्यों ने पाकिस्तान जाना उचित समझा जबकि कुछ भारत में ही रुक गए।

राजकोट में अपनी शुरुआती शिक्षा के बाद मेजर शेख भारतीय सैन्य अकादमी देहरादून में शामिल हो गए। 6 जून 1954 को उन्हें सैकंड लेफ्टिनेंट के रूप में भारतीय सेना की सबसे पुरानी कैवल्री (घुड़सवार) रेजिमेंट में कमीशन मिला। 1776 में गठित इस रेजिमेंट का करीब 240 साल बेजोड़ सैन्य सेवा का गौरवशाली इतिहास है। मेजर शेख एक लंबे, हैंडसम लेकिन शर्मीले व्यक्ति थे और उनमें एक शाही अंदाज़ था। मेजर शेख हमेशा अच्छे कपड़ों में रहते और एक कुलीन परिवार के गौरव के साथ रहते थे, इन सबसे बढ़कर उनके पास वह साहस था जो युद्ध में टूट नहीं सकता था।

रेजिमेंटल सर्विस के कुछ वर्षों के बाद मेजर शेख को सेना मुख्यालय में उनको तत्कालीन चीफ ऑफ आर्मी स्टॉफ जनरल जेएन चौधरी के एडीसी के रूप में नियुक्त किया गया। इस दौरान वह देश और विदेश में सेना प्रमुख के सभी आधिकारिक दौरों पर उनके साथ होते थे।

जब वह 1965 में रेजिमेंटल ड्यूटी पर फिर से लौटे तो युद्ध के बादल छाए हुए थे। मेजर शेख को ए स्क्वाड्रन की कमान सौंपी गई जिसकी उन्होंने पाकिस्तान के खिलाफ युद्ध में सियालकोट सेक्टर में अगुवाई की। 8 सितंबर 1965 को भारतीय सेना की 1 आर्मर्ड डिविजन की पाकिस्तानी क्षेत्र में अगुवाई का सम्मान 16 लाइट कैवल्री को दिया गया था। इस दौरान मेजर शेख ने गाडगोर (अब पाकिस्तान में) का युद्ध लड़ा।

रेजिमेंट 8 सितंबर 1965 को पहली किरण के साथ पाकिस्तानी सीमा में घुसी। प्रकाश की गति से आगे बढ़ते हुए और दुश्मन के भारी प्रतिरोध को दरकिनार करते हुए अपनी निजी सुरक्षा के प्रति बेपरवाह मेजर शेख ने अपनी स्क्वाड्रन के साथ ही

छोड़े गए पाकिस्तानी टैंक का निरीक्षण करते भारतीय सैनिक

भारतीय सेंचुरियन टैंक पैटन की दासता थे

16 लाइट कैवल्री की अन्य सब–यूनिट्स की अगुवाई करते हुए सुबह 9.00 बजे तक गाडगोर गांव तक पहुंच गए। यहां उनको दुश्मन के टैंकों का भारी प्रतिरोध झेलना पड़ा और पाकिस्तानी एयर फोर्स के सेबर विमानों ने बमबारी करते हुए उनकी बढ़त को रोक दिया, लेकिन अब तक कोई हताहत नहीं हुआ था।

सुबह 9.30 बजे से दोपहर 2.30 बजे तक दोनों तरफ से टैंकों की भयंकर लड़ाई शुरू हो गई जिसमें मेजर शेख के स्क्वाड्रन सहित 16 लाइट कैवल्री ने दुश्मन के 8 पैटन टैंक, 2 आरसीएल गन और दुश्मन की कुछ इन्फैंट्री को नष्ट कर दिया। बाद में पता चला कि दुश्मन की 25 कैवल्री ने गाडगोर गांव के चारों ओर छिपकर मजबूत पोजिशन ले रखी थी, जिसने कुछ समय के लिए रेजिमेंट की बढ़त को रोक दिया था।

जब बी स्क्वाड्रन के टैंक दुश्मन के बख्तर से गाडगोर से लेकर फिल्लोरा की सरहद तक भिड़ गये, ए स्क्वाड्रन को मेजर शेख के नेतृत्व में दक्षिण–पश्चिम की दिशा से दुश्मन पर हमले की जिम्मेदारी दी गई। इस पैंतरेबाजी के दौरान आगे रहकर नेतृत्व कर रहे मेजर शेख को दुश्मन का पहला फायर लगा, जिसमें वह प्राणघातक रूप से घायल हो गए।

अपने घावों से बेपरवाह एक दृढ़ संकल्पी लड़ाकू टैंक कमांडर मेजर शेख ने तेज गति के साथ आगे बढ़ना जारी रखा। वह इस बात से पूरी तरह वाकिफ थे कि उनकी स्क्वाड्रन की गति दुश्मन के इलाके में रेजिमेंट की सफलता के लिए बेहद अहम है। इस कार्यवाही के दौरान, मेजर शेख की गर्दन और दाहिने कंधे में फायर लगा था जिसमें वह गंभीर रूप से घायल हो गए। गंभीर रूप से घायल होने के बावजूद उन्होंने युद्ध के मैदान से तब तक हटने से मना कर दिया जब कमांडेंट ने अंततः 11 सितंबर 1965 को इस जगह को खाली करने का आदेश नहीं दे दिया। मिलिट्री हॉस्पिटल पठानकोट में 13–14 सितंबर की रात घावों से लड़ते हुए उन्होंने वीरगति प्राप्त की। उनकी साहसिक कार्रवाई के लिए मेजर एमएआर शेख को दुश्मन का मुकाबला करते हुए युद्ध में बहादुरी के लिए उनको वीर चक्र से सम्मानित किया गया।

ओपी हिल

ओपी हिल पर हमला

आखिरी लड़ाई

संघर्षविराम 23 सितंबर 1965 से लागू हो चुका था लेकिन संघर्षविराम रेखा (सीएफएल) के साथ लगे पुंछ के दक्षिण स्थित मेंढ़र सेक्टर पर शांति का नामो–निशान नहीं था। मेंढ़र–बालनोई सड़क किनारे भारतीय सेना की गतिविधियों और बालनोई में ही इसकी बटालियन के ठिकाने को निशाना बना रहे पाकिस्तानी तोपों की गोलाबारी जारी थी। यह गोलाबारी ओपी हिल नामक स्थान पर मुस्तैद पाकिस्तानी सेना द्वारा पर्यवेक्षण और सटीकता से सहयोग देने पर और बढ़ गई थी। ऑब्जर्वेशन पोस्ट हिल का ही संक्षिप्त नाम था ओपी हिल। स्थानीय लोगों ने इसका खूबसूरत नाम दिया था चूह–इ–नार, जो पुंछ से 20 किलोमीटर दक्षिण पश्चिम मेंढ़र–बालनोई रोड के दक्षिण पश्चिम में 5000 फुट की ऊंचाई पर अवस्थित था। यह इलाका पाकिस्तान की तरफ से मेंढ़र घाटी से घिरा था जो कि सीएफएल के भारतीय क्षेत्र की तरफ से नजर नहीं आता था। सन 1956 तक इस पहाड़ी पर भारतीय सैनिकों का जमावड़ा था और इसके बाद उन्होंने इसे खाली छोड़ दिया था। भारतीय सेना इस बात से अनजान थी कि पाकिस्तान ने अगस्त 1965 से चोरी–छिपे इस ठिकाने पर कब्जा जमा लिया था और इसका इस्तेमाल जम्मू–कश्मीर में गतिविधियां चला रहे घुसपैठियों तक जरूरी चीजें और गोला–बारूद पहुंचाने में सुरक्षा सहयोग देने के लिए किया जा रहा था।

पाकिस्तान संघर्षविराम के बाद भी इस ठिकाने पर कब्जा जमाए बैठा था। संयुक्त राष्ट्र पर्यवेक्षकों से की गई अपील भी जब पाकिस्तान के कब्जे वाले भारतीय क्षेत्र को खाली कराने में विफल रही तो भारत ने इस पर दोबारा कब्जा करने के लिए हमले की योजना बनाई। इसके लिए 6 अक्टूबर को एक बटालियन हमला शुरू किया गया लेकिन इस जगह को हासिल नहीं कर पाई क्योंकि पाकिस्तानियों ने एक संपूर्ण बटालियन से सुरक्षा स्थिति मजबूत करते हुए इस स्थान की किलेबंदी कर रखी थी जो पूरी तरह बंकरों, स्वचालित हथियारों, कंटीले तारों और बारूदी सुरंगों से घिरा हुआ था। ऐसे हालात पर काबू पाने के लिए एक पूरी ब्रिगेड की आवश्यकता थी और यह कार्य नवनियुक्त कमांडर ब्रिगेडियर बी. एस. आहलूवालिया के नेतृत्व में 120 इंफैंट्री ब्रिगेड को सौंपा गया। उनके ब्रिगेड में शामिल तीन बटालियनों में डोगरा रेजिमेंट की दूसरी बटालियन (2 डोगरा), सिख लाइट इंफैंट्री

(5 सिख एलआई) तथा सिख रेजिमेंट की सातवीं बटालियन (7 सिख) थीं। तीन दिशाओं से हमला करने की योजना बनाई गई – उत्तर दिशा से 2 डोगरा इस ठिकाने के दाईं तरफ और 5 सिख एलआई इसके दाईं तरफ से कूच कर गई। 7 सिख को आसपास की घेराबंदी करते हुए दक्षिण की दिशा से यानी दुश्मन के पीछे की तरफ से हमला करना था जो उत्तर दिशा से हमला करने वाली दोनों बटालियनों के रवाना होने के कुछ समय बाद निकलती। हमले की तारीख 2 नवंबर तय की गई। (मानचित्र 12)

बटालियन के हमले का नेतृत्व करने और ब्लैक रॉक्स को कब्जा में लेने का जिम्मा कमांडिंग ऑफिसर मेजर आरके मजूमदार ने कंपनी का प्रभार मेजर जीएस पाल को सौंप दिया। मेजर करम सिंह के नेतृत्व में सी कंपनी को ट्विन पिंपल को कब्जा करना था। मेजर एसएल कपूर के अंतर्गत बी कंपनी को सी और डी कंपनी के अलावा रिजर्व में रखा गया था। डी कंपनी के प्लाटून कमांडर कैप्टन गौतम मुबाई, 22 वर्षीय अधिकारी थे जिनका परिवार विभाजन के वक्त लाहौर से दिल्ली आ गया था। एफयूपी से रवाना होने के तुरंत बाद कंपनी दुश्मन की भारी गोली की चपेट में आ गई। कुछ ही मिनट में सेक्शन कमांडर इसके शिकार होने लगे। चारों तरफ से गोलियों की बौछारें हो रही थी। आक्रमण में विराम आता देख कैप्टन मुबाई बाकी की कंपनी के लिए खुद ही आधार बनाने में जुट गए।

रेंगते हुए आगे बढ़ते हुए, सिर के उपर से आती गोलियों की बौछारों को अनदेखा करते हुए वह दुश्मन की बाहरी सीमा पर लगी कंटीली तारों के पास पहुंच गए। तारों को काटते हुए वह लगातार सरकते हुए दुश्मन बंकर की ओर बढ़ रहे थे जिनके उपर मशीन गनें तैनात थीं। इसके करीब पहुंचने पर वह उठ खड़े हए और दुश्मन की गोली को अनदेखा करते हुए अपने हाथ में रखे ग्रेनेड से बंकर पर हमला कर दिया। उन्होंने बंकर पर ग्रेनेड उछालकर फेंके और अपने कार्बाइन से गोलियां बरसानी शुरू कर दीं। ग्रेनेड ने अपना काम करना शुरू कर दिया और वह बंकर में दुश्मन के बिल्कुल पास जाकर फटा। ग्रेनेड के हमले ने मशीन गन के हमले को शांत कर दिया। लेकिन आगे बढ़ने के क्रम में कैप्टन मुबाई का पैर एक लैंड माइन पर पड़ गया, जिस पर पैर पड़ते ही उसमें विस्फोट हो गया और इसमें उनका बायां पैर क्षत–विक्षत हो गया। चलने में तकलीफ होने के बावजूद वह अपने प्लाटून का आगे बढ़ने के लिए मार्गदर्शन करते रहे। घायल होने और लगातार खून बहने के बावजूद उन्होंने बहुत दृढ़ता से मैदान छोड़ने की सलाह को खारिज कर दिया।

आगे बढ़ते हुए और अपने सैनिकों को दुश्मन की बंकर की ओर बढ़ने का निर्देश देते हुए उन्होंने पहले अपनी बाकी की कंपनी के लिए एक रहने की जगह भी सुनिश्चित कर ली। अचानक तभी एक दूर के बंकर से मशीन गनों से गोलियों

की बौछार होने लगी। इस हमले में वह बुरी तरह से जख्मी हो गए। बहादुर कैप्टन न केवल लड़ते हुए आगे बढ़ते रहे बल्कि उन्होंने दिया गया अपना काम भी पूरा किया।

अब तक डी और सी कंपनियों को भारी नुकसान उठाना पड़ा था और इसकी भरपाई के लिए मेजर एसएल कपूर के अंतर्गत बी कंपनी को भेजा गया था। इस भयानक लड़ाई का पीछा करते हुए लेफ्टिनेंट करनैल सिंह कंटीली तारों में से रास्ता निकालते हुए दुश्मन की गोलियों का शिकार हो गए और उन्हें शहादत मिली। कैप्टन मुबाई के स्कूल से लेकर एकेडमी के दिनों तक उनके साथी रहे और एक ही यूनिट में साथ शामिल होने वाले कैप्टन पीके उप्पल भी अपने बचपन के दोस्त के गोली लगने के तुरंत बाद ही दुश्मन की गोली का शिकार हो गए। बटालियन ने अपने लक्ष्य पर कब्जा तो कर लिया लेकिन इसके लिए उन्हें भारी कीमत चुकानी पड़ी। उन्हें अपने तीन अधिकारी, एक जेसीओ और 50 ओआर खोने पड़े। इसके अलावा पांच अधिकारी, छह जेसीओ और 169 ओआर जख्मी हो गए। कैप्टन गौतम मुबाई को उनकी अदम्य साहस के लिए मरणोपरांत एमवीसी से सम्मानित किया गया। मेजर आरके मजूमदार, मेजर करम सिंह और सिपाही बलबीर सिंह को सेना मेडल से सम्मानित किया गया।

2 डोगरा की बाईं ओर 5 सिख एलआई भी इसी जज्बे के साथ हमला कर रहा था। उन्हें दिया गया लक्ष्य व्हाइट रॉक्स था। सीओ ले. कर्नल संत सिंह ने बहुत विस्तार से और दूरदर्शिता के साथ हमले की पूरी योजना तैयार की थी। दुश्मन की स्थिति से उत्पन्न संकट का आकलन करते हुए वह यह भी जानते थे कि यह लड़ाई सबसे कठिन लड़ाई में से एक होगी। कटे हुए अंगों को देखते हुए उन्होंने सभी सैनिकों को आदेश दिया कि वे सैनिकों के साथ लाए गए किट में रखी गई रस्सी की रोल को किसी भी भयंकर चोट लगे अंग पर पट्टी के रूप में बांध लें। यह काफी सफल भी रहा। इससे कम से कम 20 सैनिकों की जान बची। भारी क्षति की आशंका को देखते हुए इसके लिए रखे गए प्रशासनिक कर्मियों से उन्हें तुरंत अतिरिक्त 50 स्ट्रेचर भी मिले। रेडियो ऑपरेटर के हताहत होने या उनके सेट के क्षतिग्रस्त होने की स्थिति में भी लगातार संचार होता रहे यह सुनिश्चित करने के लिए उन्होंने 196 ब्रेव मेन ऑफ वॉर के लिए कंपनियों को अतिरिक्त रेडियो सेट और लाइन की सुविधा भी दी थी।

सिखों ने अपनी एसएल पार कर ली थी और नियत समय पर 'बोले सो निहाल, सत श्री अकाल' का उद्घोष करते हुए अपने लक्ष्य की ओर बढ़ रहे थे। कर्नल संत ने अपनी लड़ाई के बारे लिखा हैः इतिहास में अब तक मैं इस तरह की तेज और अधिक दृढ़ प्रभार का गवाह नहीं बना हूं। जमीन पर हर ओर माइन बिछी होने से अधिकारी, जेसीओ, एनसीओ और जवान को भारी नुकसान हुआ। दुश्मन की हवा

में तैरती गोलियों, स्वचालित हथियारों से बेहद तरतीब से की गई भारी गोलिबारी और ग्रेनेडों की बौछार में भी सभी की निगाहें लक्ष्य पर चिपकी हुई थी। कोई भी इससे हिचका नहीं और किसी ने भी दर्द के बारे में एक शब्द भी नहीं कहा। भारी जख्मों और गिनती की सांसों के बावजूद जवानों ने उपचार से इनकार कर दिया बल्कि उन्होंने अपने कामरेडों को आगे बढ़ने, दुश्मन को नेस्तनाबूद करने और अपना कार्य पूरा करने के लिए उनमें जोश भरते रहे।

कैप्टन गौतम मुबाई के ही नक्शेकदम पर चलते हुए एनके दर्शन सिंह ने भी अपने बाएं पैर को माइन विस्फोट में खोने के बावजूद दुश्मन के मशीन गन पर हमला किया। उन्होंने भी मैदान छोड़ने से इनकार कर दिया और लगातार बाकी की प्लाटून तथा कंपनी के लिए रास्ता बनाते हुए अपने सैनिकों को आगे बढ़ने के लिए उनका हौसला बढ़ाते रहे। वह दूसरे माइन विस्फोट की भी चपेट में आ गए लेकिन बावजूद इसके वह अब भी पूरे साहस और अदम्य इच्छाशक्ति से खुद को घसीटते हुए दुश्मन के बंकर की ओर आगे बढ़े और उस पर ग्रेनेड फेंक दिया। उनके पूरे सेक्शन को नुकसान हुआ बावजूद इसके उन्होंने बाकी के बटालियन के लिए अपने लक्ष्य की ओर जाने को लेकर रास्ता बनाया। उन्होंने अपनी टोली को चीख चीखकर उस मार्ग पर आने को कहा जिस माइन से बिछी जगह को उनके सेक्शन ने साफ किया था और इतना करते हुए उन्होंने भी दम तोड़ दिया।

इसी रात प्लाटून कमांडर सब प्यारा सिंह ने भी यादगार दिलेरी दिखाई। उन्होंने भी अपने प्लाटूने को माइन से बिछी जगह के हमले की चपेट में आने से बचाया, तारों की बाधाओं को काटकर हटाया और दुश्मन के बंकरों को उड़ा दिय. ा। बहरहाल, इस हमले में उनके 25 सैनिक मारे गए, उन्होंने भी दुश्मन के एक एलएमजी को खामोश कर दिया और 83 किलोमीटर अंदर ग्रेनेड फेंककर रॉकेट लॉन्चर को तबाह कर दिया, जिसके बाद रॉकेट विस्फोट में उन्होंने अपने दोनों पैर गंवा दिए और उसके कुछ ही समय बाद उन्होंने भी दम तोड़ दिया।

इन दोनों के उल्लेखनीय योगदान के अलावा कई अन्य ने भी निःस्वार्थ बलिद. ान दिया जिससे आखिरकार लक्ष्य को हासिल करना सुनिश्चित हुआ। बटालियन ने तीन जेसीओ और 36 ओआर को खोया और उसके दो अधिकारी, दो जेसीओ और 130 ओआर घायल हुए। कर्नल संत और एनके दर्शन सिंह को एमवीसी और सब पियारा सिंह को वीआरसी से सम्मनित किया गया। 2 डोगरा की सफलता के बाद 7 सिख ने भी हमले में शामिल हो गया और बड़ी आतुरता से डोगरा से वे सफलता के संकेत की प्रतीक्षा करने लगे। लेकिन जब यह संकेत उन्हें रात दो बजे तक नहीं मिला तब 7 सिख के सीओ ने ब्रिगेड कमांडर से बटालियन को 2 और 3 चरण में बढ़ने की इजाजत देने को कहा। उन्हें इसकी इजाजत भी मिल गई और ए एवं बी कंपनियां आक्रमण के लिए एफयूपी से रवाना हो गईं। जंगल

हिल जो उनका शुरूआती लक्ष्य था उसके दोनों तरफ लक्ष्य के लिए पहले चरण के तहत भारी गोलीबारी और तीखी चढ़ाई के बावजूद लक्ष्य पर सामने से हमला करना था, हालांकि इस पर कब्जा नहीं किया जा सका।

दुश्मन तोपखाना के घेरे और मोर्टार की रक्षात्मक गोलाबारी, एमएमजी और एलएमजी के दोनों छोरों से होती गोलीबारी और बेहद कठिन भूभाग से होते हुए लक्ष्य की ओर बढ़ने की गति थोड़ी धीमी पड़ गई। बी कंपनी की करीब एक प्लाटून तब विवश हो गया जब दुश्मन की तोपों से निकलने वाले गोले उनके बीच आकर गिरे। हालांकि दुश्मन की तोप और स्वचालित गोलीबारी के बीच बहादुर सिख आगे बढ़ते रहे। जमीन पर बिछी माइनों ने कई सैनिकों की जान ले ली, उनके अंग क्षत–विक्षत हो गए और चारों ओर मानव शव पड़े हुए थे। हालांकि बहादुर सैनिक अपने कमांडरों के नेतृत्व में अपनी अदम्य इच्छाशक्ति के साथ अग्रिम मोर्चे तक पहुंचे और निर्णायक मुहिम पर निकल पड़े। इसके परिणामस्वरूप एक भयंकर युद्ध होना ही था। दुश्मनों ने जानमाल की भारी क्षति के लिए जबर्दस्त जवाबी हमला किया। इस मुकाम पर जीत और हार के बीच का अंतर उग्र निर्णायक हमले से ही तय हो पाया। सैनिकों को इसी क्षण का इंतजार था और उन्होंने अपनी पूरी ताकत झोंक दी। दुश्मनों की प्रतिरोध करने की इच्छाशक्ति टूट चुकी थी और जंगल हिल के अग्रिम बंकरों पर कब्जा कर लिया गया।

प्रतिघात पर चौकसी

ऐसी स्थिति में सी कंपनी को जंगल हिल का सफाया करने और इसके तुरंत बाद ओपी हिल पर हमला करने में मदद के लिए भेजा गया। अब तक 5 सिख एलआई ने आगे बढ़कर ओपी हिल के एक हिस्से पर कब्जा कर लिया। बाकी हिस्से पर 7 सिख की टुकड़ी ने कब्जा कर लिया। जंगल हिल पर कब्जा करने से दुश्मन के हौसले को पस्त कर दिया और 2 डोगरा को अपने लक्ष्य पर कब्जा करने में मदद पहुंचाई। डोगरा ने सिखों की मदद को खूब सराहा, इसका अंदाजा इसी बात से लगाया जा सकता है कि जब वे अपने लक्ष्य तक पहुंचे तब डोगरा के सैनिकों ने '7 सिख की जय' के नारे लगाए। लक्ष्य पर कब्जा करने के तुरंत बाद दुश्मनों ने करीब सात घंटों तक जबर्दस्त गोलाबारी की लेकिन 7 सिख इससे विचलित नहीं हुए। बटालियन के 20 ओआर मारे गए और दो अधिकारी, चार जेसीओ एवं 48 ओआर जख्मी हुए।

ओपी हिल पर कब्जे की सफलता आखिरी महत्वपूर्ण अभियान था, हालांकि युद्ध का निर्णय होने से पहले तक से पहले कई छोटी–मोटी झड़पें होती रहीं।

अडिग समर्थन

अक्सर जब सैनिक लम्बी दूरी तय कर, दुश्मन की गोलाबारी झेलते हुए उसके ठिकानों पर धावा बोलते हैं, तो उनके पास अपने ज्याती हथियारों के अलावा और कुछ नहीं होता – सिवाए बड़ी मात्रा में हिम्मत और साहस के। उनको बटालियन के हथियारों – ऑटोमैटिक्स, मोर्टार और हल्के टैंकरोधी हथियारों का भी सहारा होता है जो दुश्मन के रक्षण और उसकी लड़ने की इच्छा शक्ति को तोड़ने के लिए लगाए जाते हैं।

समतल मैदान में हमलावर इन्फैंट्री की ताकत को टैंकों की मदद से बढ़ाया जा सकता है जिससे ताकत और मनोवैज्ञानिक प्रभाव काफी बढ़ जाता है। ये युद्ध के तत्व होते हैं जो ऑपरेशन के 'शो विंडो' पर होते हैं। लेकिन इसकी पृष्ठभूमि में प्रायः अदृश्य, अनसुने और विस्मृत लोग होते हैं जो जिद्दी दुश्मन पर विजय हासिल करने में बड़ी भूमिका निभाते हैं। अगली दो कहानियां ऐसे ही दो युद्ध में सहायक तत्वों की हैं जिनके कार्य अब तक बताए गए वीरतापूर्वक कार्यों से किसी भी मायने में कमतर नहीं थे।

ओलिव ग्रीन पायलट्स

पाकिस्तान के पैटन टैंकों के दल ने आसमान में 3000 फीट से भी ज्यादा ऊंचाई पर उड़ रहे छोटे धब्बों को मुश्किल से ही देखा होगा। उनका पूरा ध्यान तो भारत के एएमएक्स टैंकों पर था जिनसे निपटना नाकों चने चबाने समान कठिन साबित हो रहा था। अभी तक बिना नज़र आए, ये धब्बे जैसे–जैसे नजदीक आ रहे थे बड़े होते जा रहे थे और तभी वे घूमकर वापस उड़ गए। कुछ ही क्षणों में वे मध्यम आकार के आर्टिलरी गोले सीधे टैंकों पर बरसाते हुए वापस लौटे। छोटे सिंगल इंजिन वाले ऑस्टर मार्क 4 एयरक्रॉफ्ट के पायलट कैप्टन एचएस चौधरी के लिए यह उड़ान उनकी आम उड़ानों से कहीं ज्यादा रोमांचित करने वाली थी, क्योंकि वह पिछले कुछ दिनों से तो सिर्फ टोही अभियान पर हवाई जहाज से तस्वीरें ले रहे थे। जैसे ही आर्टिलरी के गोले टैंकों के आसपास गिरने लगे वह करेक्शंस देते हुए तेजी से अपने रेडियो सैट पर बोल रहे थे ताकि हर राउंड वहीं गिरे जिससे दुश्मन को ज्यादा से ज्यादा नुकसान हो।

कैप्टन (अब सेवानिवृत्त ब्रिगेडियर) चौधरी 2 (इंडीपेंडेंट) एयर ऑब्जर्वेशन फ्लाइट का हिस्सा थे, जो उन चार फ्लाइट्स में से एक थी जिन्हें मिलाकर उस समय सेना की छोटी विमान टुकड़ी बनी थी। जम्मू में स्थित वह रोजाना नियमित उड़ान भरते थे ताकि सेक्टर में सेना की तैनाती की संरचना के लिए दुश्मन की उपस्थिति के फोटो ले सकें।

पिछले एक महीने से, जब से पाकिस्तान ने ऑपरेशन जिब्राल्टर लांच किया था उनकी उड़ानों की संख्या तीन गुनी हो गई थी। लेकिन उस दिन 1 सितंबर 1965 को स्थिति काफी उबाल पर आ गई, जब पाकिस्तानी सेनाओं ने टैंकों के साथ भारतीय सीमा में प्रवेश किया। उनको बुरेजल क्षेत्र में एक मिशन उड़ान की जिम्मेदारी सौंपी गई जहां दोनों तरफ से टैंकों की भारी भिड़ंत हो रही थी। ऊंचाई पर से वह लक्ष्यों को आसानी से देख सकते थे और उनकी जानकारी काफी पीछे तैनात अपने आर्टिलरी को पहुंचा सकते थे जिसकी मदद से वह कई किलोमीटर दूर से भी सटीक निशाना लगा सकते थे।

इस तरह का शॉट लेने के लिए उनकी कार्यप्रणाली काफी सरल थी। एक लक्ष्य की खोज में वह उड़ते, जो अक्सर टैंकों की कतार से उड़ती धूल के कारण या दुश्मन टैंकों की गनों से फायर की वजह से उनको दूर से नज़र आ जाता। एक बार जब वह लक्ष्य का पता लगा लेते, तब वह किसी ज़ाहिर से जमीनी निशान की मदद से उसकी सही पोजिशन का अंदाजा लगाते और फिर अपनी गन से तालमेल करते। तब वह फिर लक्ष्य के आसपास उड़ते और लक्ष्य की तरफ उड़ान भरने से पहले फिर से कई किलोमीटर वापस आते, लेकिन तब तक तोपें लक्ष्य पर फायरिंग शुरू कर देती और वह यह देखते कि राउंड कहां गिर रहे हैं। यदि फायर लक्ष्य चूकते तो वह फायर को सही करने के लिए फिर से सूचना देते।

कैप्टन चौधरी इसी तरह अपने काम में लगे हुए थे जब उन्होंने भारतीय वायु सेना के चार वैम्पायर्स ऊपर और काफी करीब उड़ते हुए देखे। उनके लिए यह आश्यर्चजनक था क्योंकि उनको मालूम नहीं था कि वायु सेना को इतनी जल्दी युद्ध में उतार दिया गया है। कुछ ही सैकंड में उन्होंने पाकिस्तान के सेबर जेट्स को भी पश्चिम दिशा से उड़ते हुए देखा और दोनों तरफ से हवाई युद्ध शुरू हो गया। अपने छोटे, निहत्थे विमान में काफी संवेदनशील स्थिति में कैप्टन चौधरी तेजी से गोता मारकर पेड़ की ऊंचाई पर आ गए क्योंकि वह उन ताकतवर विमानों का अनचाहा निशाना नहीं बनना चाहते थे। वह इतने ही नीचे उतर आए थे कि वह जमीने से होने वाले फायर से भी बच सकते थे। उनके देखते ही देखते चारों वैम्पायर्स दुर्भाग्यपूर्ण मार गिराए गए।

अगले कुछ दिनों तक उन्होंने छम्ब सेक्टर में कई उड़ानें भरी, जहां पर जमीनी लड़ाई भयंकर चल रही थी। तब कार्यवाही का स्थान सियालकोट सेक्टर हो गया, जहां भारतीय सेनाओं ने 8 सितंबर को सीमा पार कर आक्रमण शुरू किया। यहां काम और भी कठिन था क्योंकि यहां पर बिना हथियारों और डिफेंस के हमेशा की तरह दुश्मन के क्षेत्र में अंदर तक घुसना था। यहां पर दुश्मन के एयरक्रॉफ्ट और जमीनी फायर दोनों से मार गिराए जाने का खतरा था। इसलिए, हालांकि ऑस्टर विमान 18 हजार फीट की अधिकतम ऊंचाई पर उड़ सकते हैं, लेकिन कैप्टन चौधरी उसे 3000 हजार फीट के आस–पास रखते थे। यह इतना नीचे था कि दुश्मन के राडार पर नहीं आ सकता था और लड़ाकू विमानों के रास्ते से भी बच सकता था, जबकि जमीन से भी इतना ऊपर था कि टैंक की गन के फायर से भी बचा जा सकता था। इस ऊंचाई पर जमीन से उनका विमान केवल छोटे से कण के समान दिख सकता था। इसका मतलब था कि कोई लक्ष्य दिखाई देने पर बेहतर अवलोकन के लिए उनको काफी नीचे उड़ना पड़ता।

13 सितंबर को ऐसा ही मौका आया, जब फिल्लोरा क्षेत्र पर उड़ते हुए उन्होंने धूल की एक लंबी कतार देखी, जिसका मतलब था कि बड़ी संख्या में वाहन आगे बढ़ रहे थे। जब उन्होंने और करीब से देखा जिन्हें वे छोटे वाहन समझ रहे थे दरअसल दुश्मन टैंकों की पूरी स्क्वाड्रन निकली। उन्होंने तुरंत मीडियम फायर के लिए रेडियो संदेश दिया, लेकिन उस खास दिन उनकी कॉल पर कोई नहीं था। यह बहुत ही ललचाने वाला लक्ष्य था जिसे वह जाने नहीं देना चाहते थे, लेकिन जो हल्की गन उनके नियंत्रण में थी वे टैंकों को ज्यादा नुकसान नहीं पहुंचा सकती थीं। फायर लगाया गया और जल्द ही गोले टैंकों पर गिरने लगे जो स्थिर सेमी–सर्कुलर हार्बर में थे। पूरा क्षेत्र जल्द ही विस्फोटों से अव्यवस्थित हो गया, आगे बढ़ रहे टैंक अस्त–व्यस्त हो गए और सामने जो भी आ रहा था, उस पर फायर कर रहे थे।

इस भगदड़ में, गिरते हुए शॉट्स की निगरानी और उनको ठीक करने के संकेत देने के लिए कैप्टन चौधरी खतरनाक स्तर तक नीचे आ गए। इस काम में तल्लीन उन्होंने अचानक अपने आसपास एक बड़ा झटका सुना और फिर तिरोहित हो गया। उनके विमान से टकराने वाले तेज हवा के धमाके से वह अपनी सीट पर आ गिरे और एयरफ्रेम के क्षतिग्रस्त होने के कारण उनको अपने विमान को नियंत्रण में रखने के लिए जूझना पड़ा। उन्होंने दो और झटके महसूस किए और पाया कि उनके विमान के दो पहियों में से एक एयरफ्रेम बड़े हिस्से के साथ टूट गया है। बड़ी मुश्किल से उन्होंने विमान को घुमाया और बेस की तरफ चल पड़े। हालांकि वह जानते थे कि वह वापसी का रास्ता पूरा नहीं कर पाएंगे, लेकिन जितना ज्यादा वह वापस चल सकेंगे उतने ही इस बात के अवसर होंगे कि वह भारतीय सेना के नियंत्रण वाले क्षेत्र में पहुंचेंगे।

जल्दी ही यह स्पष्ट हो गया कि क्षतिग्रस्त विमान ज्यादा देर उड़ान सहन नहीं कर पाएगा और कैप्टन चौधरी ने क्रैश लैंडिंग के लिए सुरक्षित स्थान देखना शुरू कर दिया। उन्होंने जमीन पर एक बंध देखा और वह धीरे–धीरे विमान को नीचे लाने लगे। इस नाजुक और खतरनाक काम पर उन्होंने अपना पूरा कौशल और विशेषज्ञता झोंक दी। वे धीरे से विमान को नीचे लाए और बंध पर लैंडिंग गियर को हिट किया ताकि विमान को पूरी तरह गिरने से बचाया जा सके। क्षतिग्रस्त मशीन जैसे ही रगड़ के साथ रुकी, स्फूर्त कैप्टन चौधरी अपने साजो सामान के साथ सुरक्षित बाहर कूद गए। जल्द ही उनको नजदीक की भारतीय बटालियन के सिख सैनिकों ने घेर लिया जो एक पाकिस्तानी पायलट को दबोचने की संभावना देख रहे थे। वे काफी निराश हुए जब कैप्टन चौधरी ने अपना हेल्मेट हटाया और उन जवानों को पता लगा कि वह पाकिस्तानी नहीं है बल्कि उन्हीं की तरह सिख

कैप्टन चौधरी के दुर्घटनाग्रस्त विमान के अवशेष

है। सैनिक उनको अपने कंपनी कमांडर के पास ले गए जिसने उनको फिर से जम्मू भेजने का इंतजाम कर दिया।

कैप्टन चौधरी को पीठ में किरच की चोट आई थी और धातु का एक टुकड़ा अब भी उनके शरीर में था। जिस डॉक्टर ने उनका इलाज किया उसने इस किरच को अंदर ही रहने देने की सलाह दी क्योंकि इसको निकालने के लिए होने वाले ऑपरेशन से मेरुदंड (स्पाइनल कोर्ड) में क्षति होने का डर था। अपने घावों से

उबरने के लिए एक दिन से भी कम समय में कैप्टन चौधरी फिर हवा में थे और युद्ध के अंत तक रोजाना उड़ान भरते थे। युद्ध विराम के बाद वे क्रैश वाले स्थान से अपना क्षतिग्रस्त विमान स्क्वाड्रन बेस पर फिर से लेकर आए। विमान की हालत देखकर अन्य पायलट अचंभित थे कि वह ज्यादा घायल हुए बिना बच गए थे। युद्ध के अलग–अलग स्तर पर ऑपरेशन के दौरान कैप्टन चौधरी के महत्वपूर्ण कार्यों के लिए उनका जिक्र मैनशन इन डिस्पैचेज में किया गया है।

शक्तिशाली गनर्स्

आर्टिलरी को जब लेनिन ने 'युद्ध का भगवान' बताया था तो वह निश्चित रूप से जानते थे कि वह क्या कह रहे हैं। सर्वशक्तिमान भगवान जिस तरह दुनिया की दिशा को प्रभावित करते हैं, उसी तरह ये गोलंदाज युद्ध की दिशा को प्रभावित करने के लिए अपने अधीन शक्तिशाली मारक क्षमता रखते हैं।

तोपें और उनके साथ मौजूद भारी सैन्य बल लड़ाई के मैदान से काफी पीछे मौजूद रहती है क्योंकि उनकी काफी लंबी दूरी तक फायर करने की क्षमता होती है। चूंकि इन तोपों को दागते जवान लक्ष्य को देख नहीं सकते हैं, निगरानी पोस्ट ही उनकी आंखें और कान होती हैं। कभी–कभी वे हवा में होते हैं, जैसा कि पिछले अध्याय में जिक्र हुआ। लेकिन अधिकतर मामलों में ऑब्जर्वेशन पोस्ट्स छोटी टुकड़ियां होती हैं जिनमें एक युवा अधिकारी और कुछ जवान होते हैं जो संबंधित इन्फैंट्री या आर्मर्ड यूनिट से जुड़े रहते हैं और युद्ध में लड़ रहे सैनिकों के साथ होते हैं। इनको फॉरवर्ड ऑब्जर्वेशन ऑफिसर्स (एफओओज) कहा जाता है। वे महत्वपूर्ण समय में तोपों और लड़ रहे सैनिकों के बीच एक कड़ी की तरह काम करते हैं जब हमले किए जा रहे हों या दुश्मन जवाबी हमला कर रहा हो। उनकी जिम्मेदारी तोपों से फायर के लिए कहने और गोलों के गिरने की जगह का अवलोकन कर उनको सूचित करने की है कि फायर निशाने पर लगा या फिर से सटीक निशाने पर लगाने की जरूरत है। इसके अतिरिक्त संबंधित बैटरी का बैटरी कमांडर (बीसी) सामान्य रूप से बटालियन के सीओ के साथ मौजूद रहता है और उसे आर्टिलरी के फायर की योजना के बारे में सलाह देता है। सफल कार्रवाइयों के बाद मिलने वाली प्रतिष्ठा में ये छोटी, लेकिन अपरिहार्य टीमों की भूमिका महत्वपूर्ण होती है और कई बार अपनी ज़बर्दस्त कार्यवाही के जरिए सब पर भारी पड़ते हैं। इसलिए आर्टिलरी के जवानों की कुछ उल्लेखनीय कहानियों को यहां शामिल करने की कोशिश की गई है।

164 फील्ड रेजिमेंट की 1642 बैटरी ऑपरेशन बख्शी के लिए 2 पैरा का नजदीकी सहयोग कर रही थी। संक (Sank) पर दूसरे हमले के लिए 1 पैरा के सीओ ने अपने सैन्य दल के हमले से पहले आर्टिलरी के जोरदार फायर का

इस्तेमाल करने का फैसला किया। उसने उसी के मुताबिक बैटरी कमांडर मेजर केसरी सिंह से परामर्श कर उसी के मुताबिक योजना तैयार की, जिसने न केवल संबंधित बैटरी बल्कि पूरी रेजिमेंट के फायर को ही शामिल कर लिया। बैटरी कमांडर ने यह सुनिश्चित किया कि संक पर 25–पाउंडर गन पूरे दिन गोले दागें। फॉरवर्ड ऑब्जर्वेशन ऑफिसर कैप्टन नायडू जो हमलावर सैनिकों के साथ थे, हमला शुरू होते ही आर्टिलरी फायर के लिए बोलते रहे और बाद में अपने सैनिकों की सुरक्षा को ध्यान में रखते हुए ही इसे रोकने को कहा। कैप्टन नायडू हाजी पीर मार्ग पर हमले के समय मेजर रंजीत दयाल की अगुवाई वाली 1 पैरा के जवानों के साथ ही थे और ऑपरेशन के महत्वपूर्ण चरणों में सटीक और घातक आर्टिलरी फायर के सपोर्ट के लिए जिम्मेदार थे। राजा पर हमले के लिए 2 सिख के पास बैटरी कमांडर मेजर जगदीश सिंह के नेतृत्व वाली 75 पटियाला माउंटेन बैटरी का सीधा सहयोग था। हालांकि हमला तीन कंपनियां एक साथ मिलकर लांच करने वाली थीं, मेजर जगदीश सिंह ने एक विस्तृत फायर योजना तैयार की जिससे वे हर समय इनको आर्टिलरी सपोर्ट दे सकें। बटालियन एफएए में तैयार थी और हमला शुरू करने के लिए सीओ के पहुंचने का इंतजार कर रही थी जो कि ब्रिगेड कमांडर के ऑर्डर लेने गए हुए थे। जब सीओ के पहुंचने में देरी से हमले में देरी चिंता का विषय बन गई तो मेजर जगदीश ने एड्जुटेंट को सलाह दी कि आर्टिलरी को दुश्मन ठिकानों पर फायर शुरू कर देना चाहिए ताकि वहां मौजूद मशीन गनों को एफएए में सैन्य बलों पर निशाना बनाने से रोका जा सके। यह कदम कारगर साबित हुआ और इंतजार करने वाली सैन्य टुकड़ियों में अनावश्यक जनहानि को रोका जा सका। जल्द ही सीओ पहुंचे, और हमला शुरू किया गया। मेजर जगदीश हमले के दौरान सीओ के साथ थे और कंधे में गोली लगने के बावजूद उन्होंने अपने मिशन को जारी रखा।

हाजी पीर उभाड़ में, 93 इन्फैंट्री ब्रिगेड हाजी पीर मार्ग पर कब्जे के बाद भी महत्वपूर्ण ठिकानों को कब्जे में लेने में लगी थी, ताकि अपनी स्थिति को मजबूत किया जा सके और दुश्मन के पॉकेट्स को खत्म किया जा सके। इस तरह का एक ऑपरेशन 6 डोगरा की ओर से 21 सितंबर को किया गया जिसके तहत उसे 'गिटियन' नामक पोस्ट को कब्जे में लेना था। सीओ ने लक्ष्य के दो अलग–अलग हिस्सों में बांटकर दो कंपनियों को लेकर एक साथ हमला करने का फैसला किया। मेजर दर्शन सिंह लाली और मेजर जेपी मक्कड़ दोनों कंपनी कमांडर थे। डोगराओं ने अपने लक्ष्यों को हासिल करने के लिए ज़बर्दस्त लड़ाई लड़ी, जिसके दौरान मेजर दर्शन सिंह लड़ाई के निर्णायक मोड़ पर दुश्मन की गोलियों से शहीद हो गए और युवा सैकंड लेफ्टिनेंट, जेडएस चौधरी के हाथ में कंपनी की कमांड आ

गई। इस युद्ध में प्रमुख भूमिका 164 फील्ड रेजिमेंट के दो एफओओज (फॉरवर्ड ऑब्जर्वेशन ऑफिसर्स) ने निभाई जिनके बारे में ब्रिगेड वॉर डायरी में वर्णन कुछ इस तरह किया गया हैः

गनर्स् ने इस भीषण युद्ध में खुद को प्रतिष्ठित किया। एक हमलावर कंपनी के साथ एफओओ के रूप में कैप्टन एमके मनीवाडकर थे। जब उन्होंने पाया कि जिस इन्फैंट्री कंपनी को वह सपोर्ट कर रहे थे उसमें बड़ी संख्या में सैनिक हताहत हो चुके हैं और हमले की ताकत में काफी कमी आ गई है, वे हमलावर इन्फैंट्री के साथ हो लिए। कंपनी ने अपना लक्ष्य हासिल कर लिया, लेकिन अंतिम लक्ष्य पर हमला करते हुए यह युवा ऑफिसर शहीद हो गया।

कैप्टन एमडी नायडू दूसरी हमलावर कंपनी के एफओओ थे। जब सैकंड लेफ्टिनेंट चौधरी ने अपने लक्ष्य ट्री हिल पर बमुश्किल 30 सक्षम शरीर वाले सैनिक देखे तो वह थोड़ा हिल गए थे। स्थिति उस समय विकट हो गई जब उसने सैकड़ों पठानों को जवाबी हमला करने के लिए संगठित होते देखा। कैप्टन नायडू उस समय ट्री हिल पर लेटे हुए थे क्योंकि एमएमजी का एक विस्फोट उनके पेट पर लगा था। उनके शरीर से बुरी तरह खून बह रहा था और हिल भी नहीं सकते थे। उन्होंने महसूस किया कि स्थिति इतनी गंभीर है कि वे युवा अफसर उससे नहीं निपट पाएंगे और वह दुश्मन के दबाव में वह जगह छोड़ सकते थे। कैप्टन नायडू ने सैकंड लेफ्टिनेंट को बुलाया और कहा कि बड़ी संख्या में मौजूद पठानों के बारे में चिंता करने की जरूरत नहीं है। उन्होंने कहा कि दुश्मन उनको स्पष्ट दिखाई दे रहे हैं और वह उन पर बिल्कुल सटीक आर्टिलरी फायर दागेंगे। कैप्टन नायडू ने बिल्कुल वैसा ही किया और दुश्मन वहां अपने कई साथियों की लाशें छोड़कर वापस भाग गया। इसी बीच रिजर्व कंपनी उनकी ताकत बढ़ाने के लिए आ गई थी और तब तक कैप्टन नायडू बहुत ज्यादा खून बह जाने से बेहोश हो गए, लेकिन स्थिति को संभाल लिया गया।

मेजर केटीएम पिल्लई 14 फील्ड रेजिमेंट (अब 14 मीडियम रेजिमेंट) की 100 फील्ड बैटरी के बैटरी कमांडर थे जो कालीधर ऑपरेशन के लिए 6 सिख लाई के साथ जुड़ी हुई थी। 28 सितंबर को जब बुद्धि धाह जगह पर हमला अवरुद्ध हो रहा था, ब्रिगेड कमांडर ने मेजर पिल्लई से वायरलेस पर बात की और युवा कंपनी कमांडर को मदद करने के लिए कहा। मेजर पिल्लई के परिपक्व और अनुभवी संबल के कारण सभी बाधाओं के बावजूद लक्ष्य को आखिर कब्जे में ले लिया गया। एक बार फिर, 3–4 अक्टूबर को प्वाइंट 3776 पर 6 सिख लाइट के अंतिम हमले में मेजर पिल्लई ओपी थे जिसने दुश्मन के जवाबी हमले को रोकने

के लिए बिल्कुल सटीक और समय रहते आर्टिलरी फायर किया। इस साहस, पहल और नेतृत्व कौशल की बदौलत उनको वीर चक्र से नवाजा गया।

ये कुछ उदाहरण हैं, जहां गनर्स् द्वारा की गई कार्यवाही के रिकॉर्ड उपलब्ध हैं। निस्संदेह ऐसे बहुत से और भी उदाहरण हैं, जहां ओपी/बीसी ने अपनी निर्दिष्ट भूमिका से आगे जाकर युद्ध के भविष्य को सक्रिय रूप से प्रभावित किया।

कार्रवाई में भारतीय गनर्स

काबिल कमांडर्स

निःसंदेह जंग के मैदान में लड़ाई अदम्य साहस, दृढ़संकल्प, सूझ–बूझ और सैनिकों के युवा जोश और जूनियर नेतृत्व में जीती जाती है। और युद्ध जीता जाता है शीर्ष कमांडरों के विवेक, कार्यकुशलता, दूरदृष्टि, और उनके निर्णायक कदमों से जीता जाता है। उनकी भूमिका पहली गोली के चलने या पहले गोले का तोप की नल को छोड़ने से बहुत पहले शुरू हो जाती है और लड़ाई का धुआँ और गुबार बैठने के कहीं बाद तक यह जारी रहती है। किसी कुशल शतरंज के खिलाड़ी की तरह वे अपनी सेना के मोहरों को युद्ध में दुश्मन के इर्द–गिर्द करके उनका इस्तेमाल वहां करते हैं जहां उनकी ताकत का सबसे सक्रिय प्रयोग किया जाता है। किसी ग्रैंड मास्टर की तरह उन्हें लगातार प्रतिद्वंद्वी के हर कदम पर नजर रखनी होती है, उसके खेल की चालों को पहले ही समझना होता है और यह भी सोचना कि किस तरह से उसे शह–मात दिया जा सकता है।

यह सौभाग्यपूर्ण था कि इस युद्ध के दौरान जो कमांडर भारतीय सेना की अहम कमांड संभाले हुए थे, वे पिछले युद्धों के अनुभवी दिग्गज थे जो अपना काम अच्छी तरह से जानते थे। अगले दो अध्याय इन्हीं दो कमांडरों के बारे में हैं जिन्होंने युद्ध में सेना को जीत के शिखर तक पहुंचाया।

शिखर पर
जनरल जे एन चौधरी

उनके दोस्त, जिनकी गिनती में लॉर्ड माउंटबेटन भी शामिल थे, उन्हें प्यार से 'मुच्छु' बुलाते थे। वह इंग्लैंड की सैंडहर्स्ट (Sandhurst) अकादमी में प्रशिक्षित किंग्स कमिशंड के अधिकारियों में से एक थे। युद्ध के दौरान सेना प्रमुख के रूप में उन्होंने राजनीतिक और सैन्य निर्णय लेने वालों के बीच एक अहम कड़ी के रूप में महत्वपूर्ण भूमिका निभाई। सैन्य कमांडरों को दिए गए निर्णायक और स्पष्ट आदेशों की तरह ही राजनेताओं को दी गई उनकी सलाह भी हमेशा स्पष्टवादी होती। यद्यपि युद्ध के दौरान उनके ओहदे के कारण उनके पास मीडिया में छा जाने, और अपने कमान के तहत अपने सैनिकों की जीत का श्रेय खुद लेने का मौका था। किन्तु वह पृष्ठभूमि में बने रहना पसंद करते और जहां जरूरत होती वहां अपने मातहतों को ही श्रेय देते।

1928 में वह सैंडहर्स्ट से कमिशन हुए, 7 कैवल्री में आने से पहले उन्होंने ब्रिटिश बटालियन में एक साल बिताया जो उस समय भारतीय अधिकारियों के लिए नियम था। उन्होंने दूसरे विश्वयुद्ध में सक्रिय हिस्सा लिया और उन्हें ऑर्डर ऑफ ब्रिटिश एम्पायर (ओबीई) से सम्मानित किया गया, इसके अलावा कई बार उनका नाम डिस्पैच में भी उल्लेखित किया गया। 16 कैवल्री में उनका स्थानांतरण हो गया और युद्ध के दौरान उन्होंने इसकी कमान भी संभाली। आज़ादी के समय वह सबसे अधिक तजुर्बेकार भारतीय अधिकारियों में से एक थे। 1 आर्मर्ड डिविजन के जीओसी के तौर पर उन्होंने हैदराबाद की मुक्ति के लिए ऑपरेशन पोलो का नेतृत्व किया और इसके मुक्त होने के बाद उन्हें तुरंत वहां का सैन्य राज्यपाल नियुक्त किया गया। इसके बाद उन्होंने 15 कोर की कमान संभाली, जिस अनुभव से इस युद्ध के दौरान उन्हें काफी फायदा हुआ। 1962 में चीन के साथ लड़ाई में उन्होंने एडजुटैंट जनरल और सीजीएस के तौर पर भी सेवा दी। युद्ध के बाद जब जनरल थापर ने इस्तीफा दे दिया तब उन्हें सीओएएस के तौर पर नियुक्त किया गया।

उन्होंने अत्यंत चुनौतिपूर्ण परिस्थितियों में सेना की बागडोर को संभाला।

भारतीय सेना के लिए यह अब तक का सबसे बड़ा संकट था जिसका उन्हें सामना करना पड़ा। हार के अपमान और लगातार मनोबल गिरने का प्रभाव सेना के सभी रैंक के सैनिकों में था जिसे सैनिकों और हथियारों की कमी के बावजूद हर हालत में इसे अधिक उपयोगिता से ठीक करना ही था। सेना को पुनर्गठित करने की जरूरत थी, नई इकाईयां और संगठनों को बढ़ाना और सबसे महत्वपूर्ण उनका स्वाभिमान जगाना जरूरी था। महज तीन साल बाद 1965 के युद्ध में सेना की बहादुरी भरे काम की जो सराहना हुई वह इस बात का प्रमाण था कि इन चुनौतीपूर्ण कार्यों को उन्होंने किस कुशलता से किया।

उन्होंने सेना के पुनर्गठित करने का कार्य किया और प्रमुख बनने से पहले उन्होंने तंत्र की कैसे सहायता की जा सकती है इस बारे में एक बेहतर विचार दिया। बकौल चौधरी,

> *कुछ समय से मैं इस निष्कर्ष पर पहुंचा था कि भारतीय सेना का गठन पुराने ब्रिटिशकालीन युद्ध के आधार पर किया गया है जो अब हमारे लिए ठीक नहीं है। यहां तक कि हमने ओवरसीज वॉर के लिए बने कई बेहतरीन इकाईयों में अपने सैनिकों को गंवाया, एक तरह का युद्ध जिसे हमें कभी लड़ने की ज़रूरत नहीं पड़ेगी... मैंने हमारे ऑर्डर ऑफ बैटल से कई निरर्थक इकाईयों को निकाल दिया... इसलिए जब मैंने भारतीय सेना के पुनर्गठन के साथ इसे अंतिम रूप दिया तब इसके पास नया कलेवर था। मैंने संकेत देने के उपकरण बदल दिए ताकि जंग के मैदान में टेलीवार्ता और आसान हो जाए और हमने कई नए लोगों की भर्ती की।*

भारतीय ऑपरेशनल परिस्थितियां, इसके बाद आने वाले रखरखाव की क्षमता और जरूरतों के आधार पर उन्होंने जरूरी उपकरणों के प्रकार पर भी सोचा। सबसे मुश्किल काम सैनिकों के गिर चुके मनोबल को फिर से उठाना था और उनके अंदर लड़ने की क्षमता को फिर से उभारने की जरूरत थी। जनरल चौधरी ने कई यूनिटों का दौरा किया ताकि वह जहां भी हों सैनिकों के साथ बातचीत कर सकें। वह कहते हैं, 'मैं कई जगहों पर सैनिकों से मिलने के लिए जाता था और अक्सर उन्हें कहता था कि हमारे चेहरे पर एक बड़ा काला धब्बा है जिसे सिर्फ पानी से नहीं धोया जा सकता और सिर्फ एक मात्र चीज जिससे इसे धोया जा सकता है वह है – खून।'

1965 के युद्ध के दौरान भारतीय सैनिकों के पराक्रम और साहस ने इस ध ाब्बे को धो कर दिखा दिया। जिस दूसरे बड़े बदलाव को जनरल चौधरी ने लाने की मांग की वह सिद्धांत और कमांडरों की सोचने की प्रक्रिया तथा सैनिकों के

कार्यान्वयन में बदलाव लाना था। इस सोच प्रक्रिया का महत्वपूर्ण तत्व रक्षात्मक रहते हुए आक्रामक रवैये को व्यवहार में लाना था। देश की रक्षा के लिए नए सिरे से विचार विकसित करते हुए उन्होंने सरकार को इस बात के लिए प्रमुखता से राजी किया कि अंतरराष्ट्रीय सीमा पर पाकिस्तानी सैनिकों के पास आने के समय सेना को पाकिस्तान की सीमा में घुसने की इजाजत हो। इसके बाद हाजी पीर और पंजाब में की गई आक्रामक कार्यवाही को क्रमशः कश्मीर और छम्ब में पाकिस्तानी आक्रामकता के प्रभाव के रूप में देखा जा सकता है, इसमें तेजी भी आ सकती थी क्योंकि वास्तव में इनके बारे में युद्ध शुरू होने से काफी पहले सोचा जा चुका था और इसके लिए योजना तैयार की जा चुकी थी।

पाकिस्तानी सेना और राजनीतिक नेता – जो लगभग एक ही लोग थे – दरअसल, भारतीय सेना के आधुनिकीकरण एवं पुनर्गठन के लिए त्वरित कार्यवाही किए जाने से अवगत थे। नेताओं को भय था कि एक बार सेना के पूर्ण रूप से व्यवस्थित हो जाने के बाद सत्ता का सैन्य संतुलन अपरिवर्तनीय रूप से भारत के पक्ष में मुड़ सकता है। सेना द्वारा कश्मीर को छीनने का एकमात्र मौका उनके पास इससे पहले था, इसके कारण ही उन्हें 1965 का युद्ध छेड़ने का फैसला लिया।

जब कच्छ ऑपरेशन जारी थे तब जनरल चौधरी को एक निजी दुखद खबर मिली – उनके पिता का कलकत्ता (अब कोलकाता) में निधन हो गया। एक बेटे का फर्ज और अपने पद तथा देश के प्रति अपने कर्तव्य के बीच जूझ रहे चौधरी ने अपने पिता के अंतिम संस्कार के लिए कलकत्ता जाने के बजाय दिल्ली में रहने का कष्टकारी फैसला लिया। जैसे ही कच्छ का मामला तेज हुआ उन पर जवाबी हमला करने का दबाव आ गया। उन्हें यह महसूस हुआ कि यह एक बड़ी गलती होगी क्योंकि कच्छ में भारत के पास कोई एयरफील्ड नहीं है और यहां तक कि संचार की सुविधाएं भी बहुत खराब हैं। इसके बाद जल्दी ही मॉनसून भी आने वाला था और बारिश पूरे इलाके को भिगोने वाली थी। भारी आलोचना किए जाने के बावजूद वह पाकिस्तान के द्वारा चुने हुए समय और जगह पर प्रत्युत्तर नहीं देने के अपने फैसले पर कायम रहे। तब उनका समर्थन रक्षा मंत्री वाईबी चव्हाण ने किया था।

जवाबी कार्यवाही को रोके जाने के उनके फैसले से उनके या जिस सेना का वे नेतृत्व कर रहे थे उसके आत्मविश्वास में कोई कमी नहीं आई, बाद के वर्षों में जब पाकिस्तान ने भारत को फिर से उकसाया तब कश्मीर और पंजाब में की गई इस तरह की आक्रामक कार्यवाही का उन्हें कोई मलाल नहीं था। 1965 के अगस्त सितंबर में पूरे ऑपरेशन के दौरान जनरल चौधरी ने सेना को सक्षम और निर्णायक नेतृत्व दिया, यह जनरल चौधरी की योजना और फैसला लेने की क्षमता थी और कमांडरों ने कार्यवाही में तेजी लाई और इसके लिए ब्लूप्रिंट तैयार किया।

वह एक आदर्श उच्च कमांडर के प्रतीक थे, जो उनके अधीनस्थ कमांडरों को अपने उद्देश्य से अवगत करा कर उन्हें इसे पूरा करने के लिए योजना बनाने तथा इस पर काम करने के लिए पूरी छूट देते थे। संसाधनों के आवंटन और योजना की सत्यता को लेकर खुद को संतुष्ट करने के अलावा जनरल चौधरी ऑपरेशन के माइक्रोमैनेजिंग में विश्वास नहीं करते थे। निश्चित तौर पर ऐसे कई समय आए जब उन्होंने अपने अधीनस्थों द्वारा तैयार किसी खास योजना को लेकर कड़ी असहमति जताई और इस तरह के मौके पर ऐसे फैसलों को लेकर अडिग रहने से भी नहीं हिचके। सियालकोट में 1 कोर के ऑपरेशन को लेकर उनके और ले. जनरल हरबख्श सिंह के बीच मनमुटाव इसी का उदाहरण था जिसका उल्लेख इससे पहले के अध्याय में किया जा चुका है, यह एक ऐसा अवसर था जब उन्होंने अपनी योजना को लेकर जोर दिया था – ऑपरेशन सफल हुआ यह उनके विश्वास का सबूत था।

युद्ध में उनकी भूमिका के लिए जनरल चौधरी को देश के दूसरे सबसे बड़े नागरिक सम्मान पद्म विभूषण से सम्मानित किया गया। वह 1966 में सेवानिवृत्त हुए और कनाडा में भारत के उच्चायुक्त के तौर पर सेवा दी।

सामर्थ्य और सक्षमता
लेफ्टिनेंट जनरल हरबख्श सिंह

अब तक जिन अभियानों की हमने चर्चा की है उनकी योजना बनाने वाला, उन्हें निर्देशित और उनका नेतृत्व तथा उन पर कार्यवाही करने वाले सैन्य नेता लेफ्टि जनरल हरबख्श सिंह थे जो भारतीय सेना के तब के पश्चिमी कमान जब इसमें उत्तरी कमान नहीं होता था, के जनरल ऑफिसर कमांडिंग–इन–चीफ (जीओसी–इन–सी) या आर्मी कमांडर थे। उस वक्त जम्मू कश्मीर से लेकर राजस्थान तक पूरी पश्चिमी सीमा शिमला स्थित पश्चिमी कमान के तहत आता था। इसलिए रण और कच्छ की लड़ाई को छोड़कर 1965 के युद्ध के दौरान पूरी कार्यवाही उनके ही नेतृत्व के तहत हुई।

लेफ्टि जनरल हरबख्श सिंह 1935 में भारतीय सैन्य अकादमी के सबसे पहले कोर्स से थे। एक सैनिक जिसके पास अपने समक्षकों से अधिक कई अभियानों का अनुभव था, उन्होंने आज़ादी से पहले दूसरे विश्वयुद्ध में एनडब्ल्यूएफपी में कार्यवाही देखी थी जहां उन्होंने 5 सिख में कंपनी कमांडर के तौर पर सेवा दी थी। युद्ध में वह घायल हो गए थे और उन्हें युद्ध बंदी बना लिया गया था। युद्ध शिविर की जेल में वह तीन साल तक जापानी कैद में रहे। 1947–48 में कश्मीर पर हमले के दौरान सबसे पहले श्रीनगर की रक्षा और फिर इसके बाद भारतीय सीमा में घुस आए पाकिस्तानी सैनिकों तथा कबायली छापामारों को खदेड़ने के अभियानों में उन्होंने उप और बाद में इन्फैंट्री ब्रिगेड के कमांडर के तौर पर हिस्सा लिया। 5 इन्फैंट्री डिविजन को कमांड करने के बाद वह पश्चिमी कमान सैन्यकर्मियों के प्रमुख बने और उन्होंने 1962 की चीन–भारत लड़ाई में बीमारी के कारण अनुपस्थित रहे जनरल बीएम कौल की जगह 4 कोर का भी संक्षिप्त नेतृत्व किया। रण ऑफ कच्छ में पाकिस्तानी सेना के अपनी नापाक गतिविधि शुरू करने के कुछ ही महीने पहले 1964 में उन्होंने पश्चिमी सेना की कमान संभाली।

कमान ग्रहण करने के बाद लेफ्टि जनरल हरबख्श सिंह ने पश्चिमी कमान की ऑपरेशनल योजनाओं का आकलन करना शुरू किया और इसे उन्होंने बहुत अधिक रक्षात्मक पाया। जैसा कि वह अपनी किताब 'वार डिस्पैचेज' में लिखते हैं,

यद्यपि हमारी कुछ आक्रामक योजनाएं भी थी, हमारा जोर रक्षात्मक योजनाओं पर था। इसकी वजह से न चाहते हुए भी हमारी कमांडरों की सोच ज़्यादातर रक्षात्मक हो गयी थी।'

उन्होंने महसूस किया कि भारतीय रक्षा को डिजाइन में और आक्रामक तथा स्वभाव से आक्रमणशील होना चाहिए और इसलिए उन्होंने युद्ध की योजनाओं में संशोधन किया। उन्होंने उल्लेखनीय ढ़ंग से रिजर्व की तैनाती के तरीके में बदलाव किया। बाद की स्थिति में जोखिम वाले क्षेत्रों में रक्षात्मक लड़ाई के दौरान सेना की मजबूती में इनका उपयोग किया जाता है। योजना के अनुसार, नए सिरे से एक आक्रामक भूमिका में इनका इस्तेमाल करना था। उन्होंने अप्रैल 1965 में अपने ऑपरेशनल निर्देशों को जारी किया जिसमें इलेवन कोर क्षेत्र में रक्षा पक्ष खेम करण – भिक्किविंड सेक्टर को दिया था क्योंकि उन्हें आशंका थी कि दुश्मन वहीं से मुख्य आक्रमण शुरू करेंगे। इसके बाद के अभियानों में उनका आकलन बिल्कुल सटीक साबित हुआ।

उनकी दूरदृष्टि का एक और उदाहरण ऑपरेशन अब्लेज (Ablaze) के दौरान दिया गया उनका आदेश था जिसमें उन्होंने कच्छ सेक्टर में युद्ध की तीव्रता में कमी आने के बाद आर्मर्ड डिविजन और अन्य रिजर्व संगठनों को उनके शांतिकाल स्थान पर लौटने के बजाय उनकी तैनाती उनके ऑपरेशनल इलाके में किया। इसके परिणामस्वरूप भारत जिब्राल्टर और ग्रैंड स्लैम में पाकिस्तान द्वारा शुरू किए गए अभियानों का बेहद कम समय में जवाब दे पाया, इसकी तुलना में यदि इन्हें वहां से फिर ले जाया जाता तो ऐसा होना मुश्किल था। सैनिकों की आक्रामकता बनाए रखने के लिए एक आक्रामक रूख बनाए रखने के महत्व को माना, 121 इन्फैंट्री ब्रिगेड के कमांडर ब्रिगेडियर घई को उन्होंने मई 1965 में प्वाइंट 13620 और कारगिल सेक्टर में ब्लैक रॉक्स पर कब्जे का हुक्म दिया।

जम्मू कश्मीर सेक्टर में उन्होंने ऑपरेशन जिब्राल्टर के हकीकत में पूर्ण रूप से बदलने से पहले सीएफएल के पास पाकिस्तान की हरकतों से निपटने के लिए इनकी तैनाती में बदलाव की सिफारिश की। उनकी योजना घुसपैठियों से निपटने के लिए मजबूत रिजर्व लाने की थी और महत्वपूर्ण इलाकों में घुसपैठ तथा उनके कब्जे से बचाने के लिए उन्होंने मजबूती से अग्रिम टुकड़ियों को आगे किया। उन्होंने घुसपैठ के लिए लॉन्च पैड के तौर पर प्रयोग किए जाने वाले सीएफएल के पास के कब्जे वाले इलाकों में सीमित आक्रामक कार्यवाही करने का भी प्रस्ताव रखा।

5 अगस्त (जब एक बड़ी घुसपैठ की खोज की गई) से लेकर 23 सितंबर तक जब संघर्षविराम की घोषणा हुई, लेफ्टि जनरल हरबख्श लगातार जंग के मैदान, इकाईयों, संगठनों का दौरा कर रहे थे। वह पुरानी कहावत 'हजारों रिपोर्ट से एक बार की आंखों देखी बेहतर होती है' से सहमत थे और महत्वपूर्ण जगहों पर अग्रिम

टुकड़ियों में महत्वपूर्ण अभियान के शुरू होने से पहले उनकी निजी उपस्थिति यह सुनिश्चित करती थी कि वह मौके पर ही फैसला ले सकते हैं और उनकी गति तेज कर सकते हैं। यहां तक कि जब वह खुद व्यक्तिगत तौर पर किसी घटनास्थल पर मौजूद नहीं होते तब वह लगातार उनके साथ संपर्क में रहते और जरूरत पड़ने पर तुरंत कार्यवाही करते। भारतीय सैनिक जब घुसपैठ पर रोक लगाने की प्रक्रिया में थे तब भी 13 अगस्त को उन्होंने 68 इन्फैंट्री मुख्यालय का दौरा किया और हाजी पीर पास और उभार को कब्जा करने की योजना पर चर्चा और उसे अंतिम रूप दिया। 191 इन्फैंट्री ब्रिगेड, ब्रिगेडियर बी.एफ. मास्टर 15 अगस्त को जब जौरियन के पास पाकिस्तानी गोलीबारी में शहीद हो गए तब लेफ्टि जनरल हरबख्श ने तुरंत फिफ्टीन कोर के जीओसी को 162 इन्फैंट्री ब्रिगेड के कमांडर, ब्रिगेडियर मनमोहन सिंह को तत्काल इस महत्वपूर्ण सेक्टर का भार अपने हाथ में लेने का निर्देश दिया। सेक्टर की सुरक्षा और मजबूती के लिए उन्होंने 26 इन्फैंट्री डिविजन से 2 सिख को भेजने को कहा। यहां तक उन्हें भेजने का आदेश देने के बाद उन्हें फिफ्टीन कोर के जीओसी से संकेत मिला कि हाजी पीर पर हमले को टाल दिया जाए और बाकी के सैनिकों को इसके बदले घुसपैठ रोकने के लिए इस्तेमाल किया जाए। लेफ्टि जनरल हरबख्श ने इस कमजोर कार्यवाही के सुझाव पर कड़ी प्रतिक्रिया दी और अपने जवाब में उन्होंने जोर देते हुए यह साफ किया कि 'यह जरूरी है कि सक्रिय अभियान करके दुश्मन को प्रतिक्रिया करने पर मजबूर कर दिया जाए' और 'जैसा कि चर्चा की जा चुकी है योजना के मुताबिक ही अभियान उसी तारीख पर शुरू किया जाए'। वह दुश्मन की प्रतिक्रिया और उन्हें रोकने की जरूरत को लेकर बिल्कुल स्पष्ट थे।

युद्ध के संचालन के बारे में पढ़कर किसी को भी यह समझ आ जाती है कि वे एक चट्टान की तरह डटे रहे तब भी जब उनके ऊपर या नीचे के कमांडर की किसी कारण से क्षणिक तौर पर भी शंका हो। सीओएएस, जनरल जेएन चौधरी को इस बात की दाद देनी पड़ेगी कि उनसे असहमत होने के बावजूद उनकी सलाह को कई बार तवज्जो दी। हालांकि उन्हें ऐसा करने पर कभी पछतावा नहीं हुआ। ऐसी सलाहों के दो उदाहरण इस प्रकार हैं–

8 अगस्त 1965 को घुसपैठिये भेजने की पाकिस्तान की योजना जम्मू–कश्मीर सरकार पर पूरी तरह जाहिर होने के बाद सरकार दबाव में आ गई। राज्य सरकार ने तब अनुरोध किया कि राज्य को 'सेना अपने अधिकार में ले और मार्शल लॉ की घोषणा कर दी जाए।' जब रक्षा सचिव से जनरल चौधरी को फोन आया तब लेफ्टि जनरल हरबख्श सिंह सेना प्रमुख के साथ जालंधर में थे। लेफ्टि जनरल हरबख्श बहुत जोर देकर इस तरह के कदम के खिलाफ कई कारण बताए जो

जनरल हरबख्श हाजी पीर में

बहुत तार्किक थे। उन्हें महसूस हुआ जिसकी बाद में फिफ्टीन कोर कमांडर जनरल कटोच से बातचीत के दौरान पुष्टि भी हुई कि हालांकि घुसपैठिए श्रीनगर के करीब पहुंचने में सफल रहे हैं लेकिन सेना के साथ स्थिति नियंत्रण में है, इसके साथ इनसे निपटने के लिए सेना की टुकड़ी को भेजा गया। लेफ्टि जनरल हरबख्श ने पहले ही 6 अगस्त को दो बटालियन – कसौली से 4 सिख एलआई तथा जम्मू से 2/9 गोरखा राइफल्स को समय पर भिजवाने से खतरा पैदा होने से पहले ही टाल दिया गया। इसके अलावा इस तरह के कदम (मार्शल लॉ लागू करना) से अंतरराष्ट्रीय समुदाय तथा वहां के लोगों के समक्ष कश्मीर को लेकर पाकिस्तान के उस दावे की केवल पुष्टि होगी कि कश्मीर भारत के कब्जे में है और भारत ने वहां के लोगों की इच्छा के विरूद्ध सेना तैनात की है। बाद की घटनाओं ने उनकी सलाह की दूरदर्शिता साबित की। संयुक्त राष्ट्र और अन्य देशों ने अपने विचार में पाकिस्तान को साफ तौर पर आक्रमणकारी घोषित किया।

जनरल चौधरी और लेफ्टि जनरल हरबख्श के बीच मतभेद की दूसरी घटना 10 सितंबर को 4 माउंटेन डिविजन को लेकर हुई। सेना प्रमुख ने पाकिस्तानी 1 आर्मर्ड डिविजन के किसी भी पल 4 माउंटेन डिविजन के रक्षा कवच को तोड़ने के संबंध में खेम करण – असल उत्तर इलाके की स्थिति पर चर्चा के लिए अंबाला में लेफ्टि हरबख्श के मुख्यालय का दौरा किया। सेना प्रमुख इस बात से चिंतित थे कि यदि पाकिस्तानी किसी भी तरह रक्षा कवच तोड़ने में सफल रहते हैं तो ऐसी हालत में उनका मुकाबला करने और दिल्ली तक पहुंचने से उन्हें रोकने के लिए रिजर्व में उनके पास कुछ नहीं था । यहां दोनों के मतों में भिन्नता थी और परिणामी कार्यवाही दोनों जनरलों के नेतृत्व को साबित करती है। लेफ्टि जनरल हरबख्श सिंह अपने नेतृत्व में पाकिस्तानी आक्रमण को रोकने में अपने सैनिकों की क्षमता से सहमत थे। वह अपने 'बॉस के हां में हां मिलाने' के बजाय अपनी बात पर ज़ोर देकर अड़े रहे। जनरल चौधरी ने भी अपनी बात पर ज़ोर देने की बजाए लेफ्टि जनरल हरबख्श के फैसले में विश्वास जताया।

लेफ्टि जनरल हरबख्श ने अपनी किताब 'वॉर डिस्पैचेज' में लिखा है–

'उन्होंने मुझे दुश्मन की 1 आर्मर्ड डिविजन के खेम करण के आगे बढ़ने की हालत में अपने रक्षात्मक ठिकानों पर पुनः विचार करने को कहा। मैंने उन्हें आश्वस्त किया कि मैं दुश्मन आर्मर्ड डिविजन को वहीं पर रोकने को लेकर आश्वस्त हूं... मैं देख सकता था कि वे मेरे जवाब से बहुत सहमत नहीं थे और मुझे चेतावनी दी कि इससे बुरा भी हो सकता है, और वह आर्मर्ड ऑपरेशन को मुझ से बेहतर समझते थे... यह बहस वहीं रूक गई और सेना प्रमुख फिर दिल्ली के लिए रवाना हो गए।'

इसके बाद की घटनाओं ने साबित कर दिया कि जनरल हरबख्श का विश्वास सटीक था, और पाकिस्तानी 1 आर्मर्ड डिविजन का हमला अगले ही दिन नाकाम कर दिया गया।

इसके विपरीत लेफ्टि जनरल हरबख्श, जनरल चौधरी के सियालकोट की ओर आक्रमण के लिए 1 कोर के लांच के संबंध में सहमत हुए। हालांकि उनका मानना था कि रावी नदी को पार कर नैना–कोट और नरोट भारतीय अंतःक्षेत्र से इसे लांच करना अधिक बेहतर होगा जबकि जनरल चौधरी सांबा–रामगढ़ दिशा में आक्रामकता के पक्ष में थे। परन्तु अंत में लेफ्टि जनरल हरबख्श प्रमुख से सहमत हो गए।

लेफ्टि जनरल हरबख्श अपने अधीनस्थ कमांडरों से बात करने के दौरान उनसे समान व्यवहार करते और निर्णायक रहते। जरूरत पड़ने पर वह उन्हें आगे बढ़ने पर मजबूर भी करते और उन्होंने ऐसा किया भी था, जब ऑपरेशन फौलाद के तहत हाजी पीर के राजा और रानी टेकड़ियों को कब्जे में करने के दौरान सैनिक और डिविजन कमांडरों ने शंका ज़ाहिर की थी। न ही वे किसी कमांडर को पद से तुरंत हटाने से हिचके जब उन्होंने यह सोचा कि उनके नेतृत्व में रहने से अभियान की सफलता खतरे में पड़ सकती है। जैसा कि उन्होंने 15 इन्फैंट्री डिविजन के जीओसी सहित और कई मामलों में किया था। इस तरह के फैसलों को लेने और उन पर कायम रहने में भी काफी हिम्मत की जरूरत होती है।

अपनी परिपक्वता और अनुभव के कारण लेफ्टि जनरल हरबख्श ऐसे कमांडर थे जो अतिशयोक्ति से भरपूर ऐसे किसी रिपोर्ट पर विश्वास एकदम नहीं करते थे जो उन्हें बिना सोचे–समझे फैसला लेने पर मजबूर करती हो। 7 और 8 सितंबर को खेम करण सेक्टर में 4 माउंटेन डिविजन में महत्वपूर्ण फेरबदल के बाद 11 कोर के जीओसी ने लेफ्टि जनरल हरबख्श को डिविजन के हतोत्साहित होने और उसकी युद्ध क्षमता की एक निराशाजनक तस्वीर पेश करते हुए चिट्ठी लिखी थी। लेफ्टि जनरल हरबख्श अगली ही सुबह डिविजनल मुख्यालय पहुंचे और जीओसी से बात की। उन्होंने 'वॉर डिस्पैचेज' में लिखा है –

> *'कई अभियानों में ऐसा वक्त आ जाता है जब लड़ाई का भाग्य अधर में लटका हो और सब कुछ दांव पर लगाया जा रहा होता है। ऐसे में इस तरह के महत्वपूर्ण मामलों में जब तक कमांडर मौके पर स्थिति को वर्चस्व में करने के लिए खुद को साबित नहीं करता तब तक सबकुछ बेकार है। लड़ाई में यह महत्वपूर्ण स्थिति तब खेम करण सेक्टर में थी और मुझे लगता था कि सिर्फ शीर्ष नेतृत्व ही इस दिन को बचा पाएगा... मैंने 4 माउंटेन डिविजन के जीओसी के साथ स्थिति पर चर्चा की और तब उन्हें एक शांत तथा आत्मविश्वास से*

लबरेज माहौल देने की कोशिश की जब वह किसी एक अराजक और परेशानी स्थिति में नजर आ रहे थे। सौभाग्य से जीओसी 4 माउंटेन डिविजन की प्रतिक्रिया सहमति भरी और आत्मविश्वास से भरपूर नजर आई। बहुत कम समय में ही उन्होंने उनकी कमान को फिर से स्थापित करने का वादा किया और स्थिति पर नियंत्रण के लिए कहा। मैं इस भावना के साथ बाहर आया कि आखिरकार 4 माउंटेन डिविजन को अपने मोर्चे से हटना नहीं पड़ेगा।'

इसके बाद के अवसरों ने उन्हें सही साबित किया, क्योंकि यह डिविजन बहुत तेजी से उठ खड़ा हुआ और इसने दुश्मन सैनिकों को पंगु कर देने वाला नुकसान पहुंचाया, पाकिस्तानी 1 आर्मर्ड डिविजन की आक्रामकता को शिथिल कर दिया और उन्हें आत्मसमर्पण के लिए मजबूर कर दिया।

विभिन्न वाद्ययंत्रों की सहायता से एक सुर में धुन तैयार करने वाले किसी ऑर्केस्ट्रा के एक कुशल संचालक की तरह उन्होंने तीन कोर – 1, 11 और 15 – के जरिए रक्षात्मकता को निर्देशित किया, उनके नेतृत्व में लड़ाई में अभूतपूर्व सफलता मिली। उनके निर्णायक, सटीक आदेश किसी युद्ध के समूचे थिएटर के पास अभियान के संचालन के जरिए समान विचारों के माध्यम से खरे उतरे।

युद्ध के दौरान उनकी भूमिका के लिए उन्हें देश के दूसरे सबसे बड़े नागरिक सम्मान पद्म विभूषण से सम्मानित किया गया। 14 नवंबर 1999 को जनरल का निधन हो गया।

एक राष्ट्रीय संकल्प

जनता जर्नादन

युद्ध के यदि गुमनाम नायकों की बात करें तो इसमें हमेशा बेनाम, गैरचर्चित लोगों का एक बड़ा वर्ग होता है जिनकी कभी गिनती नहीं होती और न ही किसी युद्ध की कहानियों में इनका जिक्र होता है। ये लोग हैं वो लाखों भारतीय, आम नागरिक, किसान, व्यापारी, टेलर्स, ट्रक ड्राईवर्स और इसी तरह और भी लोग, जो देश की युद्ध के प्रयास के समय अपनी छोटी–छोटी परन्तु अहम् भूमिका निभाते हैं। युद्ध के समय होने वाले अभावों को जीते हुए और अनिश्चिताओं के बावजूद वे हमेशा दूसरे तरीके से अपना योगदान करते रहते हैं, चाहे व सीमा के लिए जाते हुए सैनिकों को भोजन कराना हो, युद्ध के समय तत्परता से धन जुटाना हो, रक्तदान शिविर की व्यवस्था करना हो–लोग आगे बढ़कर इसमें हिस्सा लेते हैं और देश के लिए अपना सब कुछ न्योछावर करने के लिए तैयार रहते हैं। इस तरह की किताब इन अनूठे नायकों के योगदान के बिना अधूरी है। उस समय के अखबारों में सीमा पर लड़ रहे सैनिकों के लिए जमीनी तौर पर एक खास अंतदृष्टि नजर आती है कि सैनिकों को देश भर के शहरों और गांवों के लोग ही आनंदित कर पाते हैं।

इस ग्रुप के सबसे उल्लेखनीय हीरो जम्मू व कश्मीर के लोग हैं। उनकी भारत के प्रति अडिग निष्ठा पाकिस्तान के ऑपरेशन जिब्रॉल्टर को विफल करने में काफी महत्वपूर्ण रही। गुलमर्ग के पास दारा कस्सी का युवा चरवाहा मोहम्मद दीन और गलौठी के पास धबरोत गांव के निवासी वजीर मोहम्मद वास्तव में आधिकारिक रूप से युद्ध इतिहास के हिस्से हैं। 5 अगस्त को मोहम्मद दिन में अपने पशुओं को चरा रहा था, उसी दौरान हथियारों से लैस हरे सलवार कमीज की वर्दी में दो लोगों ने उससे संपर्क किया। उन्होंने उसे भारतीय सैनिकों की लोकेशन की जानकारी देने के बदले में चार सौ रुपए देने का लालच भी दिया। उस समय के हिसाब से वह बहुत ज्यादा रकम थी। उन लोगों का आदेश मानने का दिखावा करने के बाद वह व्यक्ति भागकर नजदीक के थाने में सूचना देने के लिए गया। जिसके बाद सेना सचेत हो गई। वजीर मोहम्मद को भी इसी तरह का प्रलोभन मिला। उसने तुरंत ये बात वहां नजदीक में तैनात आर्मी ब्रिगेड को दी। इन दोनों व्यक्तियों ने दरअसल

पाकिस्तानी घुसपैठ के खिलाफ बहुत बड़ी भूमिका निभाई। इससे पहले कि उन्हें इसकी खबर लगती, उन्होंने अपने सुरक्षाबलों को मजबूत कर दिया था।

जिस जगह जिब्राल्टर शुरू किया गया था, वहां कभी कश्मीरी जनता को 'भारतीय दमन के खिलाफ' हथियार उठाने के लिए पाकिस्तान उकसा चुका था। समझा जाता है कि पाकिस्तान के इन अभियानों की सफलता लॉजिस्टिक समर्थन और घुसपैठियों को पनाह देने के साथ ही कश्मीरी जनता के सहयोग पर निर्भर थी। लेकिन भारत के प्रति उनकी कृतज्ञता और निष्ठा और असल में घुसपैठियों का खुला विरोध करने से घुसपैठियों और सीमापार बैठे उनके आकाओं को जबर्दस्त झटका लगा।

अनगिनत ऐसे उदाहरण हैं जिनमें घुसपैठियों पर राज्य के विभिन्न हिस्सों के ग्रामीणों ने हमला किया, उन्हें संदेह की निगाहों से देखा और सेना या पुलिस के हवाले किया। छम्ब के पास जोगिवां गांव के 12 वर्षीय मोहन लाल अपने दोस्तों के साथ घाटी में घूमने निकले थे, तभी उन्होंने दो पाकिस्तानी छापामारों को देखा। कालीत गांव के उदय सिंह ने एक घुसपैठिये को राइफल और जिंदा कारतूसों के साथ पकड़ा। वह बाद में आजाद कश्मीर की दूसरी बटालियन के स्थायी सैनिक बन गए। ग्रामीणों की ऐसे साहसिक कारनामों के कारण घुसपैठिये अपनी अपेक्षा के अनुकूल आज़ादी की मुहिम छेड़ने में विफल रहे।

हालात जब पूरी तरह युद्धमय हो गए तो देश के विभिन्न हिस्सों से युद्ध में भागीदारी और सहयोग करने की पेशकशों की बाढ़ आ गई। फेडेशन ऑफ इंडियन चैंबर ऑफ कॉमर्स (फिक्की) के तत्कालीन चेयरमैन एस. एल. किर्लोस्कर ने प्रत्येक शहर, गांव और कस्बे के प्रत्येक कारोबारी से अपनी मातृभूमि के प्रति अपना कर्तव्य निभाने की अपील की। उन्होंने युद्धरत सैनिकों की मांग पूरी करने के लिए उत्पादन चक्र की गति तेज करने की जरूरत पर जोर दिया। शिमला में अखिल भारतीय जम्मू कश्मीर मजदूर संघ ने अपने सभी 5,000 सदस्यों को मुस्तैद रहने के लिए कहा ताकि जरूरत पड़ने पर देश की रक्षा में निर्णायक भूमिका निभा सकें।

सभी बड़े शहर ब्लैकआउट और नागरिक सुरक्षा प्रणाली विकसित करने के लिए तैयार हो चुके थे। इसके तहत नागरिक सुरक्षा के लिए दस क्षेत्रों में दिल्ली की भागीदारी थी। दिल्ली के म्यूनिसिपल प्रेस कर्मचारी संघ ने अपनी मांगों के समर्थन में हड़ताल पर जाने का मन बना लिया था लेकिन राष्ट्रहित में उसने यह विचार त्याग दिया और राष्ट्रीय रक्षा कोष में एक दिन का वेतन जमा करते हुए योगदान किया।

शहरों पर दुश्मनों के हवाई हमलों का खतरा बढ़ गया था। कई शहर, खासकर अंबाला पर इसका सबसे ज्यादा खतरा था जबकि बड़े पैमाने पर असैन्य क्षेत्र और

सैन्य अस्पताल क्षतिग्रस्त हो चुके थे। दिल्ली और मुंबई समेत सभी बड़े शहरों में रात के वक्त ऐहतियातन ब्लैकआउट करना नियमित प्रक्रिया बन गई थी। लेकिन तकलीफ की जिंदगी सिर्फ जिंदा लोग ही नहीं जी रहे थे। नागरिक सुरक्षा उपायों के तहत मृतकों का दाह–संस्कार भी 5 बजे शाम से 6 बजे सुबह तक प्रतिबंधित कर दिया गया था ताकि दुश्मन के विमान निशाना बनाकर हमला न कर पाए। दिल्ली में हर साल त्योहारी मौसम का एक बड़ा आकर्षण रामलीला का आयोजन भी कुछ कारणों से रद्द कर दिया गया था।

अखिल भारतीय ब्वायज स्काउट एसोसिएशन नागरिक सुरक्षा कार्य में अपनी सेवा देने के लिए आगे आया और इसी तरह ग्राम रक्षा दल तथा पूर्व भारतीय राष्ट्रीय नागरिक सेना के ट्रक चालकों सहित कई अन्य संगठनों ने युद्ध के लिए पूरे उत्साह के साथ योगदान किया जबकि एनसीसी कैडेट के जवानों ने उस वक्त के सांसद मोहन सिंह के नेतृत्व में आईएनए के सैनिकों के साथ संवाद कायमकरने में योगदान किया, जो खुद आईएनए कमांडर थे। नवांनगर के जाम साहब की प्राइवेट विमानन कंपनी जामएयर ने अपने विमान सैनिकों और जरूरी वस्तुओं की आपूर्ति के लिए भेंट किए।

पूरे देश में जगह–जगह रक्तदान शिविर लगाए गए और लोगों राष्ट्रीय सुरक्षा कोष में उदारत के साथ रक्तदान किया और देशहित में परिवार के सारे

सिविलियन ट्रक चालक और उनके ट्रक

एनसीसी गर्ल्स कैडेट्स टेलीफोन एक्सचेंज को नियंत्रित करते हुए

सैनिक आम लोगों के बीच

गहने–जेवर भी दान कर दिए। दुश्मनों से लोहा लेने के इच्छुक युवाओं की भीड़ पूरे देश के रोजगार कार्यालयों पर जुट गई। देशभर के ट्रक चालक सेवा देने के लिए तैयार थे और सीमा पर लड़ रहे सैनिकों के लिए जरूरी वस्तुएं और रसद पहुंचा रहे थे। यह काम वे पूरे उत्साह से कर रहे थे और अपने सामने आने वाले खतरों की जरा भी परवाह नहीं कर रहे थे।

सभी राजनीतिक दलों के नेताओं ने सरकार और प्रधानमंत्री लाल बहादुर शास्त्री से मुलाकात कर उनकी इस कार्यवाही और दृढ़ फैसले का समर्थन किया। संसद में प्रधानमंत्री या रक्षा मंत्री वाईबी चव्हाण ने सैन्य अभियानों तथा भारतीय सैनिकों के पराक्रम पर जितनी बार बयान दिए, सभी दलों के सदस्यों ने पूरे उत्साह से इसका स्वागत किया। प्रत्येक सदस्य ने बारी–बारी से संसद में बयान देते हुए सरकार को आश्वस्त किया कि राष्ट्रीय संकट की इस घड़ी में वे सरकार का सर्वसम्मति से समर्थन करेंगे।

सिविल डिफेंस का सावधान दृश्य

तोड़—फोड़ के खिलाफ चेतावनी

देश की जनता ने शारीरिक योगदान के अलावा जिस तरीके से अपना समर्थन दिया, उससे मोर्चे पर लड़ाई लड़ रहे जवानों को नैतिक सहयोग मिला। जब कभी उन्हें रेडियो पर युद्ध की खबर सुनने का दुर्लभ मौका मिलता, पूरे देश की ललकार उनके साथ होने की सुनाई देती। इससे सैनिकों का दुश्मनों के साथ लड़ने का उत्साह दोगुना हो जाता।

संदर्भ सूची

1. द इंडिया–पाकिस्तान वॉर ऑफ 1965ः एसएन प्रसाद तथा यूएन थपलियाल द्वारा लिखित इतिहास
2. 1965 वॉर, द इनसाइड स्टोरीः रक्षामंत्री वाईबी चव्हाण की डायरी ऑफ इंडिया, आरडी प्रधान द्वारा लिखित
3. वॉर डिस्पैचेजः इंडो–पाक कॉनफ्लिक्ट 1965, लेफ्टि जनरल हरबख्श सिंह, वीआरसी (सेवानिवृत्त) द्वारा लिखित
4. इन द लाइन ऑफ ड्यूटीः ए सोल्जर रिमेंबर्स, लेखक लेफ्टि जनरल हरबख्श सिंह, वीआरसी (सेवानिवृत्त)
5. लेस्ट वी फॉरगेट, लेखक कैप्टन अमरिंदर सिंह (सेवानिवृत्त)
6. मिस्ड ऑपरचुनिटीज इंडो–पाक वॉर 1965, लेखक मेजर जनरल लक्ष्मण सिंह लेहल, पीवीएसएम, वीआरसी (सेवानिवृत्त)
7. बिहाइंड द सीनः एन एनालेसिस ऑफ इंडियाज मिलिट्री पर्सपेक्टिव, 1947–1971, लेखक मेजर जनरल जोगिंदर सिंह, वीएसएम (सेवानिवृत्त)
8. द क्रिमसन चिनारः द कश्मीर कॉनफ्लिक्टः ए पॉलिटिको मिलिट्री पर्सपेक्टिव, लेखक ब्रिगे. अमर चीमा वीएसएम (सेवानिवृत्त)
9. द रेड ईगल्स, ए हिस्ट्री ऑफ फोर्थ डिविजन ऑफ इंडिया, लेखक केसी प्रवाल
10. सारागढ़ी बटालियनः ऐशेज ऑफ ग्लोरी, लेखक कर्नल कंवलजीत सिंह (सेवानिवृत्त), मेजर एचएस आहलूवालिया (सेवानिवृत्त)
11. लिविंग अप टु हेरिटेजः हिस्ट्री ऑफ द राजपूत रेजिमेंट, 1947–1970, वॉल्यूम 2, लेखक मुस्तसाद अहमद
12. द ग्रेनेडियर्स, ए ट्रेडिशन ऑफ वैलर, लेखक आरडी पल्सोकर
13. फोरफ्रंट फॉर एवरः द हिस्ट्री ऑफ द महार रेजिमेंट, लेखक वी लांगर
14. स्टोरीज ऑफ हीरोइज्मः पीवीसी एंड एमवीसी विनर्स, लेखक बी चक्रवर्ती
15. छ गैलेंट डोगराजः एन इलस्ट्रेटेड हिस्ट्री ऑफ द डोगरा रेजिमेंट, लेखक शंकर प्रसाद
16. वाइल मेमोरी इज फ्रेश, लेखक मेजर जनरल जगजीत सिंह (सेवानिवृत्त)

17. रोल ऑफ टैंक्स इन इंडिया पाकिस्तान वॉर 1965, लेखक भूपिंदर सिंह
18. जनरल जेएन चौधरीः एन ऑटोबायोग्राफी, जैसाकि जयंतो नाथ चौधरी ने ब्रिज कुमार नारायण को बताया, लेखक बीके नारायण
19. माई वर्जनः इंडिया–पाकिस्तान वॉर, 1965, लेखक जनरल मोहम्मद मूसा (सेवानिवृत्त)
20. मेमोरीज ऑफ लेफ्टि जनरल गुल हसन खान, लेखक जनरल गुल हसन मूसा (सेवानिवृत्त)

दिलेर

	जनरल जे एन चौधरी युद्ध के दौरान बतौर सेना प्रमुख (चीफ ऑफ आर्मी स्टाफ) उन्होंने निर्णय तय करने के लिए राजनीति और सेना के बीच सूत्रधार की महत्वपूर्ण भूमिका निभाई।
	लेफ्टि जनरल हरबख्श सिंह इस सेनाधिकारी ने 1965 के युद्ध में अभियानों और कार्रवाइयों की योजना बनाई, निर्देशित किया और उनका संचालन संभाला। लेफ्टि जनरल हरबख्श सिंह भारतीय सेना की पश्चिमी कमान के जनरल ऑफिसर कमांडिंग–इन–चीफ (जीओसी–इन–सी) यानी सेना कमांडर थे।
	लेफ्टि कर्नल ए बी तारापोर अपने रेजीमेंट की अगुवाई करते हुए उन्होंने जिस तरह की वीरता और नेतृत्व क्षमता प्रदर्शित की, उसे देखते हुए कर्नल तारापोर को मृत्योपरांत देश का सर्वोच्च वीरता पुरस्कार परमवीर चक्र से सम्मानित किया गया।
	सीक्यूएमएच अब्दुल हमीद अब्दुल हमीद सी कंपनी, 4 ग्रेनेडियर्स के नवनियुक्त सीक्यूएमएच थे। उन्हें 106 एमएम आरसीएल टैंकरोधी राइफल टुकड़ी के कमांडर की भूमिका में फिर से लौटने का आदेश मिला। उन्होंने आठ टैंक तबाह कर डाले जिसके लिए उन्हें सर्वोच्च वीरता पुरस्कार परमवीर चक्र से सम्मानित किया गया।

<table>
<tr><td></td><td>लेफ्टि कर्नल एम एम एस बख्शी
कर्नल बख्शी को गोलीबारी के बीच अदम्य साहस और पराक्रम प्रदर्शित करने के लिए महावीर चक्र से सम्मानित किया गया।</td></tr>
<tr><td></td><td>लेफ्टि कर्नल सलीम कैलेब
तीसरी घुड़सवार सेना के कमांडर लेफ्टि कर्नल सलीम कैलेब को महावीर चक्र से सम्मानित किया गया और बाद में मेजर जनरल के तौर पर पदोन्नति दी गई, जिन्होंने इसके पहले जीओसी के तौर पर 31वें बख्तरबंद डिवीजन का नेतृत्व संभाला।</td></tr>
<tr><td></td><td>लेफ्टि कर्नल डेसमंड ई हेड
आयरिश वंश के एक आंग्ल–भारतीय परिवार में ब्रिटेन में जन्मे कर्नल हेड स्वतंत्रता के बाद इंडियन मिलिट्री एकेडमी (आईएमए) से पास होने वाले तीसरे बैच के अधिकारियों में शामिल थे। लेफ्टि कर्नल हेड ने सितंबर 1965 में अपनी बटालियन 3 जाट की कमान संभाली थी।</td></tr>
<tr><td></td><td>लेफ्टि कर्नल एन एन खन्ना
राजा के युद्ध में अनुकरणीय नेतृत्व संभालने के लिए कर्नल खन्ना को मृत्योपरांत महावीर चक्र से नवाजा गया।</td></tr>
<tr><td></td><td>लेफ्टि कर्नल पी के नंदगोपाल
लेफ्टि कर्नल पगादला कुप्पुस्वामी नंदगोपाल ने अपनी बटालियन की दो कंपनियों का व्यक्तिगत रूप से नेतृत्व संभाला – एक तो मेजर जेएस नेगी के नेतृत्व वाली सी कंपनी और दूसरी मेजर जीएस विर्क के नेतृत्व वाली डी कंपनी। आमने–सामने की कठिन लड़ाई के बाद उन्होंने दोनों ठिकानों पर कब्जा पाने में कामयाबी पाई। कर्नल नंदगोपाल को महावीर चक्र से सम्मानित किया गया। बाद में वह बिग्रेडियर के पद से सेवानिवृत्त हुए और कोलर में बस गए।</td></tr>
</table>

	मेजर बलजीत सिंह रंधावा ब्रेवो (बी) कंपनी के कमांडर मेजर रंधावा को प्वाइंट 13620 पर कब्जा करने का दायित्व सौंपा गया था। अपने इस पराक्रम कृत्य के लिए मेजर रंधावा को मृत्योपरांत महावीर चक्र (एमवीसी) से सम्मानित किया गया।
	मेजर भास्कर रॉय मेजर भास्कर 20 लांसर के सी स्क्वाड्रन कमांडर थे और उनके स्क्वाड्रन को छम्ब–जौरियां सेक्टर की रक्षा करने का दायित्व सौंपा गया था। अखनूर को हाथ से निकलने से बचाने में उनकी उत्कृष्ट भूमिका, साहस और अत्यंत विषम परिस्थितियों में भी नेतृत्व क्षमता प्रदर्शित करने के लिए मेजर भास्कर को एमवीसी से सम्मानित किया गया।
	लेफ्टि कर्नल जी एस सांघा मूल रूप से सिख रेजीमेंट में नियुक्त कर्नल सांघा का स्थानांतरण बाद में महार रेजीमेंट की विशिष्ट मशीनगन यूनिट में कर दिया गया और उसकी कमान उन्हें सौंपी गई।
	सूबेदार अजीत सिंह जेसीओ सूबेदार अजीत सिंह एक योग्य हथियार प्रशिक्षक थे और अपनी निशानेबाजी के लिए वह मशहूर थे। बरकी के युद्ध में उनके पराक्रम को देखते हुए उन्हें महावीर चक्र से सम्मानित किया गया।
	लेफ्टि कर्नल संपूरण सिंह आक्रमण और वापसी की चपलता से हार को जीत में बदलने की उनकी व्यक्तिगत नेतृत्व क्षमता को देखते हुए कर्नल संपूरण सिंह को एमवीसी से सम्मानित किया गया। उन्हें ब्रिगेडियर रैंक के लिए पदोन्नत भी किया गया।

	कैप्टन कपिल थापा कैप्टन थापा डी कंपनी की आंतरिक पलटन का नेतृत्व कर रहे थे जिसे पूर्वोत्तर डोगराई पर कब्जा करने का दायित्व सौंपा गया था। कैप्टन थापा को उनकी नेतृत्व क्षमता, बहादुरी और पराक्रम के लिए एमवीसी से सम्मानित किया गया।
	मेजर आसाराम त्यागी मेजर आसाराम त्यागी ने 22 सितंबर को डोगराई के पूर्वी क्षेत्र पर आक्रमण के लिए ए कंपनी का नेतृत्व संभाला। इस साहसी योद्धा के पराक्रम को देखते हुए उन्हें एमवीसी से सम्मानित किया गया।
	लेफ्टि कर्नल एएस वैद्य उन्होंने 29 अगस्त 1964 से 7 सितंबर 1967 तक डेक्कन हॉर्स की कमान संभाली। बाद में उन्हें सेना प्रमुख के रूप में पदोन्नति मिली।

लेखक के बारे में

लेफ्टिनेंट कर्नल रोहित अग्रवाल (सेवानिवृत्त) सन 1989 में 74 आर्मर्ड रेजीमेंट में नियुक्त आर्मर्ड कॉर्प्स ऑफिसर रहे हैं। उन्होंने सन 2010 में सेना से स्वैच्छिक सेवानिवृत्ति ले ली और अब दिल्ली में पत्नी और दो बच्चों के साथ रह रहे हैं। वह फिलहाल लर्निंग एंड डेवलपमेंट कंसल्टेंट के रूप में काम कर रहे हैं और अपना ब्लॉग www.swordarm.in चलाते हैं। इससे पहले उन्होंने *राइडिंग द रायसीना टाइगर* और *दिल्ली दरबार 1911 – द कंप्लीट स्टोरी* नामक दो पुस्तकें लिखी हैं। रोहित का ट्विटर हैंडिल है @ragarwal